영문법 다시 읽기
준동사

박영재
강원도 영월에서 태어나 고등학교까지 그곳에서 마침
경희대학교에서 영문학을 공부하고
동대학원에서 흑인 여성해방론 문학비평으로 석사학위를 받음
경희대학교, 고려대학교, YBM어학원에서 강의했음
[시사영어연구]를 비롯해서 여러 매체에 TOEFL, TOEIC, TEPS 등을 해설함
저서: 영문법 콤플렉스 벗어나기, 오답의 역설, 영문법 다시 읽기 동사,
영문법 다시 읽기 명사

영문법 다시 읽기, 준동사

ⓒ 박영재 2017

출간일	초판 1쇄 2017년 11월 13일
	2쇄 2019년 9월 30일
지은이	박영재
펴낸곳	와이넛북스 (whynutbooks)
펴낸이	박영재
출판 등록	제2018-000095호
주소	경기도 용인시 기흥구 마북로 139, 103-601
	femacu@hanmail.net
	http://blog.naver.com/femacu23
전화	031-282-5893
팩스	0505-653-5893
인쇄	대덕문화사

ISBN 979-11-954524-6-0 03740

이 책의 판권은 지은이와 와이넛북스에게 있습니다.
본 책 내용의 전부 또는 일부를 재사용하려면 반드시 저작권자의 서면 동의를 받아야 합니다.

이 도서의 국립중앙도서관 출판예정도서목록(CIP)은 서지정보유통지원시스템 홈페이지(http://seoji.nl.go.kr)와 국가자료공동목록시스템(http://www.nl.go.kr/kolisnet)에서 이용하실 수 있습니다.(CIP제어번호: CIP2017018326)

영문법 다시 읽기

준동사

박영재 지음

와이넛북스

목차

시작하는 말 9

1. 준동사, 접점과 간격!

준동사를 위한 제안
준동사가 먼저다 12
동사의 향기를 품은 준동사 15
부정사절, 동명사절 그리고 분사절 19

준동사의 생성
준동사, 자유로움과 경제성 25
준동사와 접속사의 관계 28

의미상 주어와 정보의 가치
준동사의 의미상 주어란? 34
의미상 주어가 반복되는 정보일 때 36
의미상 주어가 보편 정보일 때 39

준동사와 상대적 시점
준동사는 왜 세 가지일까? 42
준동사의 상대적 시점이란? 44
준동사의 단순형 45
준동사의 완료형 49

준동사의 수식
준동사의 부정 53

준동사와 부정어의 위치 55
부정어도 부사일 뿐이다! 59

2. 부정사, 일관성을 품은 다양함

부정사는 준동사다
의미상 주어와 전치사의 관계 64
of로 의미상 주어를 표시할 때 67
의미상 주어와 for 70
명사로 의미상 주어를 표시하기 73
실현되지 못한 동작과 to 부정사 76

to를 쓰는 이유가 뭘까?
전치사와 동사의 기묘한 결합 79
to일 수밖에 없다! 81
결과를 나타내는 to 85
to, 동사와 만나다! 89
동사 뒤의 to 부정사, 그리고
의미상 주어 94
목적어 뒤의 to 부정사를 이해하기 97
to 부정사, 목적어 혹은 목적 보어 103
인지 동사와 to 부정사 106
명사 뒤에 오는 to! 108
형용사 뒤에 오는 to! 113

부정사절을 명사로
부정사의 품사를 구별해야 할까? 116
부정사가 명사로 쓰일 때 117
의문사와 to 부정사의 결합 123
가주어는 왜 필요한가? 129
가주어 없애기 131
Tough 구문이란? 136
가목적어에 대한 몇 가지 오해 138

부정사절을 형용사로
be 동사와 to 부정사가 만날 때 142
부정사가 명사의 뒤에 올 때 147
부정사절에 전치사가 남아 있다! 153
부정사절과 수동태 156

부정사절을 부사로
부정사절의 논리, 목적 158
부정사절의 논리, 결과 161
부정사절의 논리, 이유 164
부정사절의 논리, 조건과 양보 167
분리 부정사란 169
독립 부정사란 172

to가 없는 부정사
사역 동사의 종류와 용법 176
have와 get은 다르다! 181
help의 특징과 구조 185
지각 동사란? 187

3. 동명사, 과거와 현재를 향한 시선

동명사는 준동사다
의미상 주어를 표시하기 200
동명사의 의미상 주어와 목적격 203
목적격으로 의미상 주어를? 어쩔 수 없다! 206
의미상 주어를 생략하는 경우 213
need와 동명사의 수동 215

동명사, 동사와 명사의 경계에서
동명사는 명사다! 223
동명사와 명사의 구별 228
동명사의 의미, 동시성 232
동명사의 의미, 과거 지향 239

to 부정사와 동명사, 선택의 기준
주어의 자리에서 243
begin, continue, start, stop 247
hate, like, love, prefer 251
advise, allow, forbid, recommend 254
forget, regret, remember 257
discourage, dissuade, encourage, persuade 259

동명사와 관용 표현 *264*
동명사의 관용 표현에 대한 유감 *264*
동명사와 전치사의 생략 *266*

4. 분사, 다양함과 경계

분사절에 대해
분사절, 분사구문, 그리고 분사 *276*
분사절의 의미상 주어를 표시하기 *279*

분사절의 형성
관계절을 분사절로 *285*
and절을 분사절로 *294*
분사구문을 위한 공식은 없다! *296*

분사절의 의미, 접속사의 복원
분사절의 논리성, 시점의 복원 *303*
분사절의 논리성, 원인과 양보의
밀접함 *308*
분사절의 논리성, 조건의 복원 *311*
접속사가 남아 있는 분사절 *313*

다양한 유형의 분사절
with 분사절이란 *317*
독립 분사절에 대해 *321*
비인칭 독립 분사절이란 *324*

분사는 형용사다! *328*
분사와 서술적 용법 *328*
분사의 한정적 용법 *333*
자동사의 과거 분사 *337*
의사 분사란? *341*
분사의 변신, 명사로 *343*
분사의 변신, 전치사 혹은 접속사로 *345*

시작하는 말

"영문법 다시 읽기" 시리즈의 두 번째 작업은 부정사, 동명사, 분사를 대상으로 합니다. 하나같이 그리 유쾌하지 않은 기억과 압박감을 갖게 하지만, 일방적인 규칙들이 실제로 의미하는 것이 무엇인지 그 틈새를 차분하게 읽어보고자 합니다.

이번 작업을 관통하는 기본 관점을 '월인천강(月印千江)'으로 삼았습니다. 하나의 달 그림자가 천 개의 강에 비친다는 뜻인데, 본디 불가에서 유래된 표현으로 부처님의 말씀이 뭇 중생들의 마음에 비친다는 의미입니다. 하지만 종교적 맥락을 제거하더라도 이 통찰이 갖는 힘은 약해지지 않을 것입니다.

이 강과 저 호수에 비친 달의 모습이 본질적으로 다른 존재가 아니듯 여러 가지 현상에 스며있는 공통된 원리를 이해하면 서로를 이해할 수 있는 통로를 마련할 수 있지 않을까요? 다섯 개의 손가락이 각자의 이름으로, 각자의 역할을 수행할 수 있는 바탕을 주는 손바닥처럼 말입니다.

그래서 부정사, 동명사, 분사라는 개별적인 현상에 비치는 준동사라는 공통 개념을 이해하는 것부터 시작하려 합니다. 그런 다음에 부정사, 동명사, 분사라는 상이한 장치들로 분화되는 이유를 살펴보겠습니다. 하나의 큰 개념으로 묶었다가 다시 풀어내서 구체적인 경우에 적용함으로써, 전체와 부분에 서로 명확한 경계를 긋고자 합니다.

부족한 점이 많은 책이지만, 건강한 논의를 위한 디딤돌이 되면 좋겠습니다. 의도에 미치지 못하는 역량에도 불구하고, 이 책을 쓸 수 있도록 도움을 주신 많은 분들께 진심으로 고맙다는 인사를 드립니다. 팔을 제대로 들기도 힘든 고통 속에서도 버틸 수 있었던 것은 가족과 기다려주신 여러분들의 존재였습니다.

고맙습니다!

2017년 가을

준동사, 접점과 간격!

준동사를 위한 제안 12

준동사의 생성 25

의미상 주어와 정보의 가치 34

준동사와 상대적 시점 42

준동사의 수식 53

준동사를 위한 제안

준동사가 먼저다!

일반적으로 문법책들이 선택하고 있는 서술 방식과 달리 준동사라는 개념에 대한 이야기부터 시작하기로 한다. 영어 문법을 공부하면서 정체를 짐작하기 어려운 용어들과 무수히 마주치는 현실을 고려하면, 생소할 수도 있는 용어를 추가함으로써 혼란을 가중시키는 것은 아닌지 우려되는 면도 있다.

준동사라는 용어에 대해 생소함을 느낄 수도 있겠지만, 어떤 대상이 낯설다고 해서 그 대상을 이해하기 어렵다는 의미가 되는 것은 분명 아니다. 오히려 준동사라는 개념을 이해하려고 적극적으로 시도함으로써 객관적이고도 정확하게 준동사를 파악할 가능성을 모색할 수 있다. 어떤 이름이란 그 대상이 드러내는 일정한 속성을 규정하는 장치이기 때문이다.

<u>준동사란 부정사, 동명사, 그리고 분사 이 세 가지 문법적 형태를 통칭하는 용어다.</u> 개별적인 현상들을 아우르는 통칭적 용어가 존재한다는 것은 이 현상들의 기저에는 서로 공유하는 일정한 규칙이 작동하고 있다는 말이다. 따라서 기반에 자리잡은 작동 원리를 끌어낸다면, 부정사, 동명사, 분사라는 각각의 현상들을 통합적인 관점에서 이해하는 것도 가능할 것이다.

현상에 대한 이해는 각각의 대상이 보여주는 개별적인 모습을 관찰하는 것에 그치지 않고, 그 현상들 사이에 존재하는 공통의 요소를 포착하고, 분류하는 일에서 출발한다. 현상을 하나로 묶는 공통의 특성에 대한 인식은 곧 그 현상들에게 정체성을 부여하는 차이점을 이해하는 기준을 제시해준다. 그리

하여 상대적 맥락에서 현상들의 변별적인 특징을 이해함으로써 유사성과 상대성이 어우러진 체계로 파악할 수 있을 것이다.

따라서 부정사, 동명사, 분사라는 개별적인 현상을 올바르게 이해하기 위해서는 그들을 포괄하는 공약수를 먼저 파악한 다음, 각각의 현상이 드러내는 개별적인 특징에 주목하는 것이 올바른 순서가 된다. 하지만 많은 문법 교재들이 부정사, 동명사, 분사의 차이점을 주목함으로써, 이들이 갖는 유기적 관계를 놓치는 경우가 많다.

물론 어떤 대상을 이해하기 위해서는 다른 대상과 구별되는 특징을 인지하는 것이 필요하다는 점은 분명하다. 이런 면에서 부정사, 동명사, 분사의 용법을 분리해서 설명하는 기존의 방법도 유용한 측면이 있다.

하지만 변별적 요소에 집중하는 그런 방법이 효율적인지 고민할 필요가 있다. 수면 위로 드러난 섬은 별개의 존재들로 보이지만, 수면 아래에는 그들을 존재하게 하는 하나의 암반으로 연결되어 있다. <u>이와 마찬가지로 세 가지 유형의 준동사들도 동일한 형성 원리를 공유하고 있다. 따라서 상이한 현상들을 하나로 수렴할 수 있는 관점과 원리를 파악한 후, 서로의 개별적인 특징에 주목하는 것이 타당하다.</u>

1-1 Last month I **read** *Agatha Christie's mystery novels.*
    나는 지난 달에 아가사 크리스티의 추리소설들을 읽었다.

1-2 I want **to read** *Agatha Christie's mystery novels.*
    나는 아가사 크리스티의 추리소설들을 읽고 싶다.

1-3 I enjoy **reading** *Agatha Christie's mystery novels.*
    나는 아가사 크리스티의 추리소설 읽기를 즐긴다.

1-4 **Reading** *Agatha Christie's mystery novels*, I was so excited that my heart was beating like a hammer.

아가사 크리스티의 추리소설들을 읽을 때면, 너무나 흥분해서 심장이 고동쳤다.

1-1 Last month I read Agatha Christie's mystery novels.
1-2 I want to read Agatha Christie's mystery novels.
1-3 I enjoy reading Agatha Christie's mystery novels.

1-1에서 Agatha Christie's mystery novels라는 정보는 동사인 read의 목적어 역할을 하고 있다. 1-2에서 부정사인 to read는 want의 목적어, 즉 명사로 활용되고 있지만 Agatha Christie's mystery novels라는 정보는 변함이 없다. 그리고 1-3의 reading은 동명사로서 enjoy의 목적어로 쓰이고 있다. 그런데 이 문장에서도 reading의 뒤에 연결되는 정보는 1-1의 read 뒤에 있는 내용과 동일하다. 또한 1-4의 분사인 reading은 동사가 아니라 부사의 역할을 하고 있다. 하지만 이 문장에서도 reading의 뒤에 제시되는 정보는 동사의 형태로 활용한 1-1의 문장과 차이가 없다.

<u>즉 동사를 어떤 유형의 준동사로 활용하더라도 그 동사의 뒤에 연결되던 정보는 달라지지 않는다.</u> 이런 점에서 부정사, 동명사, 분사라는 각각의 문법적 형태가 갖는 공통의 성질에 주목하는 것이 우선이라는 것이다. 변화란 그 개체가 보유하고 있는 어떤 속성이 달라진다는 것이므로, 변화를 야기하는 요소와 변화의 모습에 주목하는 것은 지극히 당연한 일이다.

하지만 이런 변화의 흐름에서 비껴나 있는 속성들이 있다면 그 또한 관심의 대상이 되어야 한다. 구성체를 둘러싼 상황이 달라짐에도 불구하고, 그 영향을 받지 않는 대목들이 있다면, 그 변화를 견뎌내는 그 나름의 근거가 있다는 말이고, 당연히 주목받을 가치를 갖는 것이기 때문이다.

어떤 상황에서 변화를 겪는 요소와 변화하지 않는 요소는 모두 동전의 양면처럼 대등한 가치를 갖는다. 그 두 가지 양상 모두가 변화라는 큰 전체를 구성하는 존재들이기 때문이다. 따라서 변화의 측면에만 초점을 맞추는 사유는 온전하게 대상을 이해하는 균형 잡힌 태도가 되기 힘들 수밖에 없다.

부정사, 동명사, 분사를 개별적으로 이해하는 단절된 시각에서 벗어나, 총체적으로 조망할 수 있는 계기를 준동사라는 개념을 통해 찾을 수 있을 것으로 기대한다. 기존의 방식을 활용하는 것 또한 유용한 점도 있지만, 익숙한 만큼 새로운 가능성을 찾기 힘들 수 있다는 역설적인 한계도 안고 있다.

뭔가를 배운다는 것은 결국 새로운 정보를 받아들이는 것이고, 이는 곧 생소한 대상에 익숙해지는 과정이라고 할 수 있다. 따라서 익숙한 방식을 고집하면 고착화된 정보만을 습득할 뿐, 새로운 정보를 통한 발전적 이해는 어려울 수밖에 없다는 점을 항상 경계해야 한다. 관찰하는 각도를 달리 할 때에만 대상을 다른 모습으로 볼 수 있는 것이다.

그래서 단순하게 세 가지를 합쳐서 부르는 용어로서가 아니라, 그 용어를 통해 세 가지 현상을 관통하는 일정하고, 공통된 규칙을 이해하는 시도로서 준동사를 이해하고자 한다.

동사의 향기를 품은 준동사

준동사만으로 문장을 구성하는 것은 불가능하다. 준동사란 동사를 명사나 형용사, 혹은 부사와 같은 다른 품사로 활용하기 위한 표현 방식이기 때문이다. 즉 준동사는 동사가 아니라는 점에서, 문장이 성립하기 위해서는 별도의 동사가 필요할 수밖에 없다. 그렇다면 동사가 아닌데 굳이 준동사라는 명칭을 붙일 필요가 있는지 의문을 품을 수 있다.

동사의 역할을 수행하는 것이 아님에도 불구하고 준동사라는 이름으로 동사의 흔적을 남기는 것은 그 표현이 동사의 속성을 유지하고 있기 때문이다. 어떤 형태의 준동사로 표현하건, 또 준동사가 문장에서 어떤 역할을 수행하건 동사 뒤에 연결되던 정보는 영향을 받지 않는다. 이것은 동사일 때 다음에 정보가 연결되던 방식이 그대로 유지된다는 말이고, 이 원칙은 동사가 어떤 용법으로 쓰이건 동일하게 적용된다

2-1　I **attended** *the environment organization's annual convention*.
　　　나는 그 환경 단체의 연례 총회에 참석했다.

2-2　I desired **to attend** *the environment organization's annual convention*.
　　　나는 그 환경 단체의 연례 총회에 참석하고 싶었다.

2-1에서 attended는 타동사로서 the environment organization's annual convention이 목적어로 연결되고 있다. 반면에 2-2에서는 attend의 앞에 to가 결합됨으로써 동사가 아닌 품사로 활용되고 있다는 점을 알려주고 있다. 이 문장에서 to attend는 타동사인 desired의 뒤에 위치함으로써 목적어 역할을 하고 있다. 하지만 to가 결합된다고 해도 attend는 타동사라는 정체성을 상실하지 않는다. 그래서 동사였던 2-1의 attended 뒤에 있던 the environment organization's annual convention은 2-2의 준동사 to attend 뒤에도 동일하게 연결되어야 한다.

2-3 The settlers **left** *the forest uncultivated*.

　　정착민들은 그 숲을 경작하지 않은 채로 두었다.

2-4 All the residents wanted was **(to) leave** *the forest uncultivated*.

　　모든 주민들의 바람은 오직 그 숲을 경작하지 않은 채로 두는 것이었다.

　　leave가 "~을 ~한 상태로 두다"라는 의미일 때는 목적어인 명사와 그 명사에 대해 설명하는 보어까지 필요로 하는 특성을 갖는다. 그래서 2-3에서 left의 뒤에는 목적어인 the forest와 목적보어인 uncultivated가 제시되고 있는 것이다. 2-4처럼 to 부정사 형태로 변형하더라도 이런 문법적인 속성은 그대로 전달된다. 이 문장에서 to 부정사는 주격 보어로 쓰인 명사의 역할을 하고 있지만 다음에 목적어와 목적 보어를 필요로 하는 동사적 특징은 달라지지 않는 것이다.

2-5 My cousin **became** *a Pulitzer-Prize winning author*.

　　내 사촌은 퓰리처상을 받는 작가가 가 되었다.

2-6 **Becoming** *a Pulitzer-Prize winning author* was my cousin's dream.

　　퓰리처상을 받는 작가가 되는 것이 내 사촌의 꿈이었다.

　　준동사의 이런 보편적 특성은 자동사인 경우에도 동일하게 적용된다. 흔히 "어떤 상태가 되다"라는 의미인 become은 다음에 그 상태를 나타내는 정보가 제시되어야 논리가 충족될 수 있다. 2-5에서 자동사인 became의 다음에는 a Pulitzer-Prize winning author라는 보어가 그 역할을 수행하고 있다. 2-6의 becoming은 -ing라는 어미가 결합되어 문장의 주어로 쓰인 동명사 표현이다. 이렇게 명사로 활용되는 경우에도 become의 특성은 달라지지 않는다. 따라서 a Pulitzer-Prize winning author가 becoming의 뒤에서 보어로 역할을 하고 있는 것이다.

2-7 Mr. Wagner **was re-elected** *as the president of the society.*
와그너씨가 그 학회의 회장으로 재선출되었다.

2-8 Mr. Wagner was sure **to be re-elected** *as the president of the society.*
와그너씨가 그 학회의 회장으로 재선출될 것이 확실했다.

타동사는 어떤 행위를 두고 동작의 행위자와 동작의 대상이라는 두 개의 정보가 제시된다. 그래서 2-7처럼 동작의 대상인 목적어의 관점에서 서술하는 방식인 수동태 표현도 가능하다. 이런 수동태 문장도 준동사의 영향력을 벗어나지 않는다. 2-7의 was라는 동사가 2-8에서 to be라는 준동사 형태로 부사의 역할을 수행할 뿐, 그 뒤에 연결되던 정보와 구조는 변함이 없는 것이다.

2-9 Paul Collins, who received the bribe from the contractors, **resigned** *as the chairperson of the city council.*
폴 콜린스는 도급업자에게 뇌물을 받아서 시의회 의장직에서 물러났다.

2-10 Paul Collins was faced with the pressure **to resign** *as the chairperson of the city council.*
폴 콜린스는 시의회 의장직에서 물러나라는 압력에 직면했다.

자동사 중에는 동사를 설명하는 전치사구를 동반하는 속성을 갖는 경우가 있다. resign의 경우에는 "~에서 물러나다"라는 맥락에서 '출처, 기원'을 나타내는 from이나 '직책'을 의미하는 as와 함께 쓰이는 경우가 많다. 2-9의 resigned와 2-10의 to resign은 동사와 형용사라는 각각의 역할이 다를 뿐, 그 뒤에 연결되는 구조는 동일하다는 것을 확인할 수 있다. 천 개의 강에 같은 모습의 달 그림자가 비치듯 resign이 갖는 이런 성격은 동사일 때나 준동사일 때나 고르게 적용되기 때문이다.

바로 이런 점에서 준동사는 동사가 아니지만, 동사의 성격을 갖고 있다고 하는 것이다. 그리고 이것이 동사라는 기반을 통해 준동사를 익혀야 하는 당위성을 갖는 대목이기도 하다.

부정사절, 동명사절 그리고 분사절

일반적으로 두 개 이상의 단어들이 모여서 하나의 품사로 기능할 때, 주어와 동사가 포함된 구조를 절이라고 하고, 동사가 없는 경우를 구라고 규정한다. 이런 설명을 기준으로 하면 준동사는 동사가 아니기 때문에 절이 아니라, 구로 분류해야 마땅하다.

따라서 부정사구, 동명사구, 분사구라는 이름으로 통용되는 것이 일반적이지만, 부정사절, 동명사절, 분사절이라는 용어를 사용하기로 한다. 익숙한 용어를 마다하고 생소할 수 있는 명칭을 굳이 사용하려는 것은 절로 규정하는 것이 준동사의 특징과 의미를 이해하기에 적절하기 때문이다.

3-1 I want **to be** *a dermatologist.*
    나는 피부과 의사가 되고 싶다.

3-2 I **am** *a dermatologist.*
    나는 피부과 의사다.

　　3-1에서 to 부정사의 범위를 to be로 이해하는 경우가 많다. to와 동사의 원형이 결합된 형태를 to 부정사라고 인지하기 때문에 그렇게 판단하는 것도 충분히 납득할 수 있다.

　　3-2에서 보듯이 am을 비롯한 be 동사는 대체로 독자적인 의미를 갖지 않고, 연결 기능을 갖는다. 따라서 be 동사의 다음에는 주어인 명사를 설명하는 형용사나, 주어를 정의하는 명사를 추가해야 논리적으로 완결된 체계를 갖출 수 있다. 이 보충 요소를 흔히 주격 보어라고 부른다.

　　be 동사의 다음에는 주격 보어가 필요하다는 이 규칙은 3-1처럼 준동사일 때나, 3-2처럼 동사로 활용될 때나 동일하게 적용된다. 따라서 3-1에서 <u>to 부정사는 to be가 아니라, 다음에 있는 보어까지 포함해서 to be a dermatologist라고 이해해야</u> 타당하다.

　　결국 to 부정사는 to와 동사의 원형으로 이루어지지만 결코 그 범위에 머무르지 않는다. <u>준동사는 to와 -ing와 같은 변별적인 기호가 결합된 단어를 가리키는 말이 아니라, 그런 형태의 단어와 그 뒤에 연결되는 정보를 통합하는 개념으로 이해해야 하는 것이다.</u>

　　준동사의 범위를 통합적으로 이해하지 않으면 준동사가 등장하는 문장의 구조를 파악하기 어렵게 되고, 이는 곧 의미를 올바르게 판단하는 데 장애물이 될 수 있다. 문법적 단위란 의미를 담아내는 단위라는 점을 감안하면, 준동사의 문법적 범위를 정확하게 판단하는 것은 정확한 이해를 위한 첫 걸음이 되기 때문이다.

3-3 I **sent** *Jane a brochure of the Book Fair.*
　　나는 제인에게 도서 박람회의 안내 책자를 보냈다.

3-4 I planned **to send** *Jane a brochure of the Book Fair.*
　　나는 제인에게 도서 박람회의 안내 책자를 보낼 계획을 세웠다.

　　send는 "~을 보내다"라는 의미로 그 행위의 대상에 대한 정보가 필요하다. 그리고 send는 동작의 1차 대상인 직접 목적어뿐만 아니라, 물건이 전달되는 대상, 즉 행위의 2차 대상인 간접 목적어를 동반하기도 한다. 3-3에서는 sent라는 하나의 동사에 두 가지 유형의 목적어가 함께 등장하는 특성을 보이고 있다.

　　이미 확인했듯이 준동사는 동사의 성질을 유지하므로 특정 동사가 갖는 문법적 성격은 준동사로 활용되는 구조에서도 달라지지 않는다. 3-4에서도 to send의 뒤에는 여전히 두 가지의 목적어가 연결되고 있다. 이런 점에서 to 부정사의 범위는 to send가 아니라, to send Jane a brochure of the Book Fair까지로 이해해야 타당하다.

　　이 to 부정사는 planned의 목적어 역할을 하고 있다. 즉 동사가 아니라 명사로 쓰인다는 점에서 절의 기준을 충족시키지 못하고 있다. 하지만 <u>동사일 때 가졌던 구조적 특성을 고스란히 유지하고 있다는 점에서 to 부정사절이라는 이름을 붙일 근거가 마련되는 것이다.</u>

결국 준동사는 고향을 떠난 사람이 여전히 간직하고 있는 사투리처럼 달라진 현재의 상황과 과거의 추억이 공존하는 복합적이고 절충적인 성격을 담아내고 있는 표현 전략으로 이해할 수 있다.

3-5 Drivers should **pay** *attention to traffic signs*.
     운전자들은 교통 신호에 주의를 기울여야 한다.

3-6 **Paying** *attention to traffic signs* is necessary for safe driving.
     교통 신호에 주의를 기울이는 것이 안전 운전을 위해서 꼭 필요하다.

더 이상 유기체는 아니지만 과거의 흔적을 그대로 보여주는 화석처럼, 동사였을 때의 성격이 고스란히 적용되는 현상은 to 부정사에게만 국한된 것이 아니다. 명사로 활용되는 동명사와 형용사로 활용되는 분사의 경우에도 이와 동일한 특징을 찾아볼 수 있다.

3-5에서 pay는 attention이라는 목적어와 to traffic signs라는 전치사구까지 포함해서 동사어구를 형성하고 있다. 3-6의 동명사는 이 정보를 주어로 활용한 것이므로, paying이 아니라 그다음에 연결되는 attention to traffic signs까지를 동명사의 영역으로 이해해야 한다. 그리고 이런 맥락에서 동명사절이라는 명칭이 준동사의 특성을 파악하는 데 효과적이다.

구조에 대한 올바른 이해는 의미를 정확하게 이해하기 위한 토대이기도 하다. 3-6에서 문장의 주어는 traffic signs라는 사물이 아니라, paying attention to traffic signs라는 행위로 이해해야 하기 때문에 동사도 역시 단수인 is가 되어야 주어와 동사의 수가 일치하게 된다.

3-7 I **jogged** *in the park yesterday*.

   나는 어제 공원에서 조깅을 했다.

3-8 **Jogging** *in the park yesterday*, I saw ducks marching in a row.

   나는 어제 공원에서 조깅을 하다가, 오리들이 줄지어 행진하는 것을 봤다.

3-9 The fine print of the insurance contract **is written** *in plain English*.

   보험 계약서의 자세한 내용은 쉬운 영어로 쓰여 있었다.

3-10 **(Being) written** *in plain English*, the fine print of the insurance contract is hard to comprehend.

   쉬운 영어로 쓰여 있었지만, 보험 계약서의 자세한 내용은 이해하기 어려웠다.

분사도 역시 준동사의 일원이라는 점에서 부정사나 동명사와 동일한 특성을 확인할 수 있다. 3-7에서는 자동사인 jogged의 다음에 전치사구인 in the park와 부사인 yesterday가 연결되고 있다. 이 두 개의 어구들은 jogged를 수식해서, 그 행위가 발생하는 공간과 시점에 대한 정보를 제공하고 있다. jogged라는 동작의 의미를 충족시키고 있다는 점에서 이 부사어구들까지를 하나의 의미 덩어리로 이해할 수 있다.

동사가 갖는 이런 특성은 분사로 표현 방식을 바꾸더라도 달라지지 않는다. 따라서 3-8에서 분사는 jogging만이 아니라 in the park yesterday까지로 이해해야 하고, 그 연장선상에서 분사구문이 아니라 분사절로 규정하는 것이 적절하다는 것이다.

분사의 또 다른 모습인 과거 분사의 경우에도 준동사의 보편적 특징은 그

| 3-9 | The fine print of the insurance contract is written in plain English. |
| 3-10 | (Being) written in plain English, the fine print of the insurance contract is hard to comprehend. |

대로 적용된다. 3-9에서 is written이라는 수동태는 문장의 주어로 제시된 the fine print of the insurance contract가 행위자가 아니라, 동작의 대상이라는 점을 분명하게 밝히고 있다. 그리고 뒤에 연결된 in plain English라는 전치사구는 동사를 설명하는 부사의 역할을 하고 있다. 3-10은 이 정보를 분사로 표현한 것이므로, written이라는 과거 분사에 머물 것이 아니라, 뒤에 있는 in plain English까지 범위를 넓혀서 이해하도록 해야 한다.

부정사절, 동명사절, 분사절이라는 용어를 소개했지만, 이 명칭이 타당한지를 따지는 것이 논의의 초점은 아니다. 이런 관점을 강요하려는 의도도 물론 아니다. 우리가 주목해야 하는 지점은 절이라는 명칭을 붙이려는 의도를 이해하는 것이다. 즉 분명 동사가 아님에도 불구하고 준동사를 절이라는 범주에 넣으려 한다면, 그것을 가능하게 하는 특징이 무엇인지를 주목하자는 것이다.

준동사의 생성

준동사, 자유로움과 경제성

동사의 뒤에 연결되는 정보들이 준동사로 표현해도 달라지지 않는다면, 굳이 이런 표현들을 만들 필요가 무엇인지 의문을 가질 수도 있다. 하지만 이런 번거로움을 만든 것에는 그 나름대로 뭔가 납득할 만한 이유가 있을 것이라고 생각하는 것이 합리적이지 않을까?

<u>준동사의 존재 이유는 자유로움과 경제성이라는 두 가지 측면에서 접근할 수 있는데, 이는 모두 동사의 활용이라는 문제와 연결되어 있다.</u> 하나의 문장이 성립하려면 반드시 동사가 있어야 한다. 그런데 동사를 쓴다는 것은 단순하게 단어 하나를 활용하는 것이 아니다. 문장의 핵심적인 장치인 동사를 사용하는 과정에는 여러 가지 제약이 따라붙기 때문이다.

동사에게 부과되는 의무는 크게 구조적인 의무와 형태적인 의무로 나누어 볼 수 있다. 동사로서 지켜야 하는 구조적 의무는 문장의 구성에 대한 기본적인 규칙을 말하는 것으로, 동사라는 존재가 주어와 보조동사 그리고 접속사와 맺고 있는 구조적 관계에서 비롯되는 것들이다. 이 관계는 동사의 형태나 용법과는 상관 없이 일정하게 적용된다.

우선 동사의 앞에는 반드시 주어의 역할을 하는 명사가 필요하다. 반복되는 대상일 때도, 정보의 가치가 낮을 때도, 문맥으로 짐작할 수 있어도 동사의 앞에는 주어라는 존재가 있어야만 한다.

때로는 동사에 정보를 추가로 담아내기 위해 보조동사를 활용해야 할 때도 있다. 즉 완료형이나 진행형을 표현하기 위해 have나 be 동사를 추가하거나, 말하는 사람의 감정을 담아내기 위해 can, could, would, should 등과 같은 서법 조동사를 덧붙여야 하는 경우도 있다. 또 부정문이나 의문문을 표시하는 do 동사도 역시 보조동사의 범위에 속한다. 물론 문장에 등장하는 동사가 두 개 이상이라면, 동사를 연결하는 장치인 접속사의 존재도 반드시 필요하다.

이렇게 동사라는 품사가 다른 품사의 단어들과 형성하는 상대적 규칙도 중요하지만, 동사 자체에 결합해서 특정한 문법성을 담아내는 어미를 추가해야 하는 경우도 있다. 이런 형태상 의무는 동사에 결합해서 시제와 수를 나타내는 어미들을 통해 구현된다. 즉 –ed라는 어미를 결합해서, 동작이 과거 시점에 발생했다는 것을 나타내거나, –(e)s를 추가해서 단수 명사인 주어와 수의 일치를 형성하는 것이다.

동사를 활용하려면 이와 같은 다양한 의무 사항들을 지켜야만 한다. 그런데 동사로서 지켜야 하는 규칙이라는 말은 곧 동사가 아닌 경우에는 지킬 근거가 없다는 말이 된다. <u>준동사는 동사가 아니라는 점에서 동사와 연결되는 이런 여러 가지 규칙들에서 자유로울 수 있는 것이다.</u>

즉 동사가 아니라면, 동사를 보조하던 보조 동사의 문법적 기능은 자연히 그 존재 이유가 소멸된다. 또 다음에 연결되는 동사가 존재하지 않는다면, 그 동사의 주어가 존재할 당위성도 역시 흐릿해질 수밖에 없다. 물론 자신이 연결해주던 동사가 사라지는 상황이 되면 접속사도 그 역할을 잃어버리게 된다.

결국 <u>준동사를 활용한다는 것은 동사를 동사가 아닌 품사로 전환시키는 작업이고, 그렇게 함으로써 접속사, 주어, 보조동사라는 다른 요소들과 맺고 있던 구조적인 필수 관계도 더불어 해체될 수밖에 없다는 점에서 '동사의 의무에서 자유롭다'라고 할 수 있는 것이다.</u>

또한 동사에 표현되던 수와 시제의 관점도 준동사의 상황에서는 그 비중이 축소될 수밖에 없다. 동사의 단수 혹은 복수라는 개념은 주어인 명사와 수를 일치시켜 논리적, 구조적 일관성을 유지하기 위한 장치일 뿐, 동사가 나타내는 행위에 수의 의미가 개입되는 것은 아니다. 명사의 어미는 그 명사가 한 개 또는 그 이상의 개체라는 수의 의미를 나타내는 용도인데 반해, 동사의 수는 그 동작의 횟수와는 아무 상관이 없기 때문이다.

그리고 준동사를 표시하는 장치는 to와 -ing, 두 가지라는 점에서 동사에 나타나는 다양한 시제 형태를 온전하게 표현할 수도 없다. 그래서 동사일 때 지켜야 했던 수와 시제와 같은 문법적인 형태에 대한 규정에서 준동사 표현은 자유로울 수 있는 것이다. 다른 말로 하자면 준동사의 핵심은 이렇게 '동사의 의무를 비껴가기'에 있다고 해도 좋을 것이다.

그런데 동사의 의무에서 준동사가 자유롭다는 이 말이 비단 구조적인 관점에서만 가치를 갖는 것은 아니다. 접속사와 주어, 그리고 보조동사의 문법적인 역할이 준동사 표현 구조에서 약화된다는 것은 이 어구들이 갖는 정보의 가치가 낮아질 수 있다는 말이다.

구조적으로 꼭 필요한 요소가 아니라면, 정보의 가치가 낮은 정보들은 생략될 가능성이 높아진다. 그래서 준동사 표현에서는 접속사, 주어, 보조동사 등이 생략되는 경우가 흔히 발생하므로 동사일 때보다 간결한 구조가 될 수밖에 없는 것이다.

<u>이런 점에서 준동사는 줄임말이라는 관점으로 이해할 수도 있다.</u> 언어를 움직이는 동력인 경제성의 원칙이란 정보의 가치가 낮은 어구를 생략해서 간결하게 표현하려는 노력이고, 그 관점은 준동사 표현에도 어김 없이 적용되고 있다.

준동사와 접속사의 관계

    품사를 통해 문장의 구성과 어구의 역할이 규정된다는 점에서 동사를 다른 품사로 변환시키는 준동사 표현에서는 문장의 구조도 변화를 겪을 수밖에 없다. 동사를 연결하는 필수 장치였던 접속사가 준동사 구조에서는 문법적 역할이 사라지기 때문에 생략되는 것이 원칙이다.

    접속사는 절이라는 구조에 명사, 형용사, 혹은 부사의 역할을 부여하는 장치로 명사절, 형용사절, 그리고 부사절의 성격을 갖게한다. 하지만 <u>준동사 표현에서는 접속사와 주어 그리고 보조동사가 변화의 범위에 속하게 되고, 접속사는 일차적으로 생략되는 대상이 된다</u>. 따라서 <u>종속절의 종류는 준동사의 활용 방식은 아무런 연관성이 없다</u>.

4-1 Dennis <u>promised</u> **that he would return** *the book in three days.*
     데니스는 3일 뒤에 그 책을 돌려주겠다고 약속했다.

4-2 Dennis <u>promised</u> **to return** *the book in three days.*

    4-1의 that절은 promised의 목적어 역할을 하는 명사절이다. 명사절의 동사 return을 to return이라는 준동사로 압축하는 과정에서 동사와 밀접한 관계를 형성하고 있는 접속사, 주어, 그리고 보조동사는 구조적 연결 고리를 잃어버리게 된다. 또한 접속사 that, 대명사 he, 조동사 would라는 이 세 가지 요소는 정보의 가치가 낮다는 점에서 4-2에서는 생략되고 있다. 그래서 return에 to을 붙여 그 변화를 표시할 뿐, 동사 뒤의 다른 요소들은 그대로 유지되는 준동사의 특성을 그대로 보여주고 있다.

명사절을 이끄는 접속사로는 크게 that과 의문사가 있는데, that은 예외 없이 생략된다. 하지만 that과 달리 의문사는 생략하지 않는데, 그런 차이점 역시 정보의 가치라는 관점에서 이해할 수 있다. 다만 의문사절이 준동사로 압축되는 경우는 to 부정사에 특화된 것이므로 부정사와 함께 살펴보는 것이 적절하다.

종속절과 준동사의 긴밀한 관계는 명사절에만 적용되는 것이 아니라, 형용사절에도 공히 적용된다. 주로 관계 대명사나 관계 부사가 형용사절을 이끄는 접속사로 활용되는데, 이 경우에도 접속사가 배포하는 정보의 가치는 높지 않다.

4-3 The woman **who is wearing** *glasses* is the person in charge of the research project.

4-4 The woman **wearing** *glasses* is the person in charge of the research project.

안경을 끼고 있는 여성이 이번 연구 프로젝트의 책임자다.

4-3에서 관계 대명사 who가 연결하는 who is wearing glasses는 The woman을 수식하는 형용사절의 역할을 하고 있다. 관계 대명사는 접속사와 대명사가 결합된 문법적 형태인데, 두 개의 단어가 하나로 결합되었다는 것은 그만큼 개별적인 정보의 가치를 갖고 있지 않다는 의미로 이해할 수 있다. 이런 맥락에서 관계 대명사라는 접속사도 준동사 구조에서는 역시 흔히 생략의 대상이 된다.

4-4에서 wearing이라는 분사로 압축되는 과정에서 who는 일차적으로

생략될 수 있는 정보가 된다. 그리고 4-3의 is는 being이라는 준동사로 구조의 변화를 표시한다. 절의 구조가 해체된 상태에서는 being이라는 분사도 역시 정보의 가치가 없다는 점에서 함께 생략되기도 한다.

4-5 <u>The museum</u> **which was burnt down** *by the unprecedented fire* will be rebuilt.

4-6 <u>The museum</u> **burnt down** *by the unprecedented fire* will be rebuilt.
<small>전례 없는 화재로 소실되었던 박물관이 재건될 것이다.</small>

    4-5에서도 which was burnt down by the unprecedented fire는 the museum을 설명하는 형용사절이다. was burnt는 수동태 표현으로 the museum이라는 주어가 동작의 대상임을 나타내고 있다. 물론 수동태의 경우에도 준동사로 활용하는 과정은 동일하기 때문에 was는 being이 된다. 그리고 4-6에서 확인할 수 있듯이 정보의 가치가 없는 which와 분사 being은 생략된다.

    물론 관계절로 대변되는 형용사절이 준동사절로 압축되는 경우에 이렇게 분사의 형식만을 활용하는 것은 아니고, to 부정사절로 변화하는 경우도 가능하다.

4-7 He is <u>the last man</u> **that will stab** *me in the back*.

4-8 He is <u>the last man</u> **to stab** *me in the back*.
<small>그는 절대로 나를 배신하지 않을 사람이다.</small>

4-7의 관계 대명사 that절은 the last man을 수식하는 형용사의 역할을 하고 있다. 정보의 가치가 낮은 관계 대명사 that과 조동사인 will은 생략되고, 이와 같은 구조의 변화를 표시하는 장치로 4-8에서는 stab에 to를 결합한 것이다.

형용사의 역할을 하는 관계절의 경우에도 접속사의 기능을 하는 관계 대명사는 생략된다. 이러한 생략의 메커니즘은 관계절의 동사가 압축되는 방식이 분사이건, to 부정사이건 상관 없이 동일하게 작동한다.

명사절과 형용사절 외에 종속절에 해당하는 나머지 유형은 부사절이다. 물론 부사절의 경우에도 접속사, 주어, 보조동사라는 어구들이 어떤 변화를 겪을 것인지는 쉽게 예상할 수 있다.

4-9 **After she said** *goodbye to Kane*, Mary fired the engine.

4-10 **Saying** *goodbye to Kane*, Mary fired the engine.

케인에게 작별 인사를 하고, 메리는 차의 시동을 걸었다.

4-11 **Although he was born** *more than forty years ago*, Tommy has a look of a man much younger.

4-12 **Born** *more than forty years ago*, Tommy has a look of a man much younger.

비록 40세가 넘었지만, 토미는 훨씬 더 젊어 보인다.

4-13   Our forefathers worked hard **so that they could survive** *in the wilderness.*

4-14   Our forefathers worked hard **to survive** *in the wilderness.*
  우리의 선조들은 황무지에서 살아남기 위해 열심히 일하셨다.

4-9	After she said goodbye to Kane, Mary fired the engine.
4-10	Saying goodbye to Kane, Mary fired the engine.
4-11	Although he was born more than forty years ago, Tommy has a look of a man much younger.
4-12	Born more than forty years ago, Tommy has a look of a man much younger.

부사절을 이끄는 접속사들은 주로 주절의 동작과 관계를 맺고 있는 상황을 시간, 이유, 조건, 상반, 목적, 결과 등의 논리적 관계로 이어주는 역할을 하고 있다. 하지만 <u>부사절을 구성하는 접속사들이 보여주는 논리적 맥락은 준동사가 야기하는 구조적 변화와는 상관이 없다.</u> 따라서 <u>준동사로 간결하게 표현되는 과정에서 부사절의 접속사는 생략되는 공통된 모습을 보인다.</u>

4-9에서는 after라는 시간의 접속사로 부사절을 연결함으로써, 주절에 있는 fired the engine이라는 행위와 said goodbye to Kane이라는 동작의 선후관계를 밝히고 있다. 이 문장을 4-10처럼 분사절로 압축하면, 접속사인 after와 반복되는 정보인 she라는 대명사는 생략함으로써 간결하게 정보를 전달하게 된다.

4-11은 두 문장의 내용을 서로 상반된 논리 관계로 설정해주는 although라는 접속사가 등장하는 부사절이다. 이런 논리적 관계에서도 준동사를 활용함으로써 동사가 맺고 있는 관계들을 해체하는 것이 가능하다. 그 결과 4-12처럼 경제적으로 정보를 전달할 수 있는 것이다. 물론 그 경제성은 접속사 although 그리고 중복되는 의미인 주어 he의 생략을 통해 실현되는 것이다.

4-13의 so that은 두 개의 행위를 '목적'과 그에 따른 결과의 관계라는 점을 보여주는 접속사로서 역시 부사절을 이끌고 있다. 앞서 after와 although의 경우에서 확인했듯이 부사절의 접속사가 전달하는 논리적 관계는 준동사의 활용 방식에 아무런 영향을 미치지 않는다. 따라서 4-13에서는 필수 요소였던 so that, they, could가 4-14의 분사절에서는 불필요한 존재이므로 생략된다.

의미상 주어와 정보의 가치

준동사의 의미상 주어란?

어떤 단어의 품사가 변하면 문장에서 수행하는 역할이 달라지는 것이기에 문장의 구조도 당연히 영향을 받는다. 그리고 그 단어와 구조적 관계를 맺고 있던 다른 단어들 역시 변화의 흐름 속에 놓이게 된다.

준동사 표현이란 동사를 다른 품사로 전용하는 것이 핵심이기에 동사와 관련된 다른 단어들도 변화의 대상이 된다. 동사의 앞에는 그 동작의 행위자 혹은 대상에 해당하는 명사가 제시되어 동사의 주어라는 문법적 역할을 한다. 그런데 동사의 품사가 달라지면 주어와 동사라는 구조가 해체되기 때문에 그 관계의 한 축인 주어도 그 역할을 유지할 수는 없다.

하지만 품사의 변화가 의미의 근본적인 변화를 내포하는 것은 아니다. 같은 관점에서 준동사 표현도 구조적인 변화는 발생하지만, 동사의 근본적인 의미가 달라지는 것은 아니다. 따라서 준동사 환경에서도 주어와 동사가 맺고 있던 의미 관계는 변하지 않는다. 이런 맥락에서 준동사의 의미상 주어라고 그 성격을 규정하는 것이다. 그리고 주어가 동사의 앞에 오듯이, 의미상 주어도 준동사의 앞에 위치하게 된다.

물론 문장의 주어가 아니라는 점에서 의미상 주어는 주어로서 지켜야 하는 형식적 의무에서 벗어난다. 즉 동사의 주어는 정보의 가치가 없는 경우라 하더라도, 반드시 동사의 앞에 존재해야 한다. 반면에 준동사의 의미상 주어는 필수 요소가 아니기 때문에 경우에 따라서는 생략하는 것도 가능하다.

의미상 주어에 대해서도 부정사, 동명사, 분사의 경우를 개별적으로 설명하는 것이 일반적인 방식이다. 물론 부정사, 동명사, 분사는 문장에서 활용되는 품사가 서로 다르기 때문에 준동사를 표시하는 방법도 서로 다를 수밖에 없다.

하지만 의미상 주어가 생략되는 원리는 세 가지 준동사의 경우에 동일하게 적용된다. 의미상 주어를 표시하는 방식은 구조적인 관점이지만, 의미상 주어를 생략하는 경우는 정보의 가치라는 다른 기준이 적용되기 때문이다.

따라서 의미상 주어를 표시하는 방식과 원리에 대해서는 부정사, 동명사, 분사를 개별적으로 설명하면서 이해하도록 하고, 준동사의 의미상 주어를 생략하는 보편적인 원칙을 먼저 알아보기로 한다.

'정보의 생략'은 문법 전반에 걸쳐 발생하기 때문에, 개별적인 현상으로 접근할 것이 아니라 그것들을 관통하는 공통의 원칙을 적용해야 한다. 그렇게 함으로써 표면적으로 보면 상이해 보이는 경우들도 바탕에서 그것들을 야기하는 일정한 흐름으로 읽어낼 수 있기 때문이다.

문장이란 상대에게 정보를 전달하는 것이고, 이 과정에서 오해가 없도록 명확하게 표현하는 것이 가장 기본적인 덕목이라고 할 수 있다. 이런 관점에서 문장에서 어떤 어구를 생략한 탓에 상대가 혼란스럽게 받아들인다면 의사전달이라는 일차적인 목적이 충족되지 않은 것이다. 그래서 <u>언어의 다양한 상황에서 발생하는 생략이라는 현상의 전제 조건은 생략해도 의미 전달에는 문제가 없다는 기본적인 전제를 담고 있다.</u>

<u>정보의 생략이라는 현상을 야기하는 근본적인 동력은 경제성과 효율성이다.</u> 즉 어떤 정보를 생략하더라도 의미 전달에 지장이 생길 염려가 없는 상황이라면 간결하게 정보를 전달하는 것이 더 경제적이라는 입장이다. 또한 정보

의 가치가 낮은 어구를 배제함으로써 자신의 의사를 더욱 명확하게 전달하고, 상대가 자신의 메시지에 더욱 집중하도록 유도하는 효과를 가질 수 있는 것이다.

의미상 주어가 반복되는 정보일 때

준동사의 의미상 주어가 생략되는 첫 번째 조건은 동일한 정보가 반복되는 경우로 생략의 가장 기본적인 메커니즘이라고 할 수 있다. 준동사의 의미상 주어가 반복되는 상황이란 곧 의미상 주어가 주절의 주어와 동일한 정보인 상황을 말하는 것이다. 동일한 어구가 반복된다는 것은 새로운 정보를 담고 있지 않다는 말이기 때문에 정보의 가치를 갖지 못한다.

반복되는 정보는 생략하더라도 문맥의 관성에 충분히 이해할 수 있다는 점에서 굳이 드러내지 않는 것이 일반적이다.

5-1 ***Kane*** wanted **to visit** the nursing home next Saturday.
    케인은 다음 토요일에 그 요양원을 방문하고 싶어했다.

5-2 ***Jason*** has given up **gambling** on his wife's plea.
    제이슨은 아내의 호소로 도박을 끊었다.

5-3 **Knowing** much about Rome, ***Joan*** didn't need any guide.
    로마에 대해서는 많이 알고 있었기에 조앤은 안내원이 필요 없었다.

5-1에서 to visit의 왼쪽에는 누가 방문하는지 그 동작의 행위자를 나타내

는 정보가 없다. 이렇게 준동사의 의미상 주어가 없는 경우라면 중복되는 정보일 가능성을 일차적으로 고려해야 한다. 그리고 의미상 주어가 중복되는 경우란 일반적으로 그 문장에 등장하는 동사의 주어를 지칭하는 것으로 이해해야 한다. 이 문장에서 동사 wanted의 주어인 Kane을 to visit의 의미상 주어로 이해할 수 있는 것은 그런 인식의 바탕이 있기 때문이다.

의미상 주어가 반복되는 경우에 생략되는 현상이 비단 to 부정사에만 적용되는 것은 물론 아니다. 5-2에서도 동명사 gambling의 행위자에 해당하는 명사가 그 앞에 제시되지 않고 있다. 이 문장에서도 의미상 주어는 역시 주어인 Jason이라는 동일한 정보이기 때문에 생략된 것이다.

-ing라는 어미가 결합된 형태인 것은 5-2의 gambling과 동일하지만, 콤마로 주절과 분리된 5-3의 knowing은 현재 분사로 활용된 것이다. 이 문장에서도 역시 분사라는 준동사의 앞에 의미상 주어 역할을 하는 어구가 없다는 것은 그 행위자를 문장의 주어인 Joan으로 이해하라는 표시로 받아들여야 한다.

5-4 *The pediatrician told Judith's parents that **to get well**, *an operation* was necessary.

소아과 의사는 주디스의 부모에게 회복하려면 수술이 필요하다고 말했다.

5-5 *Upon **hearing** the fire alarm ring, *the office* was evacuated immediately.

화재 경보기 소리를 듣자마자 사무실은 금방 텅 비었다.

그런데 이렇게 준동사의 의미상 주어를 표시할 때 주의해야 할 점이 있다. 5-4에서도 역시 to get well의 의미상 주어가 없다. 그렇다면 이 경우에도 역

5-4 *The pediatrician told Judith's parents that to get well, an operation was necessary.
5-5 *Upon hearing the fire alarm ring, the office was evacuated immediately.

시 문장의 주어인 operation이 반복되는 정보라서 생략된 것이라고 이해할 수밖에 없다. 하지만 무생물 명사인 operation이 "회복하다"라는 의미인 get well의 행위자가 될 수는 없기에 논리적 충돌이 발생한다.

따라서 이 문장은 동사의 주어와 to 부정사의 주어가 동일한 정보가 아님에도 불구하고 생략했다는 점에서 문법적으로 틀린 것이다. 정확한 문장이 되기 위해서는 to get well, she needed an operation이라고 구체적으로 정보를 제시해야 하는 것이다.

그런데 오류가 있는 이 문장을 우리말로 해석하는 과정에서는 아무런 문제를 느낄 수 없다. 분명 잘못된 문장이라면 의미가 제대로 전달되지 않아야 하지만 자연스럽게 이해가 된다. 이런 인식의 불일치는 영어의 관점에서 문법을 이해하는 것이 아니라, 우리말의 관점에서 접근할 때 흔히 발생하는 것이기 때문이다.

한국어에서는 문맥상 분명한 어구를 적극적으로 생략시키는 경향이 있다. 하지만 영어에서는 동작의 행위자를 정확하게 밝혀주는 것이 상당히 중요한 관점이라는 차이가 있다. 단어들 사이의 의미 관계가 촘촘한 영어의 입장에서 보면 한국어는 여백이 많은 동양화와 흡사하게 논리적 여백이 있는 것이다.

5-4에서도 수술이 필요한 대상은 당연히 사람이라는 것이 한국어 사용자의 인식이다. 그래서 의미를 제대로 전달하지 못하는 구조를 가진 문장임에도 불구하고, 그 오류를 쉽게 감지하지 못하는 것이다. 이 과정을 반대로 하면 영어로 의사를 전달할 때 그런 면에서 실수할 가능성이 있다는 말이 된다. 서로의 차이를 고려하지 않고, 자신의 입장을 고집할 때 올바른 소통이 가능할 수

는 없는 일이다. 영어의 문법을 공부하는 이유를 비단 기술적인 면만이 아니라, 객관적 이해와 차이에 대한 인정에서 찾을 수도 있지 않을까?

5-5도 한국어 해석만으로는 잘못된 점을 찾을 수가 없다. 이미 한국어 사용자들이 보편적으로 이해할 수 있는 한국어의 체계로 이해되고 있기 때문이다. 하지만 영어 구문의 규칙으로 보면 논리적으로 성립되지 않는 문장이다. 준동사의 의미상 주어가 없기 때문에 역시 주절의 주어와 동일한 것으로 이해하는 것이 영어의 규칙이다.

그런데 그 관점으로 보면, hearing의 행위자는 당연히 사람과 같은 생명체가 되어야 하는데, 주절의 주어는 the office라는 공간이 된다. 공간과 같은 무생물이 소리를 듣는 경우는 문학에서 사용하는 비유적 표현처럼 논리의 경계를 넘어선 경우가 아니라면 불가능하기 때문에 문법적으로 타당하지 않은 문장이 되는 것이다.

의미상 주어가 보편 정보일 때

준동사의 의미상 주어가 반복되는 정보일 때만 생략되는 것은 아니다. <u>동작의 행위자가 일반적인 사람을 나타내는 경우에도 의미상 주어는 흔히 생략된다</u>. 일반적인 사람이란 특정한 행위자가 하는 특정한 행동이라는 의미가 아니라, 불특정 다수가 일반적으로 하는 행위라는 맥락을 형성한다. 즉 행위자가 누구이건 의미의 차이를 갖지 않는 보편적인 상황을 의미하기 때문에 의미상 주어를 밝히는 것이 정보의 가치를 갖지 못한다는 것이다.

5-6 **Dreams are not easy to analyze.**
   꿈은 분석하기가 쉽지 않다.

5-7 **Smoking in public places** is not permitted.
   공공 장소에서 흡연은 금지되어 있다.

5-8 **Judging** from the tremble in his voice, the little boy must have undergone a terrible situation.
   목소리가 떨리는 것으로 보아, 소년은 뭔가 끔찍한 상황을 겪었던 것이 분명하다.

　　5-6에서 to analyze의 의미상 주어는 밝혀지지 않고 있다. 그렇다고 해서 are의 주어인 dreams와 동일하다고 이해할 수도 없다. 꿈은 분석의 대상일 수는 있어도, 분석의 행위자가 될 수는 없기 때문이다. 그렇다면 주절의 주어와 동일한 경우가 아니라는 점에서 잘못된 문장으로 간주해야 마땅하다.
　　그런데 만일 이 문장에서 꿈이 일반적 대상을 의미하는 복수가 아니라 구체적 대상을 나타내는 단수라면, 그리고 동사의 시제가 보편적 사실을 의미하는 현재가 아니라 특정한 행위를 나타내는 과거라면 그 특정한 꿈을 분석하는 행위자는 일반적 사람이 아니라, 구체적 존재가 된다. 그렇게 특정한 정보를 담고 있는 의미상 주어라면 명확하게 밝히고, 생략하지 말아야 한다.
　　하지만 이 문장에서는 분석하는 행위자, 즉 부정사의 의미상 주어는 특정한 사람이 아니라 일반적인 사람을 의미하기 때문에 그 같은 정보의 가치는 없다. 그런 점에서 의미상 주어를 밝히는 것은 효율적이지 않은 표현이기에 생략된다.
　　5-7에서 제시된 준동사인 smoking in public places는 is의 주어로 쓰인 동명사이다. 이 경우에도 동명사의 의미상 주어는 분명하게 밝혀지지 않고 생

략되어 있다. 공공장소에서 흡연이 금지되는 대상이 연령을 비롯한 특정한 기준이 설정된 경우라면 절대로 그 정보는 생략될 수 없다. 하지만 이 경우에는 그렇게 특정 대상이 지칭되지 않은 일반적인 흡연자를 대상으로 한 것이기 때문에 의미상 주어를 굳이 밝히는 것이 의미상 어떤 가치를 갖지 못하는 것이다.

    5-8의 judging은 현재 분사인데, 역시 의미상 주어가 없다. 그렇다면 주절의 주어와 동일한 정보라서 생략된 것으로 생각할 수도 있다. 하지만 주절의 주어인 the little boy를 judging의 의미상 주어로 이해하면 스스로 자신의 목소리를 듣고 자기에게 벌어졌던 일에 대해 판단한다는 의미가 되기 때문에 논리적으로 성립하지 않는다. 따라서 judging의 의미상 주어는 주절의 주어와 다른 사람이어야 하는데 문장에 분명하게 제시되지도, 반복되지도 않고 있다.

    따라서 이 문장에서도 생략된 준동사의 의미상 주어는 특정한 사람이 아니라, 그 목소리를 듣는 사람이라면 보편적으로 판단할 것이라는 맥락을 형성하는 것이다. 물론 목소리를 듣고 그런 판단을 내리는 사람이 특정한 사람이었다면 그 의미상 주어에 대한 정보를 구체적으로 밝혀주어야만 한다.

    특정하지 않은 다수 혹은 일반 사람들을 의미하는 경우 그 정보가 이렇게 생략되는 경우는 준동사의 의미상 주어뿐만 아니라 수동태 구조에서 행위자가 people, them, us처럼 불특정 다수를 의미할 때는 by와 함께 행위자를 생략하는 경우와 일치한다. 둘 다 정보의 가치를 기준으로 한 생략의 메커니즘이 작동하기 때문이다.

준동사와 상대적 시점

준동사는 왜 세 가지일까?

준동사라는 표현 방식을 통해 동사가 접속사와 주어와 맺고 있던 관계가 해체되고, 동사로서 준수해야 하는 여러 가지 의무에서도 벗어날 수 있다는 점을 확인했다. 그런데 준동사의 배경에 '생략'과 '편리함'이라는 작동 기제가 존재한다면, 굳이 부정사, 동명사, 분사라는 세 가지 형태를 만들어야 할 필요가 무엇일까라는 의문이 생길 수도 있다.

하지만 <u>준동사를 한 가지 형태로 통일시키지 않은 것은 세 가지 형태가 그 나름대로 각자 감당해야 하는 몫이 있기 때문일 것이라고 추론하는 것이 합리적이다.</u> 그 의문을 고민하고, 답을 찾으려는 노력이 곧 부정사, 동명사, 분사라는 개별적인 표현의 용법을 이해하는 과정일 것이다.

이때 간과하지 말아야 하는 것은 언어의 기본 목적은 정보의 전달, 즉 소통이라는 사실이다. 말을 하는 행위자의 입장도 중요하지만, 소통의 핵심은 말을 듣는 상대가 되어야 한다. 즉 정보의 생산자가 아니라 정보의 소비자의 입장에서 정보의 손실이 없이 정확하게 의도가 전달될 수 있느냐가 용법의 중심이 되어야 한다는 것이다. 그런 점에서 진정한 소통이란 상대에 대한 배려이고, 문법은 그 배려에 대한 약속이 되는 것이다.

암기가 공부의 유일한 방법이 되고, 대상과 원칙에 대한 성찰과 사유는 불필요한 수고가 되어버린 현실에서는 암기할 사항이 하나라도 적은 것이 미덕이 된다. 하지만 각각의 표현이 존재하는 의미를 파악하면 좀 더 세밀하고, 정확하게 활용할 수 있는 토대를 갖추게 될 것이다.

절을 준동사로 압축하는 과정에서 영향을 받는 부분은 접속사, 주어, 보조동사라는 점은 이미 충분히 확인했다. 그리고 이렇게 줄어든 구조를 표시하는 장치로 동사의 원형에 to나 -ing를 결합시키게 된다. 그렇다면 왜 이렇게 두 가지 장치를 사용하는지에 대한 의문을 갖는 것도 자연스러운 순서가 아닐까?

동사가 원형이 된다는 것은 동사에 결합되는 어미가 모두 사라진다는 말이고, 이는 곧 그 어미들로 표현되던 의미들도 역시 탈색이 된다는 뜻이다. 그래서 동사의 어미로 나타내던 수, 태, 시제가 동사의 원형으로는 구별되지 않게 된다.

그런데 이 중에서 <u>단수/복수라는 수의 개념은 주어를 정확하게 인식하기 위한 장치일 뿐, 사실 의미의 차이는 전혀 없다.</u> 개체가 두 개 이상이라는 의미를 나타내는 명사의 복수형과는 달리 동사가 복수형이라고 해서, 동작의 횟수가 여러 번이라는 의미는 아니기 때문이다. 따라서 동사의 수라는 관점은 굳이 표시하지 않고 생략하더라도 의미를 이해하는 데는 아무 문제가 없다.

하지만 동작의 행위자와 대상의 관계를 나타내는 능동과 수동이라는 태, 그리고 동작이 발생한 시점을 표시하는 시제, 이 두 가지는 확실하게 표시하지 않으면 정보를 올바르게 이해하기 힘들어진다는 문제가 노출된다.

어떤 유형의 동사에도 태와 시제는 반드시 표시될 수밖에 없다는 사실은 이 두 가지 개념이 그만큼 중요하다는 뜻으로 이해할 수 있다. 그렇다면 준동사가 문장에서 동사가 아닌 품사로 활용된다 하더라도, 동사일 때의 구조와 의미를 유지하고 있다는 점을 고려하면 이 중요한 정보를 담아내야 할 필요가 있다는 사실도 충분히 납득할 수 있다.

그래서 <u>태와 시제라는 동사의 두 가지 핵심 정보를 전달하기 위한 장치로</u>

to와 -ing라는 두 가지 기호를 활용하는 것이다. 하지만 to와 -ing가 각각 어떤 의미를 대변하는지 그 구체적인 의미와 용법을 살펴보는 것은 조금 순서를 미루기로 한다. 이 기호들을 이해하는 것은 부정사와 동명사, 분사의 개별적인 용법과 연결된 것이기 때문이다.

따라서 이번에도 부정사, 동명사, 분사에 고르게 적용되는 보편 규칙에 대한 것을 먼저 확인하기로 한다. 바로 준동사의 시점이라는 공통의 틀을 이해하는 것이다.

준동사의 상대적 시점이란?

문장이 성립하기 위해서는 반드시 동사가 필요하고, 이 동사에는 행위가 발생한 시점을 나타내는 시제라는 문법적 형태가 항상 표시된다. 반면에 준동사는 동사의 원형에 to나 -ing가 결합된다는 점에서 어미의 문법적 형태가 고정되어 있다. 따라서 준동사의 형태로 과거 혹은 현재와 같은 절대적인 시제를 표시하는 것은 불가능하다.

그러나 준동사도 역시 동작의 의미를 갖기 때문에 그 동작이 발생한 시점에 대한 의미는 존재한다. 하지만 준동사의 제한적 형태로 시제를 표현하는 것은 불가능하기 때문에 형태와 의미의 간극을 해결할 방법을 모색해야만 한다.

준동사는 동사가 아니기 때문에 문장이 성립하기 위해서는 별도로 동사가 존재할 필요가 있다. 바로 이 규칙에서 준동사의 시점과 관련된 문제의 해답을 찾을 수 있을 것이다. 즉 문장의 동사에는 시제가 표시되기 때문에 그 시제를 기준점으로 해서 동작의 발생 시점을 상대적으로 판단하는 일이 가능하다는 것이다.

    준동사의 형태로는 독립적으로 시제를 표현할 수 없지만, 동사의 시제를 기준으로 해서 그와 동일한 시점, 혹은 앞선 시점에 발생한 상황이라는 최소한의 정보는 표현할 수 있다는 것이다. 그런데 동작이 발생한 시점을 표시하는 절대적이고, 독립적인 장치가 없다는 점에서 시제가 아니라, 준동사의 시점이라고 규정하는 것이다.

    '상대적'이라는 말은 하나의 개체에는 적용할 수 없는 개념이라는 점을 감안하면 준동사의 상대적 시점이라는 말에는 바로 이 같은 현실적인 제약에 대한 고민이 고스란히 담겨 있다. 준동사의 상대적 시점은 바로 동사가 보여주는 시점과 비교했을 때 드러나는 행위의 발생 시점을 의미하는 것이다.

준동사의 단순형

    준동사의 상대적 시점에서도 부정사, 동명사, 분사를 관통하는 동일한 규칙을 발견할 수 있다. 준동사에서 시점을 표시하는 방법은 단순형과 완료형, 두 가지뿐이다. 부정사, 동명사, 분사를 막론하고, 모든 준동사의 시점은 이 두 가지 형태로 나타나게 된다.

    <u>준동사의 단순형은 부정사나 동명사의 기본적인 형태, 즉 동사의 원형에 to나 -ing가 결합된 형태를 가리키는 말이다.</u> 그래서 준동사의 단순형이란 to do 혹은 doing라는 일정한 형태를 갖게 된다. 그리고 <u>준동사의 단순형이라는 이 문법 형태는 준동사가 나타내는 동작의 시점이 술어 동사의 시제와 일치한다는 것을 표시하는 용도로 활용된다.</u>

6-1 He **seems to be** knowledgeable about seismology.

= It *seems* that he **is** knowledgeable about seismology.

그는 지진학에 대해 박식한 것 같다.

6-2 He *seemed* **to be** knowledgeable about seismology.

= It *seemed* that he *was* knowledgeable about seismology.

그는 지진학에 대해 박식한 것 같았다.

    6-1의 to be는 익숙한 to 부정사의 기본적인 형태, 즉 단순형 부정사이다. 그리고 6-2에도 역시 to be라는 동일한 형태가 있다. 하지만 이 두 개의 부정사가 나타내는 시점이 서로 같다고 단정할 수는 없다. 이미 설명했듯이 준동사는 절대적인 시제를 나타낼 수 없으므로, 형태의 동일함이 곧 시점의 동일함으로 이해될 수는 없기 때문이다. 따라서 준동사의 시점은 문장에 있는 동사의 시제에 따라 상대적으로 판단해야 한다.

    준동사의 단순형은 동사의 시점과 동일하다는 표시라는 점을 고려하면 6-1의 to be는 동사인 seems의 시제와 동일한 현재의 상황을 나타내는 것으로 이해할 수 있다. 따라서 그가 지진학에 대해 박식하다는 사실이 현재 시점에 적용된다는 의미를 전달한다.

    반면에 6-2의 to be는 문장의 동사가 과거 시제인 seemed라는 점에서 6-1의 to be와는 의미하는 시점이 다르다. 즉 6-2의 to be는 seemed라는 과거 동사와 호응함으로써 전달하고자 하는 정보가 과거의 사실이라는 점을 표시하는 것이다.

6-3　The government forces *are thought* **to be outnumbered** by the rebel troops.

　= It *is thought* that the allied army **is outnumbered** by the enemy.

　정부군은 반군에 비해 병력이 적다고 여겨지고 있다.

6-4　The allied army *was thought* **to be outnumbered** by the enemy.

　= It *was thought* that the allied army **was outnumbered** by the enemy.

　연합군은 적군에 비해 병력이 적다고 여겨지고 있었다.

　　6-3에서는 to be outnumbered라는 수동형 부정사가 제시되고 있다. 하지만 준동사의 단순형은 동작의 발생 시점에 대한 판단이기 때문에 능동 혹은 수동이라는 태의 관점과는 아무 상관이 없다. 따라서 6-3의 to be outnumbered라는 부정사가 지칭하는 시점은 동사인 are가 나타내는 현재 시점이 된다.

　　반면 6-4에서도 역시 to be outnumbered라는 수동형 부정사는 동사의 시제와 동일한 시점에 발생한 동작이라는 점을 나타내기 위한 장치라는 본래의 목적대로 쓰인 것이다. 그래서 이 문장에서 적군보다 병력이 적은 것은 was라는 과거 동사를 통해 역시 과거 시점의 사실이라고 이해할 수 있다.

6-5　Blanche *complains* about **taking** a bus instead of a taxi.

　= Blanche *complains* that she **takes** a bus instead of a taxi.

　블랑쉬는 택시 대신 버스를 타는 것에 대해 불평을 한다.

6-6 Blanche *complained* about **taking** a bus instead of a taxi.

= Blanche *complained* that she **took** a bus instead of a taxi.

블랑쉬는 택시 대신 버스를 탄 것에 대해 불평을 했다.

> 6-5 Blanche complains about taking a bus instead of a taxi.
> = Blanche complains that she takes a bus instead of a taxi.

to 부정사에서 목격했던 단순형의 시점은 동명사에도 고스란히 적용된다. 6-5의 taking만으로는 버스를 탄 시점이 드러나지 않지만, 동사인 complains를 통해 현재의 사실이라는 것을 추론할 수 있다. 즉 Blanche가 택시가 아니라 버스를 타는 일은 현재 시점에 반복적으로 발생하는 일이고, 그런 상황에 대해 Blanche가 불평을 하는 것도 현재의 행동이라는 점을 전달하고 있는 것이다.

6-6에서도 동명사의 문법적 형태는 6-5과 동일한 taking이다. 하지만 이 문장의 동사가 complained라는 과거 동사라는 점에서 불평을 하는 행동은 과거 시점에 발생한 동작이 된다. 따라서 버스를 타는 행위도 역시 그와 동일한 과거 시점의 행동으로 이해하는 것이 문법 규칙에 근거한 타당한 해석이다.

때로는 taking과 같은 형태를 현재 동명사로 부르는 경우도 있는데, 6-6와 같은 문장의 경우에는 그 명칭이 오히려 혼선을 초래할 수도 있기 때문에 과연 효율적인지는 점검할 필요가 있다.

6-7 **Living** in a remote country, he *has* few visitors.

= As he **lives** in a remote country, he *has* few visitors.

그는 외딴 시골에 살기 때문에 찾아오는 사람들이 거의 없다.

6-8 **Living** in a remote country, he *had* few visitors.

= As he **lived** in a remote country, he *had* few visitors.

<small>그는 외딴 시골에 살았기 때문에 찾아오는 사람들이 거의 없었다.</small>

    단순형 준동사가 문장의 동사와 동일한 시점을 나타내는 것이 표현의 목적이라는 점은 분사절에도 역시 동일하게 적용된다. 따라서 6-7와 6-8에 등장하는 living이라는 단순형 분사가 의미하는 시점은 주절의 동사가 나타내는 시점에 따라 상대적으로 결정된다. 6-7에서는 주절의 동사가 has라는 현재 시제이므로 그가 외딴 시골에 거주하는 것을 현재의 사실로 이해할 수 있다. 그리고 같은 맥락에서 6-7와 동일한 형태를 취하고 있지만 6-8에서는 had라는 과거 동사가 제시되었다는 점에서 living이라는 분사의 시점을 과거로 인식할 근거가 마련되는 것이다.

준동사의 완료형

    단순형과 대칭을 이루는 준동사의 또 다른 형태는 완료형이다. '완료'라는 동사구의 기본 조건은 have 동사와 과거 분사가 결합된 형태라는 점을 감안하면, 준동사의 완료형도 그 형태를 쉽게 짐작할 수 있다. 그래서 <u>to have –ed와 having –ed라는 두 가지 고정된 형태를 추출할 수 있는 것이다</u>.

    준동사의 단순형이 주절의 동사와 동일한 시점을 표현하는 것처럼 준동사의 완료형도 부정사, 동명사, 분사에 일정하게 적용되는 규칙을 확인할 수 있다. 준동사의 완료형도 역시 그 형태가 고정되어 있다는 점에서 독자적인 시제를 표현하지는 못하고, 상대적인 시점을 나타내는 용도로 활용된다. <u>단순형 준동사가 주절의 동사와 동일한 시점을 나타내는 것과는 달리, 완료형 준동사는 주절의 동사가 보여주는 시점보다 앞선 행위라는 점을 나타내는 장치로 쓰인다.</u>

6-9 He *seems* **to have been** such a Scrooge for a long time.

 = It *seems* that he *was* such a Scrooge for a long time.

그는 오랫동안 구두쇠로 살았던 것 같다.

6-10 He *seemed* **to have been** such a Scrooge for a long time.

 = It *seemed* that he **had been** such a Scrooge for a long time.

그는 오랫동안 구두쇠로 살았던 것 같았다.

6-9, 6-10에는 모두 to have been이라는 완료 부정사가 있다. 비록 둘 다 완료형 부정사의 형태지만 주절의 동사가 나타내는 시점과 상대적인 관계라는 점을 고려해야 한다. 완료형 부정사는 주절의 동사보다 앞선 시점의 상황이라는 점을 전달하는 장치라는 점을 적용하면, 6-9의 to have been은 seems라는 현재 동사보다 앞선 '과거'의 사실을 나타내는 것으로 이해할 수 있다. 즉 그가 과거에 구두쇠로 살았던 것 같다는 느낌을 준다는 의미이다.

그런데 6-10에서는 과거 동사인 seemed가 제시되기 때문에 이 때의 to have been은 그 과거 시점보다 앞선 상황을 나타내는 것이다. 즉 그가 구두쇠로 살았던 일은 그런 느낌을 가졌던 과거 시점보다 이전의 사실임을 나타내는 것이다.

6-11　The lawyer *is denying* **having been** hot under her collar during the quarrel.

= The lawyer *is denying* that she **was** hot under her collar during the quarrel.

그 변호사는 말다툼을 하다가 흥분했었다는 것을 부인하고 있다.

6-12　The lawyer *denied* **having been** hot under her collar during the quarrel.

= The lawyer *denied* that she **had been** hot under her collar during the quarrel.

그 변호사는 말다툼을 하다가 흥분했었다는 것을 부인했다.

물론 동명사도 완료형인 경우에는 완료 부정사와 마찬가지로 동사의 시점보다 앞선 사실을 의미하는 장치가 된다. 6-11에서 is denying을 통해 부인하고 있는 시점은 현재지만, 부인하고 있는 내용은 그 이전에 발생했던 상황임을 알 수 있다. having been이라는 완료형 동명사는 바로 이런 시점의 선후관계를 명확하게 표현하려는 고민의 산물인 것이다.

6-12에도 having been이라는 완료형 동명사가 제시되고 있다. 하지만 이 문장에서는 denied라는 과거 동사가 있기 때문에 흥분했던 사실은 부인하는 행위가 발생하기 이전이라는 점을 전달하고 있다.

6-13 **Having lived** in a remote country, he *has* few acquaintances in Chicago.

= As he **lived** in a remote country, he *has* few acquaintances in Chicago.

그는 외딴 시골에서 살았기 때문에 시카고에는 아는 사람들이 거의 없다.

6-14 **Having lived** in a remote country, he *had* few acquaintances in Chicago.

= As he **had lived** in a remote country, he *had* few acquaintances in Chicago.

그는 외딴 시골에서 살았기 때문에 시카고에는 아는 사람들이 거의 없었다.

    6-13과 6-14는 이유를 나타내는 부사절이 압축된 분사절이다. 두 개의 예문에서도 분사는 having lived라는 완료형이 사용되고 있다. 완료형 분사가 갖는 시점상의 의미는 부정사나 동명사에 적용되는 규칙과 동일하다. 따라서 6-13에서 그가 외딴 시골에 거주한 것은 주절의 동사인 has가 보여주는 현재 시점보다 앞선 사실이 된다. 즉 이전에 시골에서 살았다는 과거의 이유로 현재 거주하는 시카고에는 아는 사람이 없다는 결과를 전달한다.

    하지만 6-14에서는 역시 having lived이지만 주절의 동사가 had이다. 그래서 그가 시골에서 살았다는 사실은 주절의 과거보다 앞선 시점의 사실로 주절의 상황에 대한 이유를 제공하는 것이다.

준동사의 수식

준동사의 부정

흔히 "부정사를 부정하는 부정어는 부정사의 앞에 둔다"라는 공식을 소개하는 문법책들이 많다. 때로는 '부정사의 부정'이라는 제목을 달기도 하는데, 부정이라는 용어가 중복되면서 왠지 복잡한 것 같다는 느낌을 주기도 한다.

7-1 Mr. Tennyson told his students **not *to read*** such books.
테니슨 선생님께서는 학생들에게 그런 책은 읽지 말라고 말씀하셨다.

사실 이 조항 자체는 이해하기 어려운 것이 아니다. 7-1에서는 told라는 동사와 to read라는 부정사가 제시되고 있다. 이런 경우에 to read라는 부정사를 부정하려면 부정어 not은 그 부정사의 앞에 위치시키라는 규정이다. 그래서 이 문장에서 not은 told가 아니라 to read를 부정하고 있는 것으로 이해해야 한다는 것이다.

이 조항은 보통 부정사의 용법을 설명하는 교재들에서 끝부분에 등장하는 경우가 많아서 때로는 특별하게 조명받지 못하고 넘어가기도 한다. 또 이 규정 자체에 어떤 오류가 있는 것은 아니라는 점에서 별다른 의문 없이 자연스럽게 암기하는 경우도 많다. 하지만 어떤 점에서는 일방적 지시를 바탕으로 한 문법 교육의 문제점이 고스란히 집약되어 있는 대목일지도 모르겠다.

이 짧은 문법 조항에는 세 가지 문제점이 담겨 있다. 첫째는 이것이 부정사에만 국한되는 규정이 아니라는 점이고, 두 번째 문제점은 부정사의 앞에 둔다는 설명이 그렇게 적절하지는 않다는 것이다. 그리고 세 번째는 이 규정이 부정어에만 국한된 것이 아니라는 점에서 왜곡된 관점을 형성할 수 있다는 문제를 안고 있는 것이다.

흔히 이 규정이 부정사를 설명하는 대목에서 등장하고, 조항의 내용도 부정사를 대상으로 하고 있기 때문에 부정사라는 특정한 준동사에 제한적으로 적용되는 것으로 이해하기 쉬울 수밖에 없다. 하지만 <u>이 조항은 부정사뿐만 아니라, 동명사와 분사에도 동일하게 적용되는 보편 규칙이다.</u>

동사를 다른 품사로 변형시키지만, 동사일 때의 속성은 유지하는 것이 준동사의 원칙이라는 점을 고려하면 사실 이 문제는 간단하게 납득할 수 있다. 동사를 수식할 수 있는 품사는 오직 부사 밖에 없다. 그렇다면 동사의 구조와 의미를 유지하고 있는 준동사를 수식하는 품사도 오직 부사만 가능하다는 지극히 당연한 결론에 이르게 된다.

동사의 부정, 즉 행위의 부정을 나타내는 가장 대표적인 부정어가 바로 부사인 not이다. 그렇다면 준동사를 부정하는 대표적인 단어도 not이라는 것도 쉽게 짐작할 수 있다. 결국 <u>not은 '부정사를 부정하는' 부정어가 아니라, 동사나 준동사를 부정하는 장치인 것이다.</u>

7-2 **Not *staying up late*** is good for your health.
　　밤늦도록 깨어있지 않는 것이 건강에 좋다.

7-3 **Not *receiving an answer***, I wrote to him again.
　　대답을 듣지 못했기 때문에 나는 그에게 다시 편지를 썼다.

7-4 **Not *having seen him for a long time***, I didn't recognize him.
　　오랫동안 못 봤었기 때문에 나는 그를 알아보지 못했디.

7-2의 staying up late라는 동명사절을 부정하는 경우에도 역시 not이 사용되고 있다. 동사를 명사어구로 활용했다는 점이 다를 뿐, to 부정사와 동명사는 생성 원리가 동일하기 때문에 부정어에 대한 규정도 공유하는 것은 당연한 일이다.

이런 규칙은 또 하나의 준동사인 분사의 경우에도 균등하게 적용된다. 7-3의 receiving an answer는 부사절을 압축한 분사절이다. Because I did not receive an answer라는 부사절에서 receive라는 동사를 부정하는 단어가 not이고, 그 관계는 분사로 성격이 달라져도 변하지 않는다.

물론 7-4처럼 분사가 완료형인 경우에도 이 규칙은 마찬가지로 적용된다. 완료형이라는 장치는 동작의 발생 시점에 관한 것이고, 부정은 그 행위의 발생 여부에 대한 정보이기 때문에 완료형이라고 어떤 변화가 있을 이유가 없기 때문이다.

준동사와 부정어의 위치

준동사의 부정에 관한 기존의 암기 사항이 갖는 세 가지 문제점 중에서 두 번째는 바로 부정어의 위치에 관한 것이다. 앞서 살펴봤듯이 흔히 '부정어의 앞에서 부정한다'라고 하는데 이 대목도 역시 틀린 말은 아니지만 정확한 관점을 형성하는 데 오히려 방해가 되고 있다.

not이라는 단어가 부정하고자 하는 동작은 동사일 수도, 준동사일 수도 있으며, 또 부정사에만 국한되는 것이 아니라는 점을 확인했다. 이와 마찬가지로 <u>부정어의 위치에 대한 부분도 부정사에만 해당하는 규칙이 아니라, 동명사와</u>

분사에도 동일하게 적용되는 보편 규칙이다. 즉 부정어의 위치에 대한 이 규정도 역시 부정사에게 적용되는 규정이 아니라, 부정어의 일반적인 위치에 대한 관점으로 확장시켜서 이해하는 것이 타당하다는 말이다.

수식이란 어떤 대상이 의미하는 범위를 제한시켜서, 구체적이고 적극적으로 의미를 규정하는 방식을 의미한다. 이런 점에서 수식어가 한정하는 대상이 어떤 것이냐에 따라 의미가 달라지는 경우도 있다. 그렇기에 수식의 관계는 오해의 여지가 없도록 명확하게 설정되어야 한다는 전제도 함께 갖게 된다.

수식어와 수식의 대상은 하나의 의미 단위를 형성하는 경우가 많기 때문에 대체로 가까이에 위치한다. 이런 관점에서 수식어는 수식을 받는 대상의 왼쪽에 있는 것이 가장 일반적인 어순이다.

부정어도 대상을 수식하는 방식 가운데 하나이다. 따라서 동작을 나타내는 동사를 부정하는 표현이란 곧 동사를 수식하는 부사라는 말이고, 그렇다면 동사의 앞에 위치하는 것이 지극히 자연스러운 어순이 된다. 따라서 준동사를 수식하는 부정어도 준동사의 앞에 위치할 수밖에 없다.

사실 이런 규칙은 문장의 의미를 정확하게 이해하기 위한 고민의 결과라고 할 수 있다. 따라서 올바르게 의미를 주고받기 위한 약속으로 문법에 대한 패러다임을 인식해야 한다.

7-5 I promised **not *to say*** what happened during the investigation.

7-6 I did **not *promise*** to say what happened during the investigation.

7-5와 7-6은 부정어 not의 위치만 다를 뿐, 다른 정보는 동일하다. 수식어의 위치가 다른 경우에는 의미도 서로 다를 가능성이 높다. 물론 이 두 개의 예

문도 서로 다른 의미를 전달하고 있다. 흔히 이런 식의 예문을 제시하고는 의미가 다르니까 조심해야 한다고 경고하지만, 전혀 그럴 필요가 없다. 이런 의미의 차이가 원칙에서 벗어난 특별한 경우가 아니기 때문이다. 오히려 지극히 원칙적인 유형이기 때문에 일정한 기준을 설정하면 아무 문제가 없다.

"조심하라"는 말은 그 현상이 보편적이 아니라, 제한적이거나 예외적이라는 맥락으로 이해하기 쉽기 때문에 실체를 객관적으로 파악하는 데 오히려 방해가 되기 쉬울 뿐이다. "문제가 없다"라고 하는 것은 의미의 차이를 무시하라는 말이 아니라, 특별하거나 어려운 것으로 규정지을 필요가 없다는 말이다.

수식의 보편 규칙에 맞춰서 접근하면 7-5에서 부사인 not이 수식해주는 대상은 바로 그 오른쪽에 나오는 동작인 to say가 된다. 그래서 이 문장은 "나는 조사 중에 있었던 일은 말하지 않기로 약속했다"라는 의미가 된다.

반면에 7-6에서 부사 not의 위치는 7-5과 다르다. <u>차이는 의미를 생성하고, 구조의 차이는 의미의 차이를 반영한다. 단어의 위치가 다르다는 것은 그 표현의 용도가, 의미가, 표현하는 사람의 의도가 다르다는 보여주는 표지인 것이다.</u>

7-6에서 not이 promise라는 동사의 앞에 있다는 것은 이 not이 수식하는 대상은 바로 그다음에 나오는 promise라는 것을 명확하게 전달하는 방법이다. 따라서 이 문장은 "나는 조사 중에 있었던 일은 말하기로 약속하지 않았다"라는 의미로 이해되는 것이다.

이처럼 not과 같은 수식어는 그 위치에 따라 수식하는 대상이 달라질 수 있고, 곧 전달하는 의미가 달라질 수 있기 때문에 위치에 대한 합의가 중요한 것이다. 부정어를 부정사의 앞에 두라는 이 규정은 부정어가 부정사를 부정하는지, 아니면 동사를 부정하는지 의도에 맞도록 명확하게 표현하라는 일반적인 진술로 받아들여야 한다.

물론 수식어의 위치에 따른 이러한 의미의 차이가 비단 부정사에만 적용되는 것은 아니다.

7-7 **Not *receiving the answer I wanted*,** I wrote to him again.
7-8 ***Receiving the answer I wanted*,** I did not write to him again.

7-7에서 부정어 not은 receiving이라는 분사의 앞에 있다. 따라서 이 부정어는 분사가 나타내는 의미를 부정하는 것이고, "원하던 대답을 듣지 못했기 때문에 나는 그에게 다시 편지를 썼다"라는 정보를 전달한다.

반면 7-8에서 not은 write의 앞에서, 그 동작을 부정/수식하고 있는 것이다. 그러므로 이 문장은 "원하던 대답을 들었기 때문에, 나는 그에게 다시 편지를 쓰지 않았다"라는 전혀 다른 맥락의 의미를 나타내고 있다.

이른바 부정사의 부정에 관한 조항들은 일부에 국한된 제한적이거나, 특별한 조항이 아니라, 동사 혹은 준동사를 수식하는 부정어의 어순에 대한 보편 규칙으로 이해해야 한다. 이런 관점을 놓치고, 피상적인 하나의 조항만 암기하는 것은 축소지향적인 문법 공부에 불과하다. 전체를 관통하는 규칙이 적용된 구체적인 사례를 마치 독립적이거나 특별한 경우에만 해당하는 것으로 오인하도록 만들 뿐이기 때문이다.

부정어도 부사일 뿐이다!

'부정사의 부정'에 관한 이 짧은 규정이 안고 있는 세 번째 문제점도 역시 그 규정이 담고 있는 본질을 제대로 포착하지 않은 탓에 발생한다. 간단하게 말해서 근본적으로 이 규정은 부정사를 부정하는 어구에 관한 것이 아니다.

not의 품사가 부사라는 점을 생각하면 간단하게 이해할 수 있는 일인데, 즉 앞에서 수식어가 갖는 일반적인 위치와 의미의 관계에서 밝혔듯이 이 규정은 부정어가 아니라 부사에 관한 것이다.

부정어도 부사의 일종이라고 했는데, 그렇다면 이 조항도 not이나 never와 같은 부정어에만 국한된 것이 아니라, 이 단어들이 속한 상위 집단인 부사에 해당하는 규칙으로 확장해서 이해해야 한다. 그러니까 부정어를 비롯해서 준동사를 수식하는 부사 모두에 적용되는 보편 규칙이라는 말이다.

7-9 Jonas **entirely *failed*** to learn the ropes of the new accounting software.

7-10 Jonas failed to **entirely *learn*** the ropes of the new accounting software.

7-9과 7-10의 문장에서 부정어는 등장하지 않는다. 다만 entirely라는 부사의 위치가 다를 뿐이다. 부정어이건, 다른 맥락의 부사이건 수식의 기본 규칙을 적용해서 일관된 관점으로 이해하는 것이 기본이다.

7-9에서 entirely라는 부사는 failed를 수식하고 있다. 즉 어떤 일을 완전히 실패했다는 말이 되는 것이고, 따라서 이 문장은 "요나스는 새로운 회계 프로그램을 익히는 데 완전히 실패했다"라는 의미가 된다.

반면 7-10에서 entirely의 위치가 다른 것은 자신이 관계를 맺고 있는 단어, 즉 수식하는 대상이 다르다는 표시를 하기 위한 것이다. 즉 이 문장에서

7-9　Jonas entirely failed to learn the ropes of the new accounting software.
7-10　Jonas failed to entirely learn the ropes of the new accounting software.

entirely는 그 오른쪽에 있는 learn을 수식하고 있다는 표시가 된다. 따라서 7-9와 달리 7-10은 "요나스는 새로운 회계 프로그램을 완전하게 익히지는 못했다"라고 이해해야 옳은 것이다.

글을 쓴 사람의 의도를 정확하게 이해하는 것이 올바른 독해이고, 그 소통을 가능하게 하는 서로의 약속이 바로 문법이다. '부정사의 부정'이라는 어찌 보면 별 것 아닌 작은 조항은 동사나 준동사와 부사가 맺고 있는 수식 관계의 원칙이 적용된 사례에 불과할 수도 있다. 하지만 강과 호수에 비친 달의 그림자가 다른 것이 아님에도 불구하고, 우리의 문법 공부는 그 그림자들을 모두 별개의 것으로 인식하고, 단편적인 암기에 그치는 것은 아닌지 돌아봐야 한다.

작은 사례를 통해 그것에 적용된 큰 원칙을 추출하고, 다시 그것을 다른 사례에 적용하려고 하지 않는 암기 위주의 수동적인 공부를 통해 유기적인 지적 체계를 형성하기는 쉽지 않다. 공부는 점과 점을 연결해 나가면서 선을 만들어 가는 과정인데, 각각의 점에 집착하면서 그 연결 고리를 끊어버리고 있는 것이 우리의 현실이다. "하나를 배우면 열을 안다"는 간단한 명제가 통하지 않는 공부를 통해 잃어버리는 것이 과연 효율성뿐일까?

준동사를 위한 제안

1. 준동사는 부정사, 동명사, 그리고 분사 이 세 가지 문법적 형태를 통칭하는 용어이고, 이 개별적인 현상들을 아우르는 일정한 규칙이 작동한다.

2. 준동사는 동사의 역할을 수행하는 것이 아니지만, 동사의 속성을 유지하고 있다. 그래서 동사 뒤에 연결되던 정보는 준동사가 되어도 그대로 연결된다.

3. 준동사는 동사가 아니지만, 동사일 때 가졌던 구조적 특성을 고스란히 유지하고 있다는 점에서 부정사절, 동명사절, 분사절이라는 이름을 붙이기도 한다

준동사의 생성

1. 준동사는 자유로움과 경제성이라는 두 가지 관점을 바탕으로 하고 있다.

2. 준동사는 동사를 명사, 형용사, 혹은 부사로 전환시키는 작업이기 때문에, 동사로서 지켜야 하는 여러 가지 의무에서 자유롭다.

3. 준동사 표현에서는 접속사는 일차적으로 생략되는 대상이 된다. 이때 접속사의 종류나 의미는 접속사가 생략되는 현상에 아무런 영향도 미치지 않는다.

의미상 주어와 정보의 가치

1. 준동사 환경에서도 주어와 동사가 맺고 있던 의미 관계는 변하지 않는다는 점에서 준동사의 의미상 주어라고 한다. 준동사의 의미상 주어는 필수 요소가 아니기 때문에 경우에 따라서는 준동사의 의미상 주어를 생략하는 것도 가능하다.

2. 의미상 주어가 문장의 주어와 동일할 때는 반복되는 정보라는 점에서 정보의 가치가 낮기 때문에 흔히 생략된다.

3. 동작의 행위자가 일반적인 사람을 나타내는 경우에도 의미상 주어는 흔히 생략된다. 일반적인 사람이란 불특정 다수가 일반적으로 하는 행위라는 의미이기 때문에 정보의 가치를 갖지 못하기 때문이다.

준동사와 상대적 시점

1. 준동사의 형태는 to와 -ing라는 두 가지 기호를 활용하는 데, 이는 태와 시제라는 동사의 두 가지 핵심 정보를 전달하기 위한 장치다

2. 준동사는 동사의 원형을 활용하기 때문에 독자적으로 시제를 표현할 수가 없다. 따라서 문장의 동사에 표시되는 시제를 기준점으로 해서 선후 관계를 나타내는 상대적 시점으로 표현한다.

3. 준동사의 단순형은 동사의 원형에 to나 -ing가 결합된 형태를 가리키는 말이다. 준동사의 단순형은 준동사가 나타내는 동작의 시점이 술어 동사의 시제와 일치한다는 것을 표시한다.

4. 준동사의 완료형은 to have -ed와 having -ed라는 두 가지 고정된 형태다. 단순형 준동사가 주절의 동사와 동일한 시점을 나타내는 것과는 달리, 완료형 준동사는 주절의 동사가 보여주는 시점보다 앞선 행위라는 점을 나타내는 장치다.

준동사의 수식

1. 부정사를 부정하는 부정어는 부정사의 앞에 둔다는 조항은 단지 부정사에만 적용되는 것이 아니라, 동명사와 분사에도 동일하게 적용되는 보편 규칙이다. not은 부정사뿐만 아니라, 동사나 준동사를 부정하는 장치이기 때문이다.

2. 부정어를 부정사의 앞에 두는 것은 그 부정사를 수식한다는 표시이다. 또한 부정어의 위치도 부정사에만 해당하는 것이 아니라, 동명사와 분사에도 동일하게 적용되는 일반 규칙이다.

부정사, 일관성을 품은 다양함

부정사는 준동사다 64

to를 쓰는 이유가 뭘까? 79

부정사절을 명사로 116

부정사절을 형용사로 142

부정사절을 부사로 158

to가 없는 부정사 176

부정사는 준동사다

의미상 주어와 전치사의 관계

주어와 동사는 문장으로 성립되기 위한 필수 조건이다. 따라서 주어는 자신이 담고 있는 정보의 가치와 상관없이 항상 존재해야 하는 의무를 갖는다. 동사의 용법을 간직하고 있는 준동사 구조에서 동사의 주어 역할을 하던 어구는 준동사의 의미상 주어라는 장치로 그 긴밀한 관계를 지속하게 된다. 하지만 준동사의 의미상 주어는 경우에 따라서는 생략될 수도 있는 선택적 요소로 위상의 변화를 겪게 된다.

준동사의 의미상 주어를 생략할 것인지를 결정하는 일차적인 기준은 정보의 가치라 할 수 있다. 즉 준동사의 의미상 주어가 동사의 주어와 동일하거나 일반적인 사람을 의미하는 경우에는 정보의 가치가 낮기 때문에 흔히 생략되기도 하는 것이다.

1-1 The equation is difficult **to solve**.
그 방정식은 해결하기 어렵다.

1-2 The equation was difficult *for Dmitri* **to solve**.
드미트리가 그 방정식을 해결하기는 어렵다.

생략의 조건이 존재한다는 것은 그 조건이 충족되지 않은 경우에는 생략하지 말라는 금지의 의미로 이해할 수 있다. 그래서 준동사의 의미상 주어가 동사의 주어와 다른 경우에는 새로운 정보라는 점에서 밝혀주는 것이 원칙이다.

1-1에서는 to solve의 앞에 의미상 주어에 해당하는 명사가 없다. 이런 경우에는 그 행위자가 일반적인 사람, 즉 특정하지 않은 정보를 제시하는 것으로 이해할 수 있다. 문장의 주어일 때와는 달리 의미상 주어란 이렇게 정보의 가치가 낮은 경우에는 존재적 의무에서 벗어나 생략되는 것이 가능해진다.

반면에 1-2에서는 to solve의 앞에 Dmitri라는 명사가 제시되어 있다. 이것은 to solve의 행위자가 Dmitri라는 특정한 정보를 전달하는 것이기에 생략되지 않는 것이다.

모든 준동사의 의미상 주어는 준동사의 왼쪽에 위치하게 되는데, 이 또한 동사의 주어는 왼쪽에 배치하는 기본적인 어순 규칙이 유지되는 것으로 이해할 수 있다. 다만 의미상 주어를 생략하는 조건은 모든 준동사의 유형에 적용되는 일반적인 명제인데 비해, 의미상 주어를 표시하는 방식은 준동사의 종류에 따라 다르다.

부정사의 의미상 주어를 표시하는 방법은 크게 두 가지로 나눌 수 있다. 부정사의 의미상 주어가 전치사와 결합하는 경우와 그렇지 않은 경우가 그것이다.

1-3 The agent believed *the informant* to be credible.

　　　그 요원은 정보원이 신뢰할 만하다고 생각했다.

1-4 *It was very generous *Tommy to make such an offer*.

　　　그런 제안을 한 것을 보면 토미는 정말 관대했다.

> 1-3   The agent believed the informant to be credible.
> 1-4   *It was very generous Tommy to make such an offer.

1-3에서는 the informant라는 명사가 to be credible이라는 부정사의 앞에 있다. 즉 이 명사가 부정사의 의미상 주어에 해당하는 것이다. 그리고 1-4에서는 Tommy라는 명사가 to make such an offer라는 부정사의 앞에 있다. 물론 Tommy가 이 부정사의 의미상 주어로 역할을 하고 있다. 하지만 1-3이 문법적으로 전혀 문제가 없는 것에 비해, 1-4는 문법적으로 성립되지 않는다. 두 개의 예문이 모두 부정사의 앞에 명사가 제시된 동일한 구조를 갖추고 있는데 왜 이런 서로 다른 결과가 나오는 것일까?

1-3에서 문장의 동사인 believed는 타동사이기 때문에 목적어가 필요하다는 특성을 갖는다. 이 문장에서는 the informant라는 명사가 believed의 목적어라는 구조적 역할을 수행하면서 동시에 뒤에 있는 부정사절의 의미상 주어로 기능하고 있다.

반면에 1-4에서 문장의 동사인 was는 자체의 의미를 갖지 않고, 뒤에 제시되는 명사, 형용사, 또는 부사구와 같은 주어에 대한 보충 정보를 연결하는 속성을 갖는다. 따라서 이 문장에서 형용사 generous는 주어를 설명하는 보어 역할이고, Tommy가 부정사절의 의미상 주어인 것은 논리적으로 분명하다. 하지만 이 명사의 구조적 역할이 설명되지 않기 때문에 올바른 문장이 되지 않는 것이다.

모든 명사어구는 문장에서 주어나 보어, 또는 목적어로 사용되는 것이 원칙이다. 그런데 1-4의 Tommy는 it이라는 동사의 주어가 있기 때문에 문장의 주어도 아니고, 동사인 was는 목적어를 필요로 하지 않는 자동사라는 점에서 목적어로 이해할 수도 없다. 보어로 쓰인다고 보면 generous가 Tommy를 수식하는 구조로 이해해야 하지만, 주어인 it이라는 사물 명사와 Tommy라는 사람 명사는 논리적 관계가 성립할 수 없다. 결국 이 문장에서 Tommy는 그 어떤 용도에도 해당되지 않는다.

1-4에서 Tommy라는 명사는 부정사절의 앞에 있으면서, 의미상 주어라는 논리적 관계를 형성하는 것은 분명하다. 하지만 주어나 목적어, 혹은 보어라는 명사의 역할을 수행하고 있지 않기 때문에 정확한 문장으로 인정받을 수 없다.

<u>명사가 이렇게 자신의 역할을 수행하지 않는 경우에는 명사가 아닌 다른 품사로 전환되어야 한다</u>. 명사의 품사를 전환시키는 과정에서는 전치사가 필요하다. <u>명사에 결합해서 명사를 형용사나 부사와 같은 품사로 전환시켜 연결하는 것이 바로 전치사의 문법적 기능이기 때문이다</u>. 따라서 이 문장은 of를 추가해서 of Tommy라고 해야 옳은 문장이 된다.

부정사절의 왼쪽에 있는 명사가 의미상 주어라는 점은 명백하다. 다만 그 의미상 주어를 표시하는 과정에서 전치사가 결합하는 경우도 있고, 그렇지 않은 경우도 있는 것이다. 의미상 주어가 문장에서 주어나 목적어의 역할을 하지 않는 경우에는 전치사를 결합시켜야 문장이 성립하기 때문이다. 따라서 문장의 동사가 타동사이면 동사의 목적어가 의미상 주어로 활용되는 경우가 많지만, 자동사일 때는 문장의 구조상 전치사가 결합된 형태로 의미상 주어를 표시하게 된다.

of로 의미상 주어를 표시할 때

부정사의 의미상 주어를 표시할 때는 of와 for라는 두 가지 전치사를 주로 활용한다. 일반적으로는 for를 사용하고, 특정한 문맥이 형성되는 경우에만 of를 사용한다.

부정사절의 의미상 주어의 앞에 of를 사용하는 상황을 판단하는 잣대는 바로 형용사의 성격이다. 즉 주격 보어로 쓰인 형용사가 bad, brave, careful, careless, clever, considerate, cruel, foolish, generous, good, honest, kind, nice, polite, rude, selfish, sensible, silly, stupid, thoughtful, thoughtless, wise처럼 <u>사람의 성격 혹은 성질과 관련된 의미인 경우에는 부정사절의 의미상 주어를 표시하는 전치사로 of를 쓰는 것이 일반적이다.</u>

1-5 It was very **considerate *of you*** to help the person in need yesterday.
곤란에 처한 사람에게 어제 네가 도움을 베푼 것은 정말 사려 깊은 행동이었다.

1-6 It appeared so **rude *of the vendor*** to treat a foreigner like that.
그 노점상이 외국인에게 그렇게 대하는 것은 너무 무례한 짓 같았다.

1-5에서 to help의 앞에 있는 you는 의미상 주어 역할을 하고 있다. 하지만 문장의 동사인 is는 자동사라는 점에서 you는 문장에서 보어나 목적어로 사용될 수 없는 구조가 된다. 따라서 전치사를 결합해야 문장이 성립할 수 있는데, considerate이 사람의 성격을 나타내는 의미이기 때문에 of를 사용한 것이다.

1-6에서 문맥상 the vendor는 to treat의 의미상 주어로 이해할 수밖에 없다. 그런데 appeared 역시 자동사이므로 전치사가 결합되지 않으면 이 명사의 역할을 설명할 방법이 없다. 물론 rude도 역시 사람의 성격을 나타내는 형용

사라는 점이 of를 선택하는 근거가 된다.

부정사절의 의미상 주어를 표시하는 전치사로 of를 선택하려면 '사람의 성격'이라는 제한적인 맥락이 형성되어야 한다. 그래서 of로 의미상 주어를 표시하는 빈도는 높지 않다. 하지만 이런 조건에서 of가 사용되는 이유에 대해 생각해 보는 일은 분명 의미가 있다.

사람의 성격을 나타내는 형용사와 of가 어떤 연관성을 맺고 있다면 어떤 연결 고리가 존재하기 때문이다. 즉 of의 여러 의미 중에서 그 관계에 어울릴 수 있는 경우가 있다는 것이다.

1-7 The newly appointed supervisor is **of meticulous temper.**
새로 임명된 감독관은 꼼꼼한 성격이다.

1-8 Mr. Bolton and Ms. Joplin in the Personnel department are **the same age.**
인사과의 볼튼과 조플린은 동갑이다.

전치사도 엄연히 의미가 있는 단어이기 때문에, 다음에 연결되는 명사, 즉 전치사의 목적어와 논리적으로 긴밀한 관계를 형성한다. 1-7에서 전치사 of와 연결되는 명사, 즉 전치사의 목적어는 "성격"이라는 의미를 갖는 temper가 된다.

그리고 1-8에서는 전치사가 표면적으로는 나타나지 않는다. 원래 of the same age라는 형태로 쓰이던 표현이 이제는 of를 생략한 형태로 사용되고 있기 때문이다. 하지만 관계의 흔적을 더듬어보면 "나이"라는 의미인 age가 of에 연결되었다는 점을 알 수 있다.

이 두 개의 예문에서 보듯이 of는 temper, age와 같은 명사와 호응하고 있다. 그런 관계가 성립하는 것은 of라는 전치사가 '사람의 성격이나 직업, 색, 나이' 등의 의미를 갖기 때문이다. 사람의 성격을 나타내는 형용사가 있는 경우에 부정사의 의미상 주어를 나타내는 전치사로 of를 사용하는 것도 이런 맥락에서 이해할 수 있다.

의미상 주어와 for

전치사를 통해 부정사절의 의미상 주어를 표시할 때, 사람의 성격을 나타내는 형용사가 있는 경우에는 of를 사용한다. 이런 제한적인 경우를 제외하면 for를 사용해서 부정사의 의미상 주어를 표시하는 경우가 거의 대부분이다. 부정사절은 문장에서 명사, 형용사, 부사라는 여러 가지 품사의 역할을 수행하지만, for로 의미상 주어를 표시하는 구조는 그 전반에 걸쳐 적용된다.

1-9 There *are* no playgrounds *for children* to play in.
　　아이들이 놀 만한 놀이터가 없다.

1-9에서 to play in은 playgrounds를 수식하는 형용사 용도로 쓰이고 있다. 그리고 children은 이 부정사절의 의미상 주어 역할을 한다. 하지만 이 명사 역시 문장의 구조상 주어나 목적어, 혹은 보어의 역할을 수행할 수 없다. 따라서 전치사 for를 결합시켜 의미상 주어를 표시함으로써 문장 규칙을 지키고 있는 것이다.

1-10 The computer *was* too expensive *for Chris* to buy.

> 그 컴퓨터는 크리스가 사기에는 너무 비쌌다.

1-11 Mr. King bought another car in order *for his daughter Monica* to learn to drive.

> 킹씨는 딸인 모니카가 운전을 배우도록 하려고 차를 한 대 더 구입했다.

부정사의 의미상 주어를 전치사로 표시하는 근거는 부정사절이 부사의 용도로 쓰이는 경우에도 동일하게 적용된다. 1-10의 to buy는 형용사 expensive에 대한 결과를 설명하는 부사의 역할을 하고 있다. 하지만 expensive가 was의 보어로 쓰이고 있기 때문에 의미상 주어인 Chris에는 전치사 for가 결합되어야만 문장으로 성립할 수 있다.

하지만 의미상 주어를 전치사와 함께 표시하는 경우는 반드시 동사가 자동사인 경우에만 적용되는 것은 아니다. <u>준동사의 의미상 주어를 표시할 때 전치사를 활용하는 것은 의미상 주어로 쓰이는 명사가 동사의 주어나 목적어와 같은 역할을 수행할 수 없는 구조인 경우라고 이해해야 정확하기 때문이다.</u>

1-11에서 문장의 동사는 자동사가 아니라, bought라는 타동사가 제시되고 있다. 동사의 주어는 Mr. King인 반면, to learn to drive의 의미상 주어는 his daughter Monica로 서로 다른 정보이기 때문에 명확하게 밝혀주어야 의미를 정확하게 전달할 수 있다. 그런데 another car라는 bought의 목적어가 존재하기 때문에 his daughter Monica는 명사로서 수행할 수 있는 역할이 없고, 전치사가 결합되어야만 이 명사의 성격을 규정할 수 있다.

1-12 I am *longing for your company* to compensate for the damaged goods in transit.

> 저는 귀하의 회사가 배송 중에 파손된 물품에 대해 배상해주기를 바랍니다.

1-13 *For the commander* to be indecisive *was* a fatal factor in the failure of the rescue operation.

> 사령관이 우유부단했던 것이 그 구출 작전의 실패에 치명적인 요인이었다.

1-14 Mark's advice *was for Leo* to call a spade a spade about the incident.

> 마크의 충고는 그 사건에 대해 레오가 솔직하게 털어놓으라는 것이었다.

    부정사절의 의미상 주어로 전치사를 활용할 것인지 아닌지에 대한 판단은 그 명사가 문장에서 주어나 목적어라는 역할을 할 수 있는 구조인지가 기준이 된다. 부정사절이 문장에서 활용되는 방식, 즉 부정사절의 품사는 의미상 주어와 전치사의 관계를 설정하는 기준이 아니다. 따라서 부정사절이 명사로 활용되는 경우라고 해서 이 기준이 달라질 이유는 전혀 없다.

    1-12에서 to compensate로 시작하는 부정사절은 long의 목적어로 쓰이고 있다. 하지만 your company라는 의미상 주어는 문장에서 주어나 목적어라는 구조적인 역할을 하고 있지 않기 때문에 for를 결합해야 하는 것이다.

    1-13의 to be indecisive는 was의 주어 역할을 하고 있다. 이 문장에서도 the commander의 앞에 전치사가 결합되지 않으면 이 명사의 역할이 규정되지 않는다는 점은 동일하다. 1-14에서 부정사절은 was의 보어로 주어인 advice의 내용을 설명하는 역할을 수행한다. 그리고 앞에 있는 Leo도 역시 for와 결합해서 의미상 주어를 표시한다. 부정사절이 문장에서 주어, 목적어, 혹

은 보어로 활용되는 경우에도 의미상 주어를 표시 할 때 for를 사용하는 조건은 동일할 수밖에 없는 것이다.

명사로 의미상 주어를 표시하기

부정사절의 의미상 주어를 나타낼 때 of나 for라는 전치사가 항상 필요한 것은 물론 아니다. 명사에 전치사가 결합되면 형용사나 부사로 활용된다는 속성을 반대로 생각하면, 주어나 목적어로 쓰이는 명사에는 전치사가 결합되지 않아야 한다는 점을 알 수 있다. 즉 부정사절의 의미상 주어로 쓰이는 명사가 동사의 목적어로 쓰이는 경우에는 전치사가 결합되지 않고, 그 명사만으로 의미상 주어를 표시할 수 있다.

이런 경우에는 <u>타동사의 뒤에 목적어가 의미상 주어로 등장하고, 그다음에 그 목적어가 행하는 동작을 설명하는 to 부정사가 연결되는 전형적인 구조를 형성한다.</u> 이런 구조도 역시 동사의 행위자와 부정사가 제시하는 동작의 행위자가 서로 다른 대상이라는 사실을 명확하게 밝혀주기 위한 노력의 산물로 이해해야 한다.

1-15 I *want* **you** **to stay with me.**
　　　당신이 함께 있어주면 좋겠어요.

1-16 Jeremy *expected* **to marry Jane.**
　　　제레미는 제인과 결혼할 것으로 기대했다.

1-17 Jeremy *expected* **Dick** to marry Jane.
   제레미는 딕이 제인과 결혼할 것으로 예상했다.

1-18 The dealer *coaxed* **Adrian** to purchase a lemon.
   영업 사원은 아드리안을 구슬려 결함이 있는 차를 구입하도록 했다.

| 1-15 I want you to stay with me. |
| 1-16 Jeremy expected to marry Jane. |

1-15에서 you는 want의 목적어인 동시에 to stay with me라는 부정사절의 의미상 주어로 쓰이고 있다. 그렇게 함으로써 어떤 상황을 원하는 주체는 자신이지만, 머무는 행위를 하는 주체는 다른 사람이라는 점을 밝히고 있는 것이다.

1-16에서는 expected의 뒤에 목적어인 명사가 없이 to marry Jane이라는 부정사절이 곧바로 연결되고 있다. expect는 want처럼 목적어로 부정사절이 연결되는 것도 가능하다. 곧바로 to marry Jane이 있다는 말은 의미상 주어가 생략되었다는 것이고, 그렇다면 의미상 주어가 문장의 주어와 동일한 상황으로 이해해야 한다. 따라서 Jane과 결혼하는 것은 문장의 주어인 Jeremy가 되는 것이다.

반면 1-17에서는 동사의 목적어인 명사가 부정사절의 의미상 주어가 되므로, Jane과 결혼하는 행위자는 Dick이 된다. 이렇게 목적어인 명사가 부정사의 의미상 주어로 쓰인다는 것은 동사의 주어와 부정사의 의미상 주어가 서로 다른 행위자라는 것을 명확하게 제시하려는 의도로 받아들여야 한다.

하지만 모든 타동사가 이렇게 부정사가 직접 목적어로 등장하는 구조와 '목적어 to do'의 구조, 두 가지로 모두 활용할 수 있는 것은 아니다. 그것은 want나 expect처럼 주어 스스로 부정사가 제시하는 동작을 해도 논리적으로 무리가 없는 경우에나 가능하기 때문이다.

advise, persuade, recommend, require, tempt를 비롯한 많은 타동사들은 다른 대상을 전제로 하는 행위를 나타낸다. 1-18에서 활용된 coaxed도 이런 유형에 속하는 타동사다. coax가 "~을 구슬리다, ~을 달래다"라는 뜻으로 쓰이는 경우에는 그 행위의 의미상 사람 명사가 목적어로 제시되는 것이 타당하다. 그리고 상대를 구슬리는 행위는 궁극적으로 상대방으로 하여금 어떤 행동을 유도하기 위한 것이라는 점에서 목적어의 다음에 to do, into, out of, from과 같은 정보들이 문맥에 따라 결합하게 된다. 그 행위가 나타내는 논리적인 맥락에서 Adrian은 coaxed의 목적어인 동시에 to purchase a lemon의 행위자에 대한 정보, 즉 의미상 주어로 쓰이고 있는 것이다.

그런데 동사의 목적어가 이와는 약간 다른 방식으로 부정사절의 의미상 주어로 쓰이는 경우도 있다. 그것은 부정사의 형태가 to라는 기호가 결합되는 경우도 있지만, to가 없는 부정사 표현도 있기 때문이다.

1-19 I will *make my men* work harder.
　　나는 직원들이 더 열심히 일하도록 할 것이다.

1-20 Maria *felt her son's hands* tremble.
　　마리아는 아들의 손이 떨리는 것을 느꼈다.

1-19에서는 make의 목적어인 my men 다음에 to 부정사가 아니라, 동사의 원형이 등장하고 있다. 이때 make는 "~을 만들다"라는 의미가 아니라, 어떤 상대에게 특정한 행동을 하도록 강요하는 의미로 쓰인 것이다. 이런 맥락의 동사를 사역 동사라고 하는데, 목적어와 그 목적어가 하는 행동으로 구성되는 의미 관계를 형성하게 된다. 사역 동사의 구조에서는 전형적으로 목적어의

뒤에 to가 없이 동사의 원형이 연결되는데, 이 경우에도 목적어인 my men이 work harder의 의미상 주어 역할을 한다.

그리고 feel, hear, see, watch 등과 같은 지각 동사도 역시 사역 동사와 동일한 구조를 형성한다. 따라서 1-20에서도 felt의 주어는 Maria지만, tremble이라는 행위의 의미상 주어는 동사의 목적어인 her son's hands가 된다.

실현되지 못한 동작과 to 부정사

부정사도 준동사에 속하기 때문에 시점을 나타내는 방식은 이미 앞에서 확인했듯이 단순형과 완료형이라는 두 가지 형태를 갖는다. 부정사의 경우에는 to에 동사의 원형이 결합하는 단순형 to do와 have의 뒤에 과거 분사가 연결되는 완료형 to have p.p. 두 가지가 있다. 물론 단순형은 동사의 시점과 동일한 시점의 동작이라는 것을, 완료형은 동사의 시점보다 앞선 상황이라는 것을 나타내는 준동사의 원칙을 따르고 있다.

2-1 He *intended* **to go** to the Galapagos.
2-2 He *intended* **to have gone** to the Galapagos.
2-3 He *had intended* **to go** to the Galapagos.

to 부정사절을 구성하는 to가 동사보다 이후의 상황을 의미한다는 점에서 볼 때 "~을 의도하다"라는 말은 어떤 행동의 목적이나 의도를 나타낸다는 점에서 역시 미래성을 담보하고 있다고 볼 수 있다.

이런 점에서 2-1처럼 intend의 다음에 to 부정사가 목적어로 연결되는 것도 합리적인 관계로 받아들일 수 있다. 그리고 to go라는 단순형은 동사와 동일한 시점을 나타낸다. 따라서 이 예문은 "그는 갈라파고스 제도로 가고자 했다"라는 뜻이다. 물론 뒤에 추가 정보가 제시되지 않은 상태에서 그가 그 의도를 달성했는지는 확인되지 않는다.

그런데 2-2에서 보듯이 intended의 뒤에 완료형 부정사가 연결되는 경우에는 조금 다른 맥락을 형성한다. 부정사가 완료형의 형태를 취하는 것은 동사가 나타내는 시점보다 앞선 동작이라는 것을 나타내기 위한 것이 일반적인 규칙이다.

하지만 2-2에서는 완료형 부정사는 갈라파고스 제도로 가는 행위가 그런 의도를 가졌던 시점보다 앞선 상황이라는 점을 전달하는 것이 목적이 아니다. 이 문장에서 <u>부정사의 완료형은 시점의 의미가 아니라, 그 의도한 행동이 실현되지 않았음을 표시하는 것이기 때문이다</u>. 즉 이 문장은 "그는 갈라파고스 제도로 가고자 했다. 하지만 그렇게 하지는 못했다(He intended to go to the Galopagos, but he did not.)"라는 의미가 되는 것이다.

이처럼 의도한 동작이 완료되지 않거나 실현되지 않았음을 표현하는 방법은 2-3처럼 동사의 시제가 과거 완료인 상태에서 단순형 부정사를 연결시키는 방식으로도 전달할 수 있다. 그래서 이 문장에서 to go라는 단순형은 had intended라는 과거 완료와 동일한 시점의 상황이라는 것을 나타내는 것이 목적이 아니라는 점을 혼동하지 말아야 한다.

물론 완료형 부정사가 이런 의미를 담아내는 것이 보편적인 용법은 절대 아니다. 이런 현상은 주로 expect, hope, intend, mean, promise처럼 '기대, 의도, 약속'의 맥락을 갖는 동사들의 과거형 다음에 완료형 부정사가 연결될 때만 발현되기 때문이다.

2-4 He *hoped* to participate in the audition.

2-5 He *hoped* to have participated in the audition.

2-6 He *had hoped* to participate in the audition.

 hoped의 뒤에 to participate라는 단순형 부정사가 연결된 2-4는 "그는 오디션에 참가하기를 바랬다"라는 뜻이다. 그리고 그 바람이 이뤄졌는지는 드러나지 않는다. 따라서 그는 오디션에 참가했을 수도 있고, 그렇지 않을 수도 있다. 이에 대한 구체적인 판단은 추가되는 정보나 문맥을 통해서만 가능하기 때문이다.

 반면 hoped에 완료형 부정사가 연결된 2-5는 과거에 희망했던 그 행동이 실현되지는 못했다는 사실까지 함축적으로 전달하고 있다. 그리고 이렇게 의도했지만 이루지는 못했다는 의미는 2-6처럼 <u>had hoped라는 과거 완료 다음에 단순형 부정사를 연결하는 구조로도 동일하게 전달할 수 있다</u>.

2-7 He *meant* to drop at my office before leaving for Lourdes.
   그는 루르드로 떠나기 전에 내 사무실에 잠깐 들리려고 했었다.

2-8 He *meant* to have dropped at my office before leaving for Lourdes.

2-9 He *had meant* to drop at my office before leaving for Lourdes.
   그는 루르드로 떠나기 전에 내 사무실에 잠깐 들리려고 했었지만, 그러지 못했다.

to를 쓰는 이유가 뭘까?

전치사와 동사의 기묘한 결합

지금까지도 부정사를 공부하는 과정은 과거와 크게 달라지지 않았다. to 부정사의 명사적 용법, 형용사적 용법, 부사적 용법을 구별하고, 주어진 문장을 to 부정사의 부사적 용법의 의미에 따라 분류하는 '방법' 등을 배운다. 그리고 'to 부정사를 목적어로 취하는 동사'들을 암기하는 것이 부정사를 대하는 모습의 거의 전부라 할 수 있다.

그러나 이 과정에는 가장 중요하고도, 근본적인 세 가지 질문이 빠져 있다. 그 첫째는 부정사를 포함해서 준동사라는 용법이 갖는 의도와 보편적 특징에 대한 고민이 선행되지 않았다는 것이다. 그리고 두 번째는 굳이 부정사라는 변별적인 장치를 만든 이유에 대해서도 생각하지 않는다는 것이다. 첫 번째 질문은 준동사의 존재 목적에 대한 근원적이고도, 일반적인 질문이고, 두 번째는 부정사가 동명사나 분사라는 다른 준동사들과 별도로 존재해야 하는 구체적 존재 이유에 대한 물음이다.

그리고 간과하고 있는 세 번째 질문은 왜 to를 결합시킨 모양으로 표현하는 것인지 그 의도에 대한 것이다. to 부정사의 기본 구조는 to와 동사의 원형을 연결하는 것으로 구성된다. 그런데 전치사는 동사와 어울리지 않는 것이 원칙이라는 점을 감안하면, to라는 전치사와 동사의 원형이라는 조합은 납득하기 어려운 형태가 된다.

그렇다면 이 기묘한 구성에 대한 의심하고, 질문을 던지고, 대답을 모색하는 과정이 있어야 하지 않을까? to 부정사라는 형태에 대한 본질적 질문이 to 부정사의 품사를 따지는 일보다 중요하고, 근원적인 것이 아닐까? to와 동사의 원형이라는 완성된 결과물을 그대로 받아들이는 것은 결국 타인의 정보를 일방적으로 이식하는 것에 불과한 것은 아닐까?

우리가 외면하는 세 가지 질문이 영어라는 언어를 모국어로 하거나, 그 언어권에 있는 사람에게는 자연스럽게 익힐 수 있는 부분일 수도 있을 것이다. 하지만 외국어로 영어를 배우는 우리의 입장에서는 부정사 표현에 대한 일정한 이해를 형성할 수 있는 중요한 과정이다.

표현의 발생과 정립에 대한 진지한 성찰과 고민이 없이 그저 to 부정사의 용법을 구분하고, to 부정사와 어울리는 동사를 무비판적으로 암기하는 공부에서 우리의 주체적 사고가 개입될 여지는 본래부터 차단된 것은 아닌지 모르겠다. 성찰과 모색의 과정이 배제된 공부는 결국 자신의 사고를 배제하는, 독립적 사고 주체로서 자신을 소외시키는 '행위'일 뿐이다.

원리에 대한 이해보다는 쉽게 암기하는 요령과 빨리 성과를 내는 비법이 공부로 포장되고 있는 대한민국의 현실을 고려하면 현실에 어울리지 않는 주장일 수도 있다. 그러나 자신의 주체적 노력이 가미된 이해하는 과정이 배제된 채 무비판적으로 받아들이는 암기 사항들은 스스로를 예속시키는 마취제일 뿐이다. 수고스럽더라도, 마취에서 깨어나려면 움직여야 한다.

to일 수밖에 없다!

　부정사를 공부하는 과정에서 소외된 세 가지 질문 중에서 준동사의 형성 원리와 목적에 대한 첫 번째 물음은 준동사를 설명하는 과정에서 다룬 바 있다. 다음 단계로 to 부정사라는 개별적인 형태에 대한 나머지 질문의 대답을 구체적으로 찾아보기로 한다.

　<u>전치사 to와 동사의 원형이 결합하는 특이한 형태가 단순한 우연이 아니라면, 그 둘 사이에는 특정한 연결 고리가 있다고 추론하는 것이 합리적인 입장일 것이다.</u> 그리고 그런 관계가 그 나름의 결합 원리를 갖추고 있다면, to가 나타내는 여러 의미 중에서 그런 조건을 충족시킬 수 있는 경우가 존재한다는 말이 된다. 따라서 여러 전치사들 중에서 굳이 to가 선택된 근거를 밝혀내는 첫걸음은 전치사 to의 의미를 살펴보는 것으로 가능해진다.

　이처럼 전치사 to의 의미에서 to 부정사라는 형태의 근거를 찾고자 하는 것은 그 형태를 이미 결정된 것으로 무비판적으로 수용하지 않고, 그것이 형성되는 과정에 적극 참여함으로써 온전하게 이해하려는 의도이다. 아울러 to 부정사의 존재 이유를 찾아내려는 이 작업은 필연적으로 동명사나 분사의 정체성을 이해할 수 있는 가능성을 담고 있기도 하다. 결국 부정사를 이해하면 부정사가 담아내지 않는 속성들이 곧 동명사나 분사가 위치한 지점이 되기 때문이다.

　전치사 to가 갖고 있는 가장 기본적인 개념은 "~로"라는 '방향'에 대한 것이다. 그런데 방향성을 나타내는 to는 장소적 개념을 전달하는 for나 toward와는 다른 맥락을 형성한다.

3-1 We left **for** Cape of Good Hope.

3-2 We walked **toward** Cape of Good Hope.

3-3 We drove **to** Cape of Good Hope.

　　3-1에서 for는 "~를 향해"라는 '행선지'의 의미를 나타내지만 '도착'의 의미까지 담보하지는 않는다. 목표를 세우는 것이 곧 그 목표의 달성을 보장하지는 않는 것처럼 희망봉이 목적지라는 정보만을 담아내고 있을 뿐이다.

　　그리고 3-2에서 toward는 "~쪽으로"라는 방향성만을 나타낸다. 즉 이 문장에서 희망봉이라는 지리적 위치는 우리의 목적지가 아니라, 단지 방향만을 의미하는 것이다. 물론 그 지점에 도착했다는 의미도 내포하지 않는다.

　　반면에 3-3에서 <u>to는 방향성뿐만 아니라, for나 toward가 담아내지 않는 '도착'이라는 의미까지 나타낸다</u>. 그리고 이렇게 <u>어떤 장소에 도착한다는 의미는 곧 어떤 대상에게 '접촉하다'라는 의미까지 자연스럽게 확장되게 된다</u>.

3-4 Jake **attached** labels ***to ten boxes*** before he filed reports which had been submitted for two weeks.
　　제이크는 2주 동안 제출된 보고서를 파일로 철하기 전에 열 개의 상자에 라벨을 붙였다.

3-5 **Apply** this ointment ***to the wound*** gently.
　　이 연고를 상처에 부드럽게 바르세요.

　　3-4에서 attach는 "어떤 대상에 붙이다, 첨부하다"라는 뜻의 동사다. 어떤 물체를 붙이기 위해서는 접촉할 수밖에 없고, 따라서 labels와 ten boxes라는 두 개의 물체는 서로 접촉하는 대상이 된다. 그리고 접촉을 매개로 한 이 둘의

관계를 to라는 전치사로 담아내는 것이다. 3-5의 apply는 "~을 바르다"라는 의미로 쓰이기도 하는데, 그런 의미일 때는 그 행위의 속성상 접촉해야 하는 특정한 대상을 전제할 수밖에 없다. apply라는 동사가 담고 있는 그런 맥락을 담아내는 전치사가 바로 to인 것이다.

단어나 표현의 의미는 사실적이고 직접적인 의미에서 추상적이고 비유적인 차원으로 확장되는 것이 일반적인 방향이다. 이런 점에서 <u>접촉이라는 행위의 대상이 물리적 실체가 아니라, 원칙이나 규칙과 같은 추상적인 개념이 되는 경우에는 '집착, 고수'라는 간접적인 의미를 담아내게 된다.</u>

3-6 Great discoveries are often made by those who seem stupid but those who **cling *to their belief*.**
멍청해 보이지만, 자신의 믿음을 견지하는 사람들이 종종 위대한 발견을 한다.

3-7 Wimbledon, the oldest tennis tournament, has **adhered *to its strict dress codes*** for over 130 years.
가장 오래된 테니스 시합인 윔블던은 엄격한 복장 규칙을 130년이 넘도록 고수하고 있다.

3-4, 3-5에서는 to가 제시하는 접촉의 대상은 ten boxes와 the wound라는 사실적인 대상들이다. 반면에 3-6과 3-7에서 to와 연결되는 명사인 their belief와 its strict dress codes는 실체를 갖지 않는 추상적 대상들이다. '접촉'이라는 명제 아래 to의 의미는 이렇게 직접적인 의미에서 간접적인 차원으로 발전하는 것이다.

<u>접촉이란 두 대상의 접점을 의미하며, 접점이란 상이한 두 개의 대상이 하나의 점으로 수렴되는 지점이다. to가 보여주는 이런 접점의 의미는 역시 추상</u>

적인 차원에서는 두 대상의 동질화를 암시하게 된다. 그래서 전치사 to는 '일치'라는 새로운 개념으로 연결되기도 한다.

3-8 In today's dog-eat-dog industry, businesses have to be prepared to **adapt** *to the rapid change* in the market.
경쟁이 치열한 오늘날의 업계에서 기업들은 시장의 급격한 변화에 적응할 대비를 해야만 한다.

3-9 Many poets **compare** life *to a marathon*.
많은 시인들이 삶을 마라톤에 비유한다.

   3-8에서 "적응하다"라는 의미를 갖는 adapt도 전형적으로 다음에 to와 어울리는 동사 가운데 하나다. 어떤 대상에 적응한다는 것은 곧 그 대상의 특징적인 상황이나 모습에 동화된다는 의미를 바탕에 깔고 있기 때문이다. 3-9에서 확인할 수 있는 "~을 비유하다"라는 의미인 compare도 이와 같은 맥락에서 이해할 수 있다. 어떤 대상을 다른 대상에 비유한다는 것은 서로 이질적인 두 개의 대상에서 동질적이고, 공통된 요소를 추출한다는 말이기 때문에 이 역시 '일치'라는 공약수로 묶을 수 있는 것이다.
   to가 갖는 이런 '도착'의 의미가 '접촉'이라는 사실적인 의미에서 '집착'과 '일치'라는 추상적인 의미까지 확장된다는 점을 확인했는데, to가 내포하는 중요한 기본 개념은 '이동'이기도 하다. '도착'이나 '접촉'이란 어떤 위치에서 다른 위치로 이동하는 행위를 전제로 하고 있기 때문이다.

3-10 The champion **moved** his knight *to e5*.
챔피언은 자기의 나이트를 e5칸으로 옮겼다.

3-11 The trafficker **handed** an envelope *to the detective* working under cover.
　　마약 밀매업자는 봉투를 위장 근무 중이던 형사에게 건넸다.

3-12 The prices in crude oil **fell** *to 45 dollars per barrel* last week.
　　원유 가격이 지난 주에 배럴 당 45달러까지 하락했다.

　　3-10에서 move가 의미하는 "어떤 물체를 옮기다"라는 행위는 자연히 그 물체를 이동시키는 또 다른 장소를 상정하게 되고, 그 관계가 to로 표현되는 것이다. "~을 건네다"라는 의미인 3-11의 hand도 역시 어떤 대상의 이동을 기본 개념으로 하고 있으며, 이동된 그 물체가 도착하는 지점에 대한 정보를 to로 전달하고 있는 것이다. distribute, export, give, pass, relocate, sell, send, transfer, turn in, turn over처럼 같은 맥락을 형성하는 동사들이 모두 목적어의 다음에 to가 연결되는 것도 이런 측면에서 이해할 수 있다.
　　그리고 '이동'이라는 맥락에도 to가 담고 있는 '도착'의 의미가 담기게 된다. 따라서 3-10의 e5와 3-11의 the detective는 그 물체가 도착된 지점 혹은 대상을 의미하고, 이는 곧 그 동작이 귀결되는 '결과'에 해당하는 정보가 된다.
　　3-12에서도 to로 연결하는 배럴 당 45달러라는 수치는 가격이 낮은 쪽으로 이동하는 과정 끝에 도달한 지점이 된다. 그리고 이는 곧 가격이 가장 낮아진 결과를 의미하는 것이기도 하다.

결과를 나타내는 to

　　'이동'이라는 행위는 물체가 있던 어떤 장소에서 다른 장소로 위치상 변화가 발생한다는 뜻이다. 그리고 하나의 물체가 동시에 두 개의 지점에 존재할 수는 없는 것이기에 물체의 이동이란 두 지점의 시점상 차이를 내포하게 된다. 물론 도착하는 장소는 이동의 결과적인 상태를 의미한다는 점에서 to가 제시하는 위치가 이후 시점에 해당하는 상황이 된다.

이런 맥락에서 <u>to에 연결되는 명사가 행위적인 의미를 담고 있는 경우에는 앞에 제시된 동작에 연속되는 동작이나 또는 그 동작으로 인한 결과적인 행위라는 의미 관계를 형성하게 된다.</u>

3-13 Suzanne **went home** *to an early dinner*.

3-14 Suzanne **went home** *for an early dinner*.

3-13에서 동사는 went 하나만 제시되고 있다. 그리고 연결되는 an early dinner는 장소의 의미가 아니기 때문에 이 전치사 to를 도착의 맥락으로 이해할 수는 없다. 전치사는 반드시 뒤에 명사가 연결되는데, 이 명사를 전치사의 목적어라고 한다. 그 말은 곧 전치사와 명사는 긴밀한 의미 관계를 형성한다는 뜻이다. an early dinner는 행위의 의미를 담고 있다는 점에서, 전치사 to는 went 이후에 발생하는 결과적 상황을 설명하는 장치로 이해해야 한다.

이런 점에서 3-13은 "수잔은 집에 가서 이른 저녁을 먹었다"는 동작의 선후 관계로 이해할 수 있다. 반면에 3-14의 경우에는 to가 아니라 for가 제시되고 있다. 전치사가 다르다는 것은 그만큼 의미도 변화를 겪는다는 말이 된다. for는 행위의 목적을 나타낸다는 점에서 이 문장은 "수잔은 저녁을 먹으러 집에 갔다"라는 뜻으로 이해할 수 있다.

3-15 We should be ashamed of the fact that around 20,000 people **starve** *to death* around the world every day.

> 전 세계적으로 대략 2만 명의 사람들이 매일 굶어 죽는다는 사실을 부끄러워해야 한다.

3-16 An unexpected surge in oil price **led** *to a panic*.

> 기름값이 예상하지 못하게 급등하면서 공황 상태를 야기했다.

3-17 The famous pianist **attended** at the benefit for the poor *to a long-standing ovation*.

> 유명한 피아니스트는 빈민을 위한 자선 행사에 참석해서 오랫동안 기립 박수를 받았다.

3-18 The professor who wrote the experimental novel **committed suicide**, *to the deep sorrow of his fans*.

> 실험적인 소설을 썼던 대학 교수가 자살했다. 그래서 그의 팬들은 깊은 슬픔에 잠겼다.

3-15의 that절에서 제시된 동사는 starve 하나뿐이지만 death도 역시 "죽다"라는 동작에 해당하는 상황을 전달하고 있다. 만일 이 두 가지 상황을 모두 동사를 활용해서 전달하려면, 두 개의 동사를 연결해 줄 접속사와 동사의 주어까지 필요하게 된다. 물론 동사에는 시제를 비롯한 문법적 형태도 적절하게 표시되어야 한다.

준동사를 활용한다는 것은 동사가 지켜야 하는 이런 의무에서 벗어나는 것이기도 하지만 간결하게 정보를 전달하는 방법이기도 하다. 동사를 명사로 표현하는 것도 역시 '동사 죽이기'를 통한 경제적 표현이라는 맥락에서 이해할 수 있다.

그리고 두 개의 동사를 논리적으로 연결하던 접속사의 역할은 전치사가 담당하게 된다. 3-15에서 starve와 death라는 두 개의 동작이 맺고 있는 논리

3-16 An unexpected surge in oil price led to a panic.
3-17 The world-famous pianist attended at the benefit for the poor to a long-standing ovation.
3-18 The professor who wrote the experimental novel committed suicide, to the deep sorrow of his fans.

적 관계는 전치사 to를 통해 파악할 수 있다. 앞서 보았듯이 to는 상황의 선후 관계를 나타내고 있는 것이고, 이를 통해 "굶다"라는 동작에 이어 "죽다"라는 상황이 발생했다는 사실을 읽어낼 수 있다.

starve to death를 흔히 "굶어 죽다"라는 관용 표현으로 간단하게 설명하고 넘어가는 경우가 많다. 하지만 그 간편함은 표현의 형성 원리를 이해할 수 있는 여지를 희생하고 얻는 것이다. 특정한 표현 하나만을 완결되고, 고정된 것으로 받아들일 뿐, 다른 표현으로 그 표현 구조가 확산될 가능성이 차단되기 때문이다.

3-16의 to도 역시 같은 맥락에서 이해할 수 있다. 보통은 lead to를 "~을 초래하다"라는 의미로 암기하고 넘어가기도 한다. 하지만 이 표현에서도 결과에 해당하는 정보를 to로 표시하고 있다는 점을 주목해야 한다. 주어인 an unexpected surge in oil price라는 원인으로 인해 a panic이라는 결과가 발생했다는 인과 관계를 to로 표시한 것이기 때문이다.

앞서 두 개의 예문처럼 관용 표현으로 받아들이는 경우는 to의 쓰임새를 몰라도 문장의 의미를 이해할 수는 있다. 하지만 암기를 통한 정보가 구축된 경우에는 암기 자체가 장애가 될 가능성도 있다. 암기하고 있는 고정된 표현은 쉽게 이해하지만, 저장되어 있지 않은 변형된 표현은 그만큼 생소하게 받아들이는 한계를 안고 있기 때문이다.

3-17과 같은 문장을 매끄럽게 이해하지 못하는 경우는 to의 의미를 정확하게 파악하지 못한 결과일 것이다. 이 문장의 to도 역시 attended와 a long standing ovation이라는 두 개의 상황이 어떤 선후관계로 연결되는 지를 명확

하게 보여주는 장치로 이해해야 한다. 그래야 비록 동사는 attended 하나지만, to로 연결되는 명사는 그 동사에 연속되는 상황이라는 점을 전달하고 있다는 점을 인식할 수 있다.

to, 동사와 만나다!

전치사는 동사와 결합할 수 없는 것이 원칙이다. 그것이 전치사와 접속사라는 연결 장치가 서로의 정체성을 확립하는 경계선이다. 그렇다면 전치사 to와 동사의 원형이 결합되는 것은 근본적으로 납득하기 어려운 조합일 수밖에 없다. 이 낯선 조합을 가능하게 하는 것은 오직 to로만 전달할 수 있는 의미가 필요했던 것이고, 그것은 바로 동작의 선후관계다.

부정사로 표현하면 동사에 드러나던 시제라는 문법적 특성은 나타낼 수가 없다. 동사의 원형이라는 고정된 형태를 사용하는 환경에서 시제의 다양한 모습을 담아낼 수 없기 때문이다. 따라서 부정사에서는 과거, 현재, 혹은 미래와 같은 절대적인 시점을 파악할 수 있는 장치가 없다. 하지만 부정사도 행위를 나타내기 때문에 그 동작이 발생한 시점은 존재한다. 다만 시제를 나타내는 특정한 형태가 불가능하기 때문에 동사와 상대적인 맥락에서 발생 시점을 파악할 수는 있는 것이다.

to 부정사라고 흔히 부르는 이 형태는 <u>to의 뒤에 나오는 동작이 왼쪽에 제시되는 동사보다 이후에 발생하는 상황이라는 관계를 나타내는 것이다</u>. 이런 점에서 <u>to는 미래성을 가지며, 그 미래 시점이란 절대적 시제 개념이 아니라, 상대적인 관점에서 이해해야 한다</u>.

4-1 Joanne *hoped* to be back at work after the three-month maternity leave.
> 조안은 3개월의 출산 휴가가 끝나면 직장으로 복귀하기를 희망했다.

4-2 The boss *aspired* to pull the plug on the red-ink joint venture.
> 사장은 적자를 보고 있는 합작 투자에서 발을 빼고 싶어했다.

　부정사를 공부할 때 보통은 부정사를 목적어로 취하는 동사를 마치 암기 사항처럼 소개하는 경향이 있다. 동사와 to가 연결되는 상황에서, 그 결합의 연관성에 대해서는 고민할 필요 없이 단순하게 입력하는 것이 최선의 방법이 되고 만다. 하지만 to 부정사와 연결되는 동사들의 경우는 대부분 암기할 필요가 없다. to와 동사의 사이에는 명백한 논리적 관계가 존재하기 때문이다.

　hope의 경우에도 hope to라는 고정된 형태로 암기하며 공부하는 것이 일반적이다. 물론 그것도 익숙해지는 방법이기는 하지만, 단어의 의미와 그에 따른 결합 방식을 차분하게 살펴보면 훨씬 더 명확하고 쉽게 이해할 수 있다. "~을 희망하다"라는 행위는 기본적으로 앞으로 벌어지기를 원하는 상황을 대상으로 한다. 희망하는 시점보다 이후에 발생할 상황을 전제로 한 표현이라는 점에서 미래성을 갖고 있다는 것이다. 4-1에서도 직장으로 복귀하는 것은 그런 희망을 갖는 시점보다 이후의 상황이고, 이런 선후관계를 to로 구별하고 있는 것이다.

　"열망하다"라는 의미를 갖는 4-2의 aspire도 같은 맥락에서 이해할 수 있다. 동사의 의미 자체가 미래의 상황을 담보로 하고 있기 때문에 다음에 to 부정사가 연결되는 것은 우연이 아니라 논리적, 합리적 결과인 것이다. to라는 전치사가 의미하는 결과라는 개념을 바탕으로 이런 조합이 형성된다. 또한 이런 이해를 바탕으로 to의 양쪽에 있는 동작의 선후관계를 명백하게 읽어낼 수 있게 된다.

<u>aspire, demand, hope, long, want, wish 등은 '희망, 열망, 갈망, 소망' 등을 나타내는 동사들이다. 이들은 미래에 실현되기를 원하는 상황을 전달하는 데 초점을 맞춘다. 이 점에서 모두 to 부정사를 목적어로 취하는 특징을 공유한다.</u>

4-3 The company *is expecting* to break even next year.
> 회사에서는 내년에 수지를 맞출 것으로 기대하고 있다.

4-4 The management *decided* to keep the factory in Liverpool.
> 경영진에서는 공장을 리버풀에서 이전하지 않기로 결정했다.

4-5 The reporter *agreed* to accompany the botanist on a trip to Amazon.
> 그 기자는 식물학자와 동행해서 아마존 여행에 가기로 동의했다.

표면적으로 상이한 개체들도 서로의 유사성과 차이점으로 구분하면 그 바탕에 존재하는 규칙을 파악할 수 있다. 그러기 위해서는 대상들을 분류하는 일정한 기준을 설정하는 것이 중요하다. to 부정사와 어울리는 동사들도 개별적으로 접근하는 것보다는 일정한 규칙을 적용하면 서로의 연관성을 파악할 수 있다.

expect는 "예상하다, 기대하다"라는 의미를 나타낸다. 그런데 이런 행위는 현재 시점에서 판단할 때, 앞으로의 어떤 상황이 벌어질 것이라고 예상하거나, 그런 상황이 일어나기를 기대한다는 의미가 된다. 4-3에서도 회사에서 기대

> 4-4 The management decided to keep the factory in Liverpool.
> 4-5 The reporter agreed to accompany the botanist on a trip to Amazon.

하는 시점은 현재지만, 그 기대의 내용이 되는 손익의 균형이 맞춰지는 시점은 그 이후인 것이다. to는 이런 시점의 차이를 분명하게 보여주는 문법적 장치로 기능하고 있다.

4-4의 decide도 역시 어떤 행동을 하기로 결정하는 시점과 그 행동을 실제로 실천하는 시점은 본질적으로 차이가 있다는 점을 전제로 하고 있다. 일반적으로 동작을 배열할 때 발생한 순서대로 나열하듯이, 결정하는 동작에 이어 결정의 내용을 서술하는 것이 자연스럽다. 이렇게 두 동작의 선후 관계를 명백하게 전달하고자 활용하는 표시가 to라는 기호가 된다. 이런 인식대의 바탕에서 decide to do라는 표현 방식이 생산되는 것이다.

이런 관점에서 접근하면 4-5에서 agree의 뒤에 to accompany라는 문법적 형태가 등장하는 것도 충분히 납득할 수 있다. "동의하다"라는 행위도 기본적으로 앞으로 어떤 행동을 하기로 의견을 함께 한다는 의미라는 점에서 미래성이라는 동일한 기준으로 분류할 수 있기 때문이다.

따라서 구체적인 표현들은 개별적으로 접근할 것이 아니라, 토대를 형성하고 있는 일정한 원리가 적용된 사례들로 이해해야 타당하다. <u>agree, choose, consent, decide, determine, expect, offer, plan, prepare, promise, refuse, schedule 등은</u> 일차적으로는 서로 다른 의미를 갖는 동작들이다. 하지만 이런 유형의 행위들은 <u>기본적으로 앞으로 발생할 일을 대상으로 한다는 공통의 기준으로 묶을 수 있다.</u>

4-6 The organization *attempted* **to disclose** the hazards of nuclear energy for the local communities.
   그 단체는 지역사회에 핵 발전의 위험성을 폭로하려고 시도했다.

4-7 Clemens *aims* **to be** a professional writer, though he falls far short of his talent.
  비록 재능은 많이 부족하지만, 클레멘스는 전업 작가가 되는 것을 목표로 하고 있다.

4-8 Timothy *endeavored* **to draw** the audience's attention to his lecture.
  티모시는 자기 강연에 청중들의 주의를 끌려고 애를 썼다.

　　미래성을 담보하는 to와 어울리는 동사들 가운데 또 하나의 큰 줄기는 노력이나 의도, 시도와 관련된 행위들이다. 4-6의 attempt는 "특히 어려운 일을 시도하다, 애써 해보다"라는 행동을 나타내는데, 이것은 장차 실현하고자 하는 상황을 전제로 한다. 그리고 그 상황은 시도하는 행위로 인한 결과라는 점에서 역시 선후관계를 드러내게 된다.

　　4-7에서 aim이 보여주는 "목표하다"라는 동작도 역시 미래성을 갖는다. '목표'나 '목적'은 현재 하고 있는 행위의 동기 부여가 되는 상황을 의미하는데, 그 상황이 실현되는 시점은 역시 미래임을 전제하기 때문이다.

　　in order to do도 같은 맥락에서 이해할 수 있다. in order to do를 흔히 "~하기 위해"라는 목적의 표현이라고 암기하지만, 동명사나 분사로는 목적이라는 미래의 의미를 담아낼 수 없기 때문에 to 부정사로 표현할 수밖에 없기 때문이다.

　　문법의 기본 원리를 이해하는 공부는 결국 올바르게 표현하기 위한 토대가 된다. 4-8의 endeavor와 같은 동사도 "노력하다"라는 뜻과 철자를 암기하는 것을 단어 공부의 기본으로 삼고 있다. 하지만 "노력하다"라는 동작은 어떤 특정한 행동을 전제하지 않고서는 논리적으로 성립될 수 없다. 또 노력의 근거가 되는 조건, 그러니까 현재의 노력을 감내하게 하는 목표란 결국 역시 미래 시점에 이뤄지기를 바라는 상황이다. "노력하다"라는 의미를 갖는 동사들이 전형적으로 다음에 to 부정사를 동반하는 형태로 활용되는 것도 바로 미래의 모습을 전제한다는 공통점에 기반하기 때문이다.

이런 인식의 바탕에서 'endeavor to do'라고 기억하는 것이 활용하기 위한 문법 공부의 토대가 된다. 그리고 이와 비슷한 의미를 갖는 다른 동사들에게까지 이런 논리적 결합 관계를 확산시키면 효율적으로 체계를 잡을 수 있다. 따라서 afford, aim, attempt, endeavor, fail, intend, manage, mean, struggle, tend, threaten, try처럼 이런 흐름을 갖는 동사들 다음에는 to 부정사가 연결되는 현상도 이 관점으로 이해할 수 있다.

동사 뒤의 to 부정사, 그리고 의미상 주어

앞서 살펴본 동사들은 to 부정사가 곧바로 동사에 연결되는 특징을 보인다. to 부정사의 앞에 별도의 명사가 없다는 것은 의미상 주어가 생략되어 있다는 의미가 된다. 이런 구조에서 의미상 주어는 앞에 있는 동사의 주어, 즉 문장의 주어와 동일한 것으로 이해할 수 있다.

하지만 문장의 주어와 to 부정사의 의미상 주어가 동일하지 않은 경우에는 의미상 주어를 반드시 밝혀서 의미상 혼선이 없도록 해야 한다. 그런데 목적어인 명사를 필요로 하지 않는 자동사의 경우에는 명사의 형태로 제시할 수 없기 때문에 전치사로 의미상 주어를 표시해야 한다. afford, agree, arrange, care, long, wait, yearn와 같은 동사들의 다음에 연결되는 전치사 for는 이런 역할을 표시하는 장치로 이해할 수 있다.

4-9 The travel agency will **arrange** <u>for the students</u> **to visit** the wax museum on the last day of the trip.
여행 마지막 날에 학생들이 밀랍 박물관을 방문하도록 여행사에서 조정해놓을 것이다.

4-10 Environmentalists are **yearning** <u>for the government</u> **to take** a stand against nuclear energy.
환경보호론자들은 정부가 핵 에너지를 반대하는 입장을 밝혀주기를 고대하고 있다.

4-11 The publisher **waited** <u>for the novelist</u> **to say** amen to its offer.
출판사에서는 소설가가 자신들의 제안에 동의하기를 기다렸다.

    4-9에서 일정을 조정하는 것은 여행사의 몫이지만, 박물관을 방문하는 행위자는 학생들이다. 이렇게 arrange와 to visit의 행위자가 서로 다른 경우에는 정보를 정확하게 전달하기 위해 의미상 주어를 별도로 밝혀주어야 한다. 다만 arrange가 자동사로 활용된다는 점에서 곧바로 the students라는 목적어가 연결될 수는 없기에, for로 의미상 주어를 표시한다. 즉 arrange for someone to do라는 구조를 통해 "다른 사람이 어떤 행동을 하도록 조치하다"라는 의미를 전달하는 것이다.

    4-10의 yearn은 long처럼 "열망하다, 갈망하다"라는 미래 지향적인 의미를 갖는 동사이므로 다음에 to 부정사가 연결된다. 그 미래의 행동을 하는 행위자가 주어인 경우에는 to 부정사가 곧바로 제시되지만, 주어와 다른 경우에는 구체적으로 드러내야 한다. 그런데 yearn도 역시 자동사라는 속성을 갖고 있기에, for를 그 의미상 주어인 명사의 앞에 연결해서 표시해야 동사의 특성

과 어울리게 된다.

 타동사의 다음에 목적어로 연결되는 부정사절의 경우에도 의미상 주어를 명확하게 표시해야 하는 의무는 동일하게 적용된다. 다만 목적어를 필요로 하는 타동사의 속성에 맞게 전치사 없이 곧바로 명사가 제시되어야 한다. 전치사가 명사와 결합해서 전치사구가 되면 형용사나 부사의 역할을 수행하므로 목적어로 기능할 수 없기 때문이다.

 그런데 근본적으로 의미상 주어를 표시하기 어려운 동사들도 있다. <u>endeavor, forget, remember, threaten, try 등과 같은 동사들은 그 의미의 속성상 부정사의 의미상 주어는 문장의 주어와 동일할 수밖에 없다.</u>

4-12 *Emmanuel *tried* his family **to beat** the traffic.
  엠마뉴엘은 교통 혼잡을 피하려고 애를 썼다.

4-13 *The bank robbers ***threatened*** Emile **to kill** the hostages.
  은행 강도들은 인질들을 살해하겠다고 위협했다.

4-14 *The janitor ***remembered*** Mark **to lock** the back door of the building.
  관리인은 잊지 않고 건물의 뒷문을 잠갔다.

 노력하거나, 기억하거나, 위협하는 행동은 그 행위자를 중심으로 이루어지는 것이기 때문에 다른 대상이 부정사의 의미상 주어로 제시되면 논리성이 확보되지 않는다. 4-12에서 부정사의 앞에 his family라는 명사가 의미상 주어로 제시되고 있다. 하지만 try는 기본적으로 다른 대상에게 행동을 가한다는 의미로는 활용되지 않기 때문에 별도의 의미상 주어를 설정하면 문법적으로 틀린 문장이 되고 만다.

4-13에서 위협을 하는 것은 물론 주어인 은행 강도들이지만, 부정사의 의미상 주어를 별도로 제시함으로써 논리적으로 충돌이 발생한다. threaten은 어떤 대상에게 위협을 가하거나, 어떤 행위를 하겠다고 위협한다는 의미로 활용된다. 그런데 이 문장의 구조로는 Emile이라는 의미상 주어에게 인질을 살해하라고 위협했다는 의미로 이해되기 때문에 적절한 문맥이 형성되지 않는다. 물론 threaten이 "누군가를 위협해서 어떤 행동을 하게 하다"라는 의미로 쓰이기도 하지만, 그런 의미를 전달하기 위해서는 목적어의 뒤에 to 부정사가 아니라 전치사 into를 연결하는 방식을 활용한다.

4-14의 remember를 비롯해 forget과 같은 동사도 역시 곧바로 to 부정사가 연결된다. 자신의 행동을 기억하거나, 잊는다는 의미를 나타내는 동사들이기 때문에 의미상 주어가 따로 존재할 필요가 없다. Mark를 의미상 주어로 해도 의미가 성립된다고 생각할 수 있지만, 그렇게 되면 어떤 '사실'을 기억한다는 의미가 되고, 그럴 때는 to 부정사가 아니고, that절의 형식으로 제시해야 한다.

목적어 뒤의 to 부정사를 이해하기

타동사의 뒤에 부정사절이 연결될 때 의미상 주어를 명확하게 표시하려면 명사의 형태를 유지할 수밖에 없다. 의미상으로는 부정사의 주어지만, 구조상으로는 타동사의 목적어 역할을 해야 하기 때문이다. 이런 점에서 <u>타동사 다음에 목적어와 to 부정사가 이어지는 구조를 형성하는 것이 일반적이다.</u>

4-15 Adrian ***wanted*** **to get** down to brass tacks at the crisis meeting.
비상대책 회의에서 아드리안은 본론으로 들어가고 싶었다.

4-16 Adrian wanted <u>the salesperson</u> **to get** down to brass tacks.
아드리안은 영업사원이 빨리 본론으로 들어가 주기를 원했다.

타동사의 다음에 있는 명사는 뒤에 연결되는 부정사의 의미상 주어를 표시하는 경우가 대부분이다. 4-16은 wanted의 뒤에 the salesperson이라는 명사가 있다는 점만 4-15와 다르다. 하지만 이 차이는 절대로 사소한 것이 아니다.

구조는 의미를 전달하는 틀이기에 구조가 달라진다는 것은 전달하는 내용도 달라진다는 뜻이기 때문이다. 즉 4-15에서 to get이라는 부정사의 의미상 주어는 동사 wanted의 주어인 Adrian이다. 하지만 4-16에서 to get의 의미상 주어는 그 앞에 있는 명사인 the salesperson이 된다. 그 의미의 차이를 동사 뒤에 있는 명사의 존재로 구별하고 있는 것이다.

하지만 이 같은 차이는 부정사가 보여주는 동작의 행위자가 누구인가를 정확하게 밝히는 것이 목적이라는 점을 분명하게 인식해야 한다. 문장의 주어가 부정사의 의미상 주어인 4-15이건, 동사의 목적어가 의미상 주어인 4-16이건 to가 나타내는 미래성이라는 개념은 변함이 없기 때문이다. to 부정사로 표현하는 동작의 선후 관계라는 맥락은 의미상 주어를 표시하는 관점과는 아무런 상관이 없다. <u>의미상 주어의 차이와 상관 없이 4-15와 4-16에서 to는 get이 want보다 이후에 벌어지는 상황이라는 점을 보여주는 장치로 이해해야 하는 것이다.</u>

4-17 Alice ***expected*** <u>her husband</u> **to pull** a rabbit out of a hat on Christmas Eve.
> 엘리스는 남편이 크리스마스 이브에 깜짝 이벤트를 할 것으로 기대했다.

4-18 Mutual hatred ***caused*** <u>the two tribes</u> **to come** into the decade-long conflict.
> 서로에 대한 증오 때문에 두 부족은 10년에 걸친 분쟁에 빠지게 되었다.

어떤 상황을 기대하거나 예상한다고 하면, 그 상황은 당연히 진술이 이루어지는 시점 이후에 발생하는 일을 의미한다. 따라서 이런 의미의 동사들 다음에는 그 미래 상황을 전달하기 위한 to 부정사라는 문법적 장치가 사용된다. 이때 미래 상황의 행위자가 문장의 주어가 아닌 다른 대상이라면 목적어로 그 정보를 명확하게 밝혀준다.

4-17은 바로 이런 구조를 보여주고 있는데, 즉 어떤 상황을 기대하는 것은 그 동사의 주어인 Alice가 된다. 깜짝 놀라게 하는 상황을 연출하는 사람은 자신이 아닌 자기의 남편이고, 그 상황은 앞으로 전개될 것이라는 시점상의 맥락을 목적어와 to 부정사라는 구조로 구현하고 있다.

4-18의 cause는 "~을 야기하다, ~의 원인이 되다"라는 의미를 갖는다. 따라서 주어는 원인, 목적어는 그 결과에 해당하는 정보를 각각 나타내는 구조를 갖게 된다. 결과는 원인보다 이후 시점에 발생하는 상황이라는 속성은 to 부정사로 표현된다. 또 논리적으로 원인과 결과가 동일한 대상일 수는 없기 때문에 결과를 나타내는 to 부정사의 의미상 주어는 원인을 나타내는 주어와 다를 수밖에 없다. 그래서 cause의 뒤에는 목적어와 to 부정사가 연결되는 구조가 성립되는 것이다.

> 4-17 Alice expected her husband to pull a rabbit out of a hat on Christmas Eve.
> 4-18 Mutual hatred caused the two tribes to come into the decade-long conflict.

4-17과 4-18에서 보듯이 앞에 제시된 동사보다 나중에 발생하는 상황이라는 점은 to 부정사로, 그리고 부정사의 의미상 주어는 동사의 목적어로 표시한다. 동사의 의미와 그에 따른 속성을 무시하고 암기하던 용법들도 이런 관점을 대입하면 일정한 흐름을 포착할 수 있다.

<u>목적어와 to 부정사로 구성되는 이런 구조가 갖는 일반적인 의미망은 "대상에게 어떤 형태의 영향력을 발휘해서 어떤 행동을 하도록 하다"라는 것이다.</u> 이 구조에 어울리는 첫 번째 경우는 "설득하다" 부류의 동사들이다.

"설득하다"라는 행위는 기본적으로 자신이 아닌 타인을 전제하고, 항상 구체적 행동을 대상으로 한다. 설득의 궁극적인 목적은 다른 사람의 마음을 움직여 특정한 행동을 하거나, 혹은 하지 않도록 변화를 유도하는 것이다. 설득이라는 행위는 예상이나 희망과 마찬가지로 설득 자체가 아니라, 변화가 발생하게 되는 미래의 상황을 염두에 둔다고 할 수 있다. 이런 점에서 persuade를 비롯해서 "설득하다" 부류의 동사들이 전형적으로 목적어와 to 부정사라는 문법적 구조를 형성하는 것은 우연이 아니다.

4-19 Enrico **enticed** <u>the apprentice</u> **to bell** the cat.
  엔리코는 그 견습생을 꼬드겨서 고양이 목에 방울을 달게 했다.

4-20 Jane **encouraged** <u>John</u> **to turn** a deaf ear to the bad rumors.
  제인은 존이 나쁜 소문을 무시할 수 있도록 격려했다.

4-19의 entice는 "~를 꾀어서 ~하게 하다"라는 의미로, persuade보다 유도의 의미가 조금 더 강하지만 설득을 기반으로 한다는 공통점이 있다. 이렇게

의미가 유사한 동사들은 정보를 서술하는 방식이 흡사하기에 정보를 전달하는 구조도 동일한 경향을 보인다. 이런 점에서 entice와 유사한 의미인 allure, coax, seduce도 역시 목적어와 to 부정사가 연결되는 구조를 갖는다.

4-20의 encourage를 간혹 "격려하다"라고 이해하고 넘어가는 경우도 있다. 하지만 격려하는 행위도 기본적으로 주어와 다른 타인을 대상으로 하는 것이고, 자신감이나 용기는 구체적인 행동에 대한 것이라는 점에서 설득과 흡사한 맥락으로 이해할 수 있다.

이 두 개의 예문에서 to는 그 뒤에 연결되는 bell the cat과 turn a deaf ear라는 상황이 앞에 제시된 동사보다 나중에 발생하는 상황이라는 점을 명확하게 표시하는 역할을 하고 있다.

결국 "어떤 대상에게 용기를 주어 어떤 행동을 하게 하다"라는 뜻인 encourage도 이 유형의 기본이 되는 persuade를 출발점으로 해서, 설득의 양식이 다채로워지는 맥락으로 이해할 수 있다. allure, coax, encourage, induce, inspire, persuade, prompt, recommend, seduce, tempt, urge 등도 이런 관점으로 이해할 수 있는 동사들이다.

4-21 The manager *advised* me to use the foot-in-the-door sales technique.

매니저는 나에게 '문간에 발 들여놓기' 판매 기법을 활용해보라고 충고했다.

4-22 When somebody knocked the door at midnight, Sophia *told* her son to play possum.

한 밤중에 누군가 문을 두들기자, 소피아는 아들에게 자고 있는 척하라고 말했다.

> 4-21 The manager advised me to use the foot-in-the-door sales technique.
> 4-22 When somebody knocked the door at midnight, Sophia told her son to play possum.

"충고하다"라는 동작도 역시 그 단어만으로는 논리성을 확보할 수 없다. "충고"라는 행위도 역시 자신이 아닌 다른 대상을 전제로 하고 있기 때문이다. 그리고 충고는 막연한 행동이 아니라, 구체적 행동에 대한 정보가 제시되어야 의미가 성립될 수 있다. <u>타자와 구체적 행동을 전제로 하는 동작이라는 점에서 충고는 설득과 유사한 맥락으로 이해할 수 있다.</u>

4-21에서 보듯이 advise는 의미의 특성상 주어가 하는 충고를 들어줄 다른 대상, 즉 목적어가 필요한 구조를 갖는다. 그리고 그 대상인 me가 수행하기를 바라는 앞으로의 행동에 대한 정보를 그 뒤에 배열하게 된다. 이런 논리 전개의 결과로 advise someone to do라는 표현 방식이 만들어지는 것이다.

tell은 흔히 "이야기하다"라는 의미로 이해하고 있는데, say와는 달리 사람을 목적어로 표현할 수 있다. 그리고 그 사람 목적어의 다음에 이야기하는 구체적인 내용에 해당하는 명사나 that절을 연결하기도 한다. 그렇게 tell someone something 혹은 tell someone that의 구조가 되면 tell은 "말하다"라는 기본적인 의미를 나타낸다.

그런데 사람 목적어 뒤에 4-22처럼 tell의 뒤에 to 부정사가 연결되는 경우가 있다. 그렇다면 그 동작은 목적어가 앞으로 해야 하는 동작이라는 뜻이 되기에 이 구조에서 tell은 order와 유사한 의미가 된다. '명령'이나 '권고'와 같은 행위들도 충고를 기반으로 해서 강제성의 어감이 더해지는 정도의 차이로 이해할 수 있다. 따라서 목적어의 다음에 to 부정사가 연결되는 구조를 공유하는 것이다.

advise, allow, ask, compel, forbid, force, impel, inspire, order, permit, request, require, urge와 같은 동사들을 개별적으로 대응할 것이 아니라, 이들을 포괄하는 개념으로 이해하는 것이 효율적이다. 이 동사들도 모두 유사한 개념들이라는 점에서 목적어와 to 부정사가 연결되는 동일한 속성을 갖고 있기 때문이다.

to 부정사, 목적어 혹은 목적 보어

목적어 뒤에 to 부정사가 연결되는 표면적인 구조는 동일하지만 동사의 유형에 따라 표현의 초점이 다른 경우도 있다. 구체적으로 말하면 expect 부류의 동사들과 persuade 유형의 동사들은 목적어와 to 부정사로 구성되는 정보의 전달 방식은 동일하지만 to 부정사의 역할은 다르다는 것이다.

5-1　Mary *expected* Lawrence **to proofread** her term paper.
5-2　Mary *expected* that Lawrence **would proofread** her term paper.

5-3　Mary *expected* her term paper **to be proofread** by Lawrence.
5-4　Mary *expected* that her term paper **would be proofread** by Lawrence.
　　　메리는 로렌스가 자신의 기말 논문을 교정해줄 것이라고 기대했다.

5-1에서 expected의 뒤에 연결되는 Lawrence는 expected의 직접 목적어이면서 to proofread의 의미상 주어 역할을 한다. 그리고 뒤에 연결되는 to 부

> 5-1 Mary expected Lawrence to proofread her term paper.
> 5-2 Mary expected that Lawrence would proofread her term paper.
> 5-3 Mary expected her term paper to be proofread by Lawrence.
> 5-4 Mary expected that her term paper would be proofread by Lawrence.

정사를 목적 보어로 설명하는 경우가 많은데 이런 견해로는 명확하게 규명되지 않는 부분이 있다.

Lawrence를 목적어로, 부정사절을 목적 보어로 이해하면 expect라는 동사의 개념과 충돌하는 문제가 발생한다. Lawrence만을 목적어로 이해하면 그 사람을 기대한다는 의미가 된다. 하지만 무엇을 기대한다고 할 때, 그 대상은 사람이 아니라, 어떤 상황이 되어야 논리적으로 성립할 수 있다.

그래서 <u>Lawrence가 아니라, Lawrence to proofread her term paper로 뒤에 연결되는 부정사절까지를 expect의 목적어로 이해하는 것이 타당하다. 주어가 기대하는 것은 Lawrence라는 사람이 아니라, 그 사람이 교정을 보는 행동이기 때문이다.</u>

expect가 갖고 있는 이 같은 논리적 특성은 그 정보를 that이라는 접속사를 활용해서 표현하면 명확하게 드러난다. 5-1의 부정사절이 제공하던 내용을 that절로 표현한 5-2에서 expect의 목적어는 Lawrence가 아니라 that절이 된다. that절은 흔히 '사실'을 전달하는 의미를 갖는다는 점에서 expect의 대상이 되는 목적어는 Lawrence가 아니라는 점을 분명하게 알 수 있다.

5-1에서 Lawrence는 부정사의 의미상 주어라는 역할을 수행할 뿐, expect의 행위와는 아무런 상관이 없다. 그래서 5-3처럼 to 부정사의 목적어에 해당하는 her term paper를 먼저 등장시켜서 수동의 관점으로 표현해도 5-1의 능동 표현과 의미상 차이가 없다. 부정사의 의미상 주어로 행위자를 제시하건, 행위의 대상을 제시하건 예상하는 사실 자체는 달라지지 않기 때문이다.

물론 5-3의 부정사절을 5-4처럼 that절의 형식으로 표현해도 that으로 제시하는 사실이 expect의 대상이라는 점은 역시 분명하다.

5-5   Mary *persuaded* Lawrence **to consult** her lawyer.
5-6   *Mary *persuaded* that Lawrence **would consult** her lawyer.
  메리는 로렌스를 설득해서 자기 변호사와 상의하도록 했다.

5-7   Mary *persuaded* her lawyer **to be examined** by Lawrence.

　반면에 persuade 부류의 동사들은 목적어의 다음에 to 부정사가 연결된다는 구조는 expect와 동일하다. 그러나 "설득하다"라는 행위는 '사실'을 대상으로 하는 것이 아니라, '사람'을 대상으로 한다. 이런 점에서 5-5에서 persuade의 목적어는 Lawrence이고, to 부정사는 목적 보어로 이해해야 타당하다.
　persuade가 expect와 표현의 초점이 다르다는 점은 역시 that절을 목적어로 표현할 수 있는지를 확인하면 명확하게 알 수 있다. expect와 달리 persuade는 사람을 대상으로 하는 동작이라는 점에서 사실을 나타내는 that절이 곧바로 목적어로 연결되는 5-6의 문장은 논리적으로, 구조적으로 성립되지 않는 것이다.
　물론 persuade 부류의 동사들에서도 동사의 목적어가 뒤에 연결되는 to 부정사의 의미상 주어 역할을 한다는 점은 expect 부류의 동사와 동일하다. 하지만 persuade라는 동작의 일차적인 대상은 뒤에 있는 목적어이기 때문에 의미상 주어를 어떻게 배치하느냐에 따라 의미가 달라지게 된다.
　expect처럼 persuade도 5-5처럼 Lawrence를 의미상 주어로 한 능동 표

> 5-5 Mary persuaded Lawrence to consult her lawyer.
> 5-7 Mary persuaded her lawyer to be examined by Lawrence.

현으로도, 5-7에서 보듯이 her lawyer를 의미상 주어로 한 수동 표현으로도 모두 활용할 수 있다. 하지만 의미의 차이가 없던 expect와 달리 persuade의 경우에 이 두 문장은 서로 다른 정보를 전달하게 된다. 5-5에서 Mary가 설득하는 대상은 Lawrence가 되지만, 5-7에서는 her lawyer가 설득의 대상이 되기 때문이다.

expect와 persuade가 보여주는 이런 차이는 이 두 가지 유형의 동사가 지향하는 의미가 서로 다르기 때문에 발생하는 것이다. 그리고 이는 곧 목적어의 범위에 대한 이해의 차이에서 비롯된 것이다. 이런 차이는 사역 동사와 지각 동사의 경우에도 발견할 수 있다.

인지 동사와 to 부정사

to가 주로 담아내는 의미는 진술이 일어나는 시점보다 이후에 발생하게 되는 상황을 제시하는 미래성이다. 그런데 <u>to가 생각, 느낌, 인식을 나타내는 소위 인지 동사들과 함께 쓰이는 경우에는 개인적이고, 주관적이고 경험적인 사실을 의미하기도 한다</u>.

5-8 Adele *considered* <u>Tommy's compliment</u> **to be** lip service.
　　아델은 토미의 칭찬을 듣기 좋으라고 하는 말이라고 생각했다.

5-9 Cathy *believed* <u>the man leaning on the wall</u> **to be** Jamaican.
　　캐시는 벽에 기대어 있는 남자가 자메이카 사람이라고 믿었다.

5-10 Mary *found* his assertion **to be** groundless.

　　메리는 그의 주장이 근거가 없다는 것을 알아차렸다.

　　인지 동사들은 전형적으로 목적어의 다음에 to 부정사가 연결되는데, 주의할 점은 이때 to에 이어지는 동사는 동작 동사가 아니라, 상태 동사만 가능하다는 것이다. 인지의 대상이 되는 것은 상태 동사로 제시되는 개념이지, 동작 동사로 표현되는 행위가 아니기 때문이다. 이 구조로 쓰이는 인지 동사들은 대부분 "~을 ~라고 생각하다, 여기다"라는 의미를 갖는다. 이런 범주에 속하는 인지 동사들로는 acknowledge, admit, argue, assert, assume, believe, consider, discover, feel, imagine, know, suppose, understand 등이 있다.

　　consider도 동명사나 명사를 목적어로 해서 "~을 고려하다, 검토하다"라는 의미로 쓰이기도 하지만, 5-8처럼 목적 보어로 to 부정사가 연결되는 경우에는 이런 인지 동사 집단의 일원이 된다.

　　5-9의 believe도 사실을 나타내는 that절을 목적어로 하는 경우에는 "~을 믿다"라는 의미가 되고, that절의 내용은 객관적인 사실이라는 어감을 내포한다. 반면에 to 부정사는 주관적 판단을 의미하기 때문에 believe의 다음에 곧바로 목적어로 연결되는 것은 적절하지 않다. 그래서 to 부정사는 목적어의 다음에 보어로 연결될 수밖에 없고, believe도 "~을 ~라고 생각하다"라는 주관적 판단의 어감을 드러내게 된다.

　　5-10의 find도 역시 같은 관점에서 이해할 수 있다. 명사나 that절을 목적어로 하는 경우에 find는 "~을 발견하다, ~을 찾아내다"라는 행위의 의미로 사용된다. 하지만 목적어의 뒤에 to 부정사와 함께 쓰이는 경우에는 역시 그 구조에 어울리는 의미, 즉 "~을 ~라고 알아차리다"라는 의미를 형성하게 된다.

<u>구조와 의미는 상호 지시적이기 때문에 특정한 구조에 대한 인식을 통해 그에 담겨 있는 구체적인 의미를 끌어낼 수 있다. 반대로 특정한 의미는 약속된 구조를 통해 표현할 때에만 온전하게 자신을 전달할 수 있다.</u> 인지 동사와 to 부정사의 결합이 부정사의 전체 용법에 비하면 그리 큰 비중을 차지하지는 않는다. 하지만 이 표현 방식을 통해 구조와 의미의 연관성을 인식할 계기가 될 수 있다는 점에서 익혀둘 가치가 있다.

명사 뒤에 오는 to!

to 부정사의 연결 관계를 설명할 때 일반적으로 동사의 뒤에서 목적어, 혹은 목적보어로 활용되는 유형을 대상으로 한다. persuade를 통해 확인했듯이 목적어의 뒤에 to 부정사가 연결되는 현상은 특정한 동사가 갖는 미래성의 의미와 to 부정사라는 문법적 형태가 호응하기 때문이다.

하지만 이런 조합은 동시에 그와 같은 긴밀한 관계가 아닌 경우에는 다른 관점으로 이해해야 한다는 방향을 설정하는 것이다. 따라서 동사가 미래성을 갖는 의미가 아니라면, 목적어의 뒤에 연결되는 to 부정사도 동사가 아닌 다른 요소와 관련을 맺고 있는 것으로 파악해야 한다. 이런 경우에는 목적어인 명사를 설명하는 형용사 용도로 활용된 부정사절일 가능성이 높다.

일반적으로 명사를 설명하는 형용사는 명사의 앞에 있는 것이 원칙이다. 하지만 형용사에 해당하는 어구의 정보가 길어지는 경우에는 명사의 뒤에 위치하게 된다. to 부정사도 역시 명사를 설명하는 형용사의 역할을 수행하는 경우에는 명사의 뒤에 두는 것이 원칙이다.

그런데 명사의 뒤에서 형용사 역할을 하는 to 부정사를 단순하게 to 부정사의 형용사 용법이라는 말로 규정하고 넘어가는 경우가 대부분이다. 하지만 <u>명사와 to 부정사라는 이 조합에서도 특정한 관계망이 형성되는 것을 포착할 수 있다.</u> 특정한 명사와 to 부정사가 연결되는 관계를 가능하게 하는 일정한 기준을 이해할 수 있다는 점에서 단순하게 암기하는 것으로 마무리할 대상은 아니다.

6-1 Terence changed his ***decision* to go** to the concert at the eleventh hour.
  마지막 순간에 테렌스는 연주회에 가겠다는 결정을 바꿨다.

6-2 The union criticized the management's ***plan* to solve** the financial crisis by laying the employees off.
  노조는 정리 해고를 통해 재정 위기를 벗어나겠다는 경영진의 계획을 비난했다.

6-3 The government's ***attempts* to alleviate** the discrimination of the sexual minorities were widely welcomed.
  성 소수자들에 대한 차별을 완화시키려는 정부의 시도들은 널리 환영 받았다.

6-4 Men have ***a tendency* to explain** everything to women.
  남자들은 여자들에게 모든 일을 설명하려는 경향이 있다.

<u>품사가 변한다는 것은 수행하는 문법적 역할이 변할 뿐, 본질적 의미가 달라지는 것이 아니다.</u> decide라는 동사가 "앞으로 할 일을 결정하다"라는 의미에서 미래의 상황을 전제로 한 표현이라는 점을 납득할 수 있다면, decision이라는 그 동사의 명사에도 역시 미래성이 담기는 것을 이해하지 못할 이유는 없

6-1 Terence changed his decision to go to the concert at the eleventh hour.
6-2 The union criticized the management's plan to solve the financial crisis by laying the employees off.
6-3 The government's attempts to alleviate the discrimination of the sexual minorities were widely welcomed.
6-4 Men have a tendency to explain everything to women.

다. 미래의 상황을 대상으로 한다는 이런 관점을 공유한다면, decide가 그랬듯이 decision의 뒤에도 to 부정사가 연결되는 것은 지극히 합리적인 현상이 된다.

plan과 attempt는 철자의 변화 없이 명사로도, 동사로도 활용되는 단어들이다. 품사의 변화로 문장에서 수행하는 역할은 변화를 겪지만, 진술을 한 이후의 상황을 대상으로 한다는 의미는 고스란히 유지된다. 그리고 이런 의미 관계를 to solve와 to alleviate라는 형태로 전달되고 있는 것이다.

tend는 "~하는 경향이 있다"라는 의미로 to 부정사와 함께 쓰이는 것이 전형적인 모습이다. 이 동사의 명사형인 tendency도 역시 6-4처럼 다음에 to 부정사를 동반하는 특징을 보인다. 사실 "경향"이란 특정한 현상이나 추세를 대상으로 하는 의미라는 점을 감안하면 단순하게 단어의 의미를 암기하기보다는, 그 구체적인 정보를 제시하는 to 부정사와 한 덩어리로 익히는 것이 훨씬 더 효율적이다.

ability, attempt, decision, desire, determination, effort, endeavor, failure, inability, intention, longing, plan, promise, proposal, tendency, urge 등이 동사로 쓰일 때 가졌던 미래성을 그대로 유지하면서 to 부정사와 어울리는 명사들이다.

6-5 The research team was given ***permission* to excavate** the alleged King's tomb.
> 연구 팀은 왕의 무덤으로 알려진 곳을 발굴해도 좋다는 허가를 받았다.

6-6 Every living thing has ***the right* to seek** happiness.
> 모든 생명체는 행복을 추구할 권리를 갖고 있다.

6-7 We are providing tourists with ***the chance* to get** closer to the Korean culture by staying at a traditional house.
> 우리는 전통 가옥에 묶으면서 한국 문화를 더 가까이 할 수 있는 기회를 관광객들에게 제공하고 있다.

6-5의 permission은 "허락, 허가"라는 의미를 갖는 명사인데, 허락이란 특정한 행동을 전제하지 않고서는 논리적으로 존재할 수 없다는 점에서 구체적인 정보가 부가되어야만 한다. 물론 그 정보를 설명하는 방식이 to 부정사로만 가능한 것은 아니지만, 다음에 어떤 행위에 대한 정보가 제시된다면 to 부정사로 연결하는 것이 적절하다. 이 to 부정사를 permission을 수식하는 to 부정사의 형용사적 용법이라는 정형화된 용어로 접근할 수도 있지만, 그 관점에서는 이 두 단어의 긴밀한 논리적 관계가 설명되지 않는다.

하지만 permission과 excavate라는 상황들이 어우러지는 명확한 선후관계를 바탕으로 접근하면 둘이 결합하는 근거를 납득할 수 있다. 허락을 받은 다음에야 어떤 행동을 할 수 있다는 점에서 excavate는 permission보다 이후에 실현되는 동작이 된다. 이런 점에서 permission은 전형적으로 to 부정사를 동반하는 명사로 이해할 수 있다. 그리고 이러한 이해의 바탕에서 permission to do라고 익혀두는 것이 훨씬 더 효율적으로 습득하고, 실제적으로 활용할

6-5 The research team was given permission to excavate the alleged King's tomb.
6-6 Every living thing has the right to seek happiness.
6-7 We are providing tourists with the chance to get closer to the Korean culture by staying at a traditional house.

수 있는 문법 공부가 된다. 문법 때문에 말을 못하는 것이 아니라, 문법을 제대로 공부하지 않아서 말을 못하는 것은 아닐까?

그리고 "허락"이라는 동일한 흐름을 형성하는 approval, authority, license, permission, permit 등도 같은 맥락에서 뒤에 to 부정사를 연결하는 구조를 공유한다는 점을 끌어낼 수 있다.

6-6의 right도 같은 관점에서 이해할 수 있다. "어떤 행동을 할 수 있는 자격이나 권한"을 '권리'라고 규정한다는 점에서 right도 구체적인 행동을 대상으로 한다는 속성이 드러난다. 따라서 right도 역시 to 부정사와 함께 활용되는 양상을 보이는 전형적인 표현이 된다.

"기회"라는 말도 역시 대상이 되는 행동을 특정하지 않고서는 사용할 수 없는 표현이다. 그리고 어떤 행동에 대한 기회를 얻어야 비로소 그 행동을 실행할 수 있다는 점에서 동작의 발생 순서를 판단할 수 있다. 따라서 chance가 아니라, a chance to do라는 하나의 표현 덩어리가 형성되는 것이다.

6-7의 chance처럼 "방법이나 기회"를 의미하는 명사들이 전형적으로 to 부정사를 동반해서 활용되는 공통된 특성을 보인다. 구체적으로는 chance, method, opportunity, outlook, pressure, prospect, right, time, way, will 등을 이런 유형으로 분류할 수 있다.

형용사 뒤에 오는 to!

to 부정사는 문장에서 명사, 형용사, 혹은 부사의 역할을 수행한다. 형용사를 수식하는 일은 부사만이 할 수 있는 기능이다. 일반적으로 형용사는 부사를 수식할 때 그 앞에 위치하는 것이 원칙이다. 하지만 부정사절은 정보의 단위가 길다는 점에서 형용사의 뒤에서 수식하게 된다.

그런데 to 부정사가 형용사의 뒤에 연결되는 경우는 to 부정사의 부사적 용법으로 규정하는 것에 초점을 맞추고, to가 갖는 의미에 대해서는 별다른 설명을 하지 않는 경우가 많다. 하지만 to 부정사가 문장에서 수행하는 역할이 다양하다고 해서, to가 갖고 있는 미래 상황이라는 기본 개념이 퇴색하는 것은 아니다.

따라서 <u>부사의 용도로 활용되는 to 부정사의 경우에도 미래성이라는 일정한 기준을 적용하고, 역시 그런 맥락에서 특정한 단어와 어울릴 것이라는 가능성을 생각할 수 있다</u>.

6-8 Both of the nations were **anxious to avoid** conflict on the border.
　　두 나라는 모두 국경에서 충돌을 피하고 싶어했다.

6-9 Pastorius was **destined to become** one of the best jazz bass guitarists in his teens.
　　파스토리우스는 10대 시절에 재즈계의 최고 재즈 베이스 기타 연주자가 될 운명이었다.

6-10 Medicare is *likely* **to be** a key issue in this presidential election.
　　　국민 건강 보험이 이번 대통령 선거에서 핵심 이슈가 될 것이다.

6-11 Christine was *willing* **to bury** her hatchet with Tim.
　　　크리스틴은 팀과 화해하고자 했다.

> 6-8 Both of the nations were anxious to avoid conflict on the border.
> 6-9 Pastorius was destined to become one of the best jazz bass guitarists in his teens.

그런데 형용사와 to 부정사라는 이 결합 구조에서도 형용사와 to가 형성하는 밀접한 관계가 역시 존재한다. 그렇다면 그 관계를 가능하게 하는 특정한 의미의 형용사는 동일한 관점으로 이해하려는 시도를 하는 것이 마땅하다. to 부정사가 문장에서 활용되는 품사가 변한다 하더라도, to가 담고 있는 미래성의 의미는 달라지지 않는다. 따라서 형용사와 다음에 연결되는 to의 관계도 진술 이후의 상황이라는 시점의 차이를 담고 있는 것이다.

6-8의 형용사 anxious는 "어떤 일을 하고 싶어하는"이라는 의미를 갖는다. 열망이나 갈망 등의 의미를 나타내는 동사나 명사에서 확인했듯이 이 형용사도 역시 앞으로 벌어지기를 바라는 상황을 상정하는 표현이다. anxious의 의미를 감안하면, 그 뒤에 미래 상황을 나타내는 to가 연결되는 것은 매우 당연한 결과이다.

운명이나 숙명이란 진술하던 당시에는 몰랐다고 하더라도 장차 일어날 수밖에 없는 상황을 의미한다. 행위자의 의도나 바람이 개입되지 않을 뿐, 역시 미래의 상황을 대상으로 한다. 이런 의미에서 destine은 'destine someone to do'라는 구조로 그 미래의 상황을 전달하는 타동사 표현이다. 그리고 이 의미는 형용사인 destined가 될 때에도 여전히 유효하기 때문에 6-9처럼 to 부정사가 연결되는 구조를 갖게 된다.

    6-10의 likely는 "~할 것 같은"이라는 의미를 갖는 형용사로 역시 앞으로 벌어질 상황에 대한 가능성을 의미한다. 그리고 "~하고 싶은"이라는 의미인 6-11의 willing도 역시 의도성이라는 맥락에서 미래의 상황을 나타내기 때문에 to 부정사와 어울릴 수 있는 근거가 마련된다.

    사실 준동사 중에서 형용사의 뒤에 연결될 수 있는 표현은 오직 to 부정사만 가능하다. 이런 점에서 to 부정사의 앞에 등장할 수 있는 형용사의 범위는 상당히 넓다. 하지만 anxious, bound, designed, destined, eligible, likely, prepared, ready, responsible, willing 등과 같이 미래성을 갖는 형용사들은 역시 미래 시점의 상황을 표시하는 to 부정사와 함께 쓰일 수 있는 밀접한 관계를 형성한다.

부정사절을 명사로

부정사의 품사를 구별해야 할까?

    동명사나 분사는 문장에서 수행하는 품사의 기능이 고정된 반면, to 부정사는 다양한 품사로 활용된다는 점에서 좀 더 정교하게 이해할 필요가 있다. 그런 점에서 to 부정사의 품사를 규명하는 일은 부정사의 활용 방식과 문장의 구조를 파악하는 데 도움이 된다. 이런 과정을 통해 의미를 정확하게 이해하는 토대를 마련할 수 있다.
    하지만 to 부정사의 품사를 따지는 일에 매몰되는 것은 바람직하지 않다. to 부정사의 품사를 분별하는 것은 to 부정사를 이해하는 다양한 측면의 일부이지, 전부는 아니기 때문이다. 따라서 to 부정사의 품사 활용과 같은 형식적 측면에 전적으로 매달리는 공부 방식은 총체적인 이해를 가로막는 장애물이 될 수도 있다.
    to 부정사는 매우 유용한 표현 방식이지만, 실제로는 그 표현을 즐겁게 활용하기보다는 어렵게 생각하는 경향이 있다. 이런 안타까운 상황을 야기한 주된 이유 중 하나가 바로 to 부정사의 품사를 구별해야 한다는 압박감일 수도 있다. 품사에 대한 판단과 그 판단에 대한 검증이 부정사 공부의 대부분을 차지하고 있는 상황에서 본질적 이해는 우선 순위에서 밀릴 수밖에 없기도 하다.
    그래서 이런 획일적인 공부가 to 부정사를 올바르게 이해하는 데 오히려 걸림돌이 되는 것은 아닌지 생각해 볼 필요가 있다. 부정사의 품사를 판별하던 어렴풋한 기억이 곧 부정사에 대한 지식으로 남아 있는 현실은 이런 공부가 남긴 왜곡된 모습일 것이다. 부담감을 느끼는 공부에서 의미를 찾아가는 즐거움은 설 자리를 잃고, 깊은 상처를 남길 뿐이다.

부정사절이 문장에서 어떤 품사로 활용되는 지를 구별하는 이런 수고가 사실 절대적으로 중요한 요소는 아니다. 또 부정사절의 품사를 구별하는 능력이 부정사 표현을 이해하는 필수 조건이 되는 것도 아니다. 부정사절이 명사로 쓰이건, 형용사로 활용되건, 혹은 부사로 사용되건 미래 상황을 표현하는 to의 정체성은 흔들리지 않기 때문이다. <u>오히려 준동사의 속성이나 to의 의미를 파악하려고 노력하는 것이 부정사를 품사별로 구별하는 것보다는 훨씬 근본적이고, 효율적으로 이해하는</u> 바탕이 될 것이다.

구조는 의미를 전달하는 그릇이라는 점에서 부정사절의 품사나 구문 분석과 같은 구조적 측면만 강조하는 것으로 이해를 담보할 수는 없다. 준동사의 특성을 함유하고 있는 부정사가 다양한 구조 속에서 어떻게 자신의 의미를 담아내고 있는 지를 파악하는 과정에서 부정사의 품사는 비로소 의미를 가질 수 있을 것이다.

부정사가 명사로 쓰일 때

<u>to 부정사가 명사적 용법으로 쓰인다는 것은 말 그대로 to 부정사절이 문장에서 명사의 역할인 주어나 목적어, 혹은 보어의 자리에서 활용된다는 뜻이다.</u> 부정사절이라는 명칭을 통해서 확인했듯이 to 부정사의 영역은 to와 동사의 원형만이 아니라, 동사의 원형 뒤에 연결되는 어구들까지로 이해해야 한다. 동사의 유형에 따라 연결되는 다양한 어구들을 고려하면 부정사절의 범위와

구조를 명확하게 파악할 수 있다.

7-1 **To do minor repairs *is* one of the janitor's jobs.**
   간단한 수리를 하는 것도 건물 관리인의 일 가운데 하나다.

7-2 ***For Fred* to behave like my mentor *is* often annoying.**
   프레드는 나의 멘토처럼 행동해서 종종 짜증이 난다.

7-3 **It *is* on my bucket list to run a three-hour marathon.**
   3시간 안에 마라톤을 완주하는 일이 나의 버킷 리스트에 들어 있다.

7-4 **It *is* essential *for the papers* to be ready before Thursday.**
   목요일 전까지는 반드시 서류가 준비되어야 한다.

<u>부정사절의 품사를 올바르게 이해하기 위해서는 동사의 문법적 특성에 대한 이해가 선행되어야 한다</u>. do는 타동사로 목적어를 필요로 하는 특성을 갖기 때문에 7-1에서 to 부정사절의 영역은 to do가 아니라, do의 목적어인 minor repairs까지가 된다.

to do minor repairs라는 부정사절이 is의 주어 역할을 하는 것이다. 부정사도 동작을 의미하기 때문에 의미상 주어를 표시해야 한다. 하지만 반복되거나, 일반적인 사람이 행위자인 경우에는 흔히 생략하게 된다. 이 문장에서는 뒤에 있는 janitor라는 정보를 통해 추론할 수 있으므로 생략되었다.

물론 부정사절의 의미상 주어가 특정한 의미를 갖는 경우에는 적절한 형태로 표시해서 정보를 명백하게 전달해야 한다. 많은 경우에는 7-2처럼 전치사 for로 그 역할을 표시한다. 이 문장에서도 is의 주어가 되는 부정사절의 범위는 자동사 behave와 그 동사를 수식하는 like my mentor까지를 포함한다.

여러 개의 어구로 구성되는 부정사절의 특성상 to 부정사가 주어의 자리에 오는 경우에는 주어에 해당하는 어구가 길어지는 경우가 종종 생긴다. 그렇게 되면 문장의 앞부분에 긴 정보가 제시되는 것을 피하려는 영어의 규칙과 충돌하는 상황이 발생한다. 그래서 to 부정사절이 문장의 주어 자리에 오는 경우에는 7-3처럼 it을 주어의 자리에 두고, to 부정사는 문장의 뒤에 배치함으로써 자연스러운 정보의 흐름을 지향한다. 만일 for로 표시된 의미상 주어가 있는 경우에는 7-4처럼 부정사절과 함께 문장의 뒤로 이동하게 된다. 의미상 주어는 준동사의 앞에 위치하는 것이 원칙이기 때문이다.

7-5 The toughest thing for a writer *is* always **to compose an opening sentence**.

작가에게 가장 어려운 일은 항상 첫 문장을 쓰는 것이다.

7-6 The cobbler's secretive desire *appeared* for his grandson **to take over the family business**.

그 구두 수선공이 남몰래 간직한 소망은 자기 손자가 가업을 물려받는 일 같았다.

명사가 문장에서 수행하는 또 한 가지 역할은 주격 보어로 기능하는 것이다. 동사의 뒤에서 주어에 대한 추가 정보를 제시하는 장치를 주격 보어라고 한다. 주격 보어로 주로 쓰이는 품사는 명사와 형용사인데, 명사는 주어를 규정하고, 형용사는 주어의 상태를 설명하는 역할을 한다.

7-5에서 부정사절은 is의 뒤에 있는데, is를 비롯한 be 동사는 자체적으로 의미를 갖지 않고, 주어에 대한 정보를 연결하는 기능으로 주로 활용된다. 그래서 is의 뒤에 제시되는 정보를 주격 보어라고 한다. 이 문장에서 부정사절은

> 7-5 The toughest thing for a writer is always to compose an opening sentence.
> 7-6 The cobbler's secretive desire appeared for his grandson to take over the family business.

작가에게 가장 힘든 일이 무엇인지를 규정하는 역할을 함으로써 주격 보어의 기능을 수행하고 있다.

be 동사 외에도 보어를 필요로 하는 동사로는 appear, come, happen, prove, seem 등이 있다. appear는 "~인 것 같다"라는 의미로 주어에 대해 표면적으로 인지되는 정보를 연결하게 된다. 이런 특성에 대한 이해를 바탕으로 7-6에서 appeared의 뒤에 연결되는 부정사절을 주어인 desire의 내용을 설명하는 것으로 읽어낼 수 있다.

물론 부정사절이 보어로 활용되는 경우에도 의미상 주어에 대한 규칙은 동일하게 적용된다. 7-6에서 for his grandson이라는 정보가 부정사절에 제시된 행위를 하는 주체라는 점을 보여주는 장치가 된다. 동사의 주어와 부정사절의 의미상 주어가 다르기 때문에 표시한 것이다. 만일 for his grandson이 없었다면 가업을 물려받는 행위자는 cobbler로 이해하라는 의도로 받아들여야 한다. 이런 의미상 차이가 발생하기 때문에 의미상 주어를 명확하게 밝혀야 할 필요가 있는 것이다.

7-7 The smuggler *refused* to name names.
그 밀수꾼은 공범의 이름을 밝히기를 거부했다.

7-8 The detective *pretended* to know the identity of the guy in custody.
그 탐정은 구금 중에 있는 사람의 신원을 알고 있는 척했다.

7-9 A sudden change in the political situation *made* it inevitable *for the company* to do an about-face on its overseas investment.
정치적 상황이 급작스럽게 변해서 그 회사가 해외 투자에 대한 입장을 번복하는 일은 불가피했다.

refuse라는 동사는 "~을 거절하다"라는 의미를 갖는다. 이 동사의 의미가 논리적으로 충족되기 위해서는 뒤에 거절의 대상이 되는 정보, 즉 목적어가 제시되어야 한다. 어떤 단어나 어구의 품사는 문장에서 수행하는 역할로 결정되고, 그 역할은 구조라는 관계 속에서 판단되는 것이다. 그래서 타동사의 뒤에 연결되는 정보는 모두 목적어의 역할을 하는 명사로 이해할 수 있다.

이런 관점에서 7-7에서 refused라는 타동사의 뒤에 연결되는 부정사절을 목적어로 이해할 수 있다. 그리고 to name이 아니라, to name names라는 어구 전체가 refused의 목적어로 활용되고 있다. 특히 미래성을 갖는 동사들의 뒤에서 부정사절이 동사의 목적어로 활용되는 경우가 많다.

"가장하다, ~인체하다"라는 의미인 pretend는 가장하는 행동의 대상이 되는 정보를 연결해야 동사의 의미를 충족할 수 있다. 7-8에서는 pretended의 뒤에 부정사절이 연결되고 있고, 이 부정사절 전체가 pretended의 목적어로 쓰이고 있는 것이다.

7-9에서 made의 뒤에 있는 it은 실제로 동사의 목적어가 아니다. found의 목적어는 to do an about-face on its overseas project이지만, 정보의 길이가 길기 때문에 문장의 뒤쪽으로 배치된 것이다. 부정사절이 주어로 등장할 때 뒤로 보내는 경우와 동일한 원리가 작동하는 것이다. 그래서 이 it은 앞에 있는 어떤 대상을 지칭하는 표현이 아니라, 뒤에 있는 부정사절이 목적어라는 점을 분명하게 밝히는 기능을 수행하고 있다. 이렇게 부정사절을 대신해서 목적어의 자리에 오는 it을 가목적어라고 부른다. 이렇게 목적어인 부정사절을 뒤로 옮기는 경우에 의미상 주어도 함께 이동시켜야 두 표현의 관계가 명확해진다.

7-10 I had no choice ***but*** to eat crow.

    나는 굴욕을 견디는 것 외에는 선택의 여지가 없었다.

7-11 There was no way out of trouble ***except*** *for him* to tell the truth.

    그가 사실대로 말하는 것 말고는 곤경을 벗어날 탈출구가 전혀 없었다.

7-12 The boy ***was about*** to spit the candy onto the floor.

    그 꼬마는 사탕을 바닥에 뱉으려는 참이었다.

    전치사는 명사에 결합해서 형용사나 부사로 용도를 변경하는 역할을 한다. 따라서 전치사의 다음에는 반드시 명사가 제시되어야 하는데, 이 명사를 전치사의 목적어라고 한다. <u>문장에서 명사의 역할을 하지만, to 부정사는 전치사의 목적어로 쓰이지 않는 것이 원칙이다.</u> 부정사에 결합하는 to라는 기호가 전치사에서 비롯되었다는 점에서 전치사의 중복을 피하려는 의도가 작용한 것으로 보인다.

    그런데 특정한 표현과 함께 활용되는 경우에 한해서 부정사절이 전치사의 목적어로 허용되기도 한다. but, except, save처럼 "~을 제외하고"라는 의미를 갖는 전치사의 뒤에는 7-10처럼 부정사가 연결되는 것이 가능해진다. 그리고 alternative, choice, option처럼 선택의 의미를 나타내는 명사들이 앞에 연결되는 경우가 많다. 이런 구조에서도 의미상 주어를 밝혀야 할 필요가 있다면 7-11에서 보듯이 for를 결합해서 그 성격을 표시해야 한다.

    그리고 about의 뒤에 부정사가 연결되는 경우도 그리 어렵지 않게 발견할 수 있다. 이 표현은 be와 결합해서 흔히 be about to do라는 형태로 가까운 미래 시점의 상황을 나타내는 의미로 사용된다.

의문사와 to 부정사의 결합

부정사의 앞에 의문사가 결합하는 유형의 표현은 일반적으로 부정사의 명사적 용법으로 분류된다. 하지만 이 표현이 생성되는 과정이나 그런 변화의 바탕에 깔린 원리에 대해서는 별다른 언급이 없다. 부정사의 명사적 용법으로 규정하고, 그에 해당하는 예문을 보여주는 단선적인 방식에 머물기 때문에 독자의 입장에서는 그 흐름을 따라가는 일 밖에는 달리 할 수 있는 일이 많지 않다.

의문사와 부정사가 결합되는 이 표현에 대해 질문을 던져야 하는 이유는 두 가지로 정리할 수 있다. 첫째는 이 표현이 어째서 명사의 용도로 사용되느냐는 것이고, 둘째로 일반적인 to 부정사와 달리 전치사의 목적어로 사용될 수 있는 이유는 무엇이냐는 것이다.

이 질문들에 대한 대답은 준동사의 보편적 속성, 즉 종속절의 압축이라는 특징을 바탕으로 해서 찾아 보는 것이 효과적이다. 준동사절이라는 압축된 구조가 활용되는 방식을 온전하게 파악하는 일은 준동사절의 기반이 되는 종속절에 대한 이해가 동반될 때 효과를 얻을 수 있기 때문이다.

8-1 Chloe didn't <u>know</u> how she could handle the customer's complaint.

8-2 Chloe didn't <u>know</u> how to handle the customer's complaint.
   클로이는 그 고객의 불만을 어떻게 처리해야 좋을지 몰랐다.

접속사로 연결되는 절이 문장에서 하나의 품사로 역할을 하는 경우를 종속절이라고 한다. 종속절의 종류로는 명사절, 형용사절, 그리고 부사절이 있

> 8-1 Chloe didn't know how she could handle the customer's complaint.
> 8-2 Chloe didn't know how to handle the customer's complaint.

고, 그중 명사절을 이끄는 접속사로는 that과 의문사가 대표적이다.

기본적인 의문사로는 의문 대명사인 who, what과 의문 부사인 how, when, where, why 그리고 의문 형용사인 what, which가 있다. 의문사가 접속사의 역할을 하는 경우를 간접 의문문이라고 하는데, 의문 부호가 없고, 주어와 동사가 도치되지 않는다는 구조적인 특징을 갖는다.

의문사절은 문장에서 명사의 역할을 하는데, 8-1에서 how절은 knew라는 타동사의 뒤에서 목적어의 역할을 하고 있다. 의문사절에서도 정보의 가치가 낮은 어구들을 생략함으로써 경제적으로 표현하려는 시도는 유효하다. 그리고 종속절이 압축되는 규칙은 종속절의 종류와 상관없이 일관되게 적용된다. 따라서 반복되는 정보인 she는 정보의 가치가 낮고, 조동사 could는 준동사와는 어울리지 않는다는 이유로 각각 생략된다. 그리고 미래성을 갖는 문맥이라는 점에서 동사의 원형에 to를 결합시켜서 그 의미를 담아낸다.

동사가 to 부정사로 성격이 변했기 때문에 동사를 연결하던 접속사는 기능을 상실한다. 그래서 접속사인 how를 생략하는 것이 원칙에 맞는다. 그런데 how를 생략하면 know의 다음에 to 부정사가 곧바로 연결되는 구조가 되는데, 두 가지 측면에서 문제가 발생한다.

첫 번째 이유로는 know의 목적어로 부정사절을 연결하는 것은 표현의 기본 개념상 적절하지 않다는 것이다. believe나 know는 주로 객관적인 사실을 대상으로 하는 의미라는 점에서 역시 객관적인 사실을 나타내는 that 절이 연결되는 구조는 적절한 문맥을 형성한다. 하지만 to 부정사는 주로 주관적인 사실을 나타내기 때문에 believe나 know와 같은 같은 객관적인 어감을 갖는 동사와 곧바로 어울리기에는 적절하지 않다.

how를 생략할 수 없는 두 번째 이유는 논리적 차원에서 의미가 온전하게 전달되지 않는다는 것이다. 접속사 that은 특정한 의미를 담아내지 않기 때문에 생략해도 의미 전달에는 아무런 문제가 없다. 하지만 의문사는 각자가 고유한 의미를 갖기 때문에 생략하면 행위자, 시간, 장소, 이유 등과 같은 특정한 맥락은 실종되고 만다.

준동사는 동사가 아니라는 점에서 접속사가 존재하는 것은 문장의 구성 원칙에 어긋나는 것은 분명하다. 하지만 언어의 일차적이고, 기본적인 존재 이유는 의사 소통이다. 그리고 올바른 의사 소통이란 서로 의미를 온전하게 전달할 때 가능할 수 있다. 따라서 문장의 구조를 결정하는 규칙과 의미 전달이라는 원칙이 상충하는 경우에는 의미를 전달하는 방식에 중점을 두어야 한다는 점은 명백하다.

준동사절에서 접속사가 유지되는 현상이 의문사와 부정사의 경우에만 국한되는 것은 아니다. 분사절에서도 이와 유사하게 접속사가 남아 있는 경우가 있기 때문이다. 정보를 정확하게 전달하는 것이 우선이라는 원칙이 표면적으로는 서로 다른 영역에 속한 이 경우들을 관통하고 있는 것이다.

8-3 We reached an agreement *as to* when we would throw a farewell party for the retiring branch manager.

8-4 We reached an agreement *as to* when to throw a farewell party for the retiring branch manager.

우리는 퇴직하는 지점장님의 환송 파티를 언제 할 것인지 의견의 일치를 보았다.

> 8-3 We reached an agreement as to when we would throw a farewell party for the retiring branch manager.
> 8-4 We reached an agreement as to when to throw a farewell party for the retiring branch manager.

that과 의문사는 전치사의 뒤에서 서로 다른 쓰임새를 보인다. 전치사와 that은 나열될 수 없는 것이 원칙이기에 be afraid of나 be sure of처럼 전치사 뒤에 that절이 연결되는 경우에는 that이 생략되는 현상이 발생한다. 하지만 의문사는 전치사의 뒤에서도 생략되지 않는다는 차이가 있다.

의문사와 that은 둘 다 명사절을 이끄는 접속사로 활용되지만 쓰임새가 서로 다른 이유는 무엇일까? 그 차이는 의문사가 갖고 있는 특정한 의미를 고스란히 전달하려는 노력으로 이해할 수 있다. 8-3에서 만일 when이라는 의문사를 생략하면 문장의 의미를 정확하게 전달하기 힘들어진다. 이 문장의 경우에는 when이 아니라, where나 how로 연결해도 의미가 성립되기 때문이다.

의문사절을 8-4와 같은 부정사절로 압축한 경우에도 의문사는 자신의 고유한 의미를 전달하기 위해서 생략되지 않는다. 8-3의 의문사절이 전치사의 목적어로 쓰이는 것과 마찬가지로 8-4의 의문사와 부정사절도 역시 전치사의 뒤에서 목적어 역할을 하는 것은 당연한 일이다.

8-5 **Whom to depend on in the situation** *was* a trivial thing to Thomas.
> 그 상황에서 누구에게 의지할 것인지가 토마스에게는 사소한 일이었다.

8-6 **Her only concern** *was* **when to talk turkey to her husband.**
> 그녀의 유일한 관심은 남편에게 언제 솔직하게 털어놓느냐는 것이었다.

의문사와 부정사가 연결되는 구조는 명사의 역할을 하던 의문사절을 압축시킨 것이라는 점에서 역시 명사로 활용된다. 8-5에서 on의 목적어 역할을 하기 때문에 의문사는 whom이라는 목적격의 형태로 표현되고 있다. who 혹은 whom은 의문사절에서 수행하는 역할이 주어인지, 혹은 목적어인지를 표시할 뿐, 의문사절 전체는 명사의 역할을 한다. 그래서 의문 대명사인 whom이 to depend라는 부정사절을 이끌면서 was의 주어 역할을 한다.

8-5와 달리 8-6에서는 의문 부사인 when이 의문사절을 이끌고 있다. 의문사의 품사가 명사인지, 혹은 부사인지는 의문사절 자체의 구조에 따라 결정되는 것일 뿐, 의문사절이 명사 역할을 수행한다는 사실에는 역시 아무런 영향을 미치지 않는다. 이 문장에서는 의문 부사 when이 to talk turkey to her husband라는 부정사절과 연결해서 was의 보어로 쓰이고 있다. when을 통해 행위를 하는 시점이라는 의미를 명확하게 나타낼 뿐, 보어를 필요로 하는 was의 뒤에 오는 정보를 이해하는 구조적 관점은 의문 부사의 종류와 상관없이 동일한 것이다.

8-7　I was not able to *decide* **whether to stay two more days or not.**
　　　나는 이틀을 더 머물지 말지를 결정할 수 없었다.

8-8　The clown *taught* the boys **how to make various types of animals with balloons.**
　　　광대는 아이들에게 풍선으로 여러 가지 동물의 모양을 만드는 방법을 가르쳐주었다.

who를 비롯한 의문 대명사나 when과 같은 의문 부사들은 사실 여부에 대한 정보가 확보된 상태에서 6하원칙에 해당하는 2차 정보를 물어보는 표현들이다. 이와 달리 whether는 or와 호응해서 선택을 요구하는 의문문을 연결

> 8-7 I was not able to decide whether to stay two more days or not.
> 8-8 The clown taught the boys how to make various types of animals with balloons.

한다. 이렇게 선택 의문사가 이끄는 경우에도 의문사절은 명사의 역할을 수행한다는 사실은 변함이 없다. 8-7에서 whether는 to stay two more days or not이라는 부정사절을 연결해서 decide라는 타동사의 목적어로 쓰이고 있다.

8-8에서도 how는 to make various types of animals with balloons라는 부정사절을 인도해서 taught의 직접 목적어 역할을 하고 있다. 한 개의 목적어가 필요한 8-7의 decide에도, 두 개의 목적어가 연결될 수 있는 8-8의 taught에도 의문사와 부정사절은 여전히 명사의 역할을 하고 있는 것이다.

8-9 **Matt seemed to have a clue *to* which route to take to escape from the labyrinth.**
　　매트는 미로에서 탈출하기 위해 어떤 경로를 택해야 하는 지 단서를 갖고 있는 것 같았다.

8-9에서 which는 뒤에 있는 route를 수식하는 의문 형용사로 쓰이고 있다. 의문사인 which가 의문사절에서 수행하는 문법적 역할이 명사를 수식하는 형용사이기 때문이다. 의문사 which가 형용사 역할을 하는 것과 의문사절 전체가 문장에서 명사의 역할을 하는 것은 서로 구별해서 이해해야 한다. 그래서 이 문장에서 which는 route를 수식하는 의문 형용사로, which가 이끄는 의문사절은 전치사 to의 목적어로 각각 쓰이고 있는 것이다.

가주어는 왜 필요한가?

원칙적으로 to 부정사는 to와 동사의 원형으로 이루어진다. 그런데 동사의 쓰임새에 따라 다음에 보어, 목적어, 혹은 전치사 등 다양한 어구가 연결되기도 한다. 그래서 부정사절이 문장의 주어 역할을 하면 문장의 앞 부분이 길어질 수밖에 없다. 영어를 포함한 힌두 유럽어에서는 이렇게 긴 정보가 문장의 앞에 오는 구조를 달가워하지 않는 보편적 특성을 보인다. 그래서 주어로 쓰인 부정사절은 흔히 문장의 뒤쪽으로 배치하는 것이 더 바람직한 표현이 된다.

9-1 **To ignore the warning signals from your body** could be a fatal mistake.

9-2 **It** could be a fatal mistake **to ignore the warning signals from your body.**

여러분의 몸이 보내는 경고 신호를 무시하는 것은 치명적인 실수가 될 수 있습니다.

9-1에서 부정사를 to ignore만으로 이해하지 않도록 주의해야 한다. ignore는 "무시하다"라는 의미인데, 그런 행위를 하기 위해서는 그 대상을 전제해야 하기 때문이다. 9-1에서는 바로 the warning signals가 그 대상에 대한 정보를 제공하는 것이고, 그 대상의 출처를 from your body라는 전치사어구로 설명하고 있다. 따라서 9-1에서 부정사절의 영역은 to ignore the warning signals from your body로 파악해야 한다.

9-1처럼 주어에 해당하는 어구가 길어지는 경우에는 문장의 뒤쪽으로 배치하는 것이 자연스럽다. 하지만 부정사절을 무작정 문장의 뒤로 옮기는 것은

적절하지 않다. 주어가 없이 동사가 먼저 제시되는 구조는 성립될 수 없기 때문이다.

　그리고 부정사절은 문장에서 명사나 형용사 혹은 부사로 활용되는데, 이렇게 다양한 품사로 쓰이면 부정사절의 위치에 따라 쓰임새가 달라질 수 있다는 말이 된다. 그렇다면 표현의 의도를 잘못 전달할 위험을 안고 있는 것이기에 부정사절의 용도를 명확하게 밝히는 장치가 필요하게 된다.

　구조적 결함을 피하면서 동시에 뒤로 도치된 부정사절의 성격을 분명하게 하기 위해, 부정사절이 있던 주어 자리에 표식을 남긴다. 물론 이 표식은 부정사절이 갖는 문법적인 성격과 어울릴 수 있는 것이 되어야 한다.

　부정사절이 명사 용도로 활용되는 경우에는 대상이나 개념이 아니라, 행위의 의미를 나타낸다는 점에서 셀 수 없는 명사로 간주된다. 그리고 그런 행위에 대해 남성 혹은 여성이라는 성의 구별을 할 수 없다는 점에서 중성으로 분류한다. 이런 속성을 반영해서 부정사를 지칭하는 대명사는 it이 되는 것이다.

　이와 같은 문법적인 필요와 규칙 속에서 9-2처럼 <u>주어 역할을 하는 부정사절을 문장의 뒤로 배치하고, 주어 자리에는 it으로 그 역할을 표시하게 된다</u>. 원래 자리에서 벗어나 있는 부정사절의 용도를 표시하는 이 it을 가주어라는 이름으로 부르기도 한다.

9-3　**It is every citizen's right to plead the Fifth.**

　　자신에게 불리한 진술을 거부하는 것은 시민 누구나의 권리다.

9-4　**It is compulsory** *for every contestant* **to pay the registration fee by August 20.**

　　경연대회의 모든 참가자는 8월 20일까지 접수비를 납부해야 합니다.

9-3의 문장에서 is의 주어는 형식적으로는 it이지만, 의미상으로는 뒤에 있는 to plead the Fifth라는 부정사절이다. 주어인 부정사절을 문장 뒤로 배치하고, 그 자리에 it을 표시함으로써 부정사절이 주어라는 점을 분명하게 밝히는 것이다. 만일 부정사절의 의미상 주어가 있는 경우라면 부정사절과 함께 문장의 뒤로 배치해야 한다. 주어와 동사의 긴밀한 관계를 고려해서, 9-4처럼 의미상 주어는 부정사절의 앞에 두도록 한다.

사실 가주어를 사용하면 동일한 정보를 전달하는데 문장이 그만큼 길어진다는 뜻이 된다. '경제성의 원칙'이 문법을 구성하는 기본적인 동력이라고 한다면, 가주어 표현은 그 흐름에 역행하는 일이 되고 마는 것이다. 그럼에도 불구하고 굳이 가주어로 표시하는 것은 의미의 전달을 정확하게 하는 것이 우선이기 때문이다. 문장의 길이가 길어지는 것을 감수하고서라도 사용하는 표현들은 거의 예외 없이 문장의 의미를 손실 없이 전달하기 위해 고민한 결과로 공감해야 마땅하다.

가주어 없애기

동사의 앞에 반드시 존재해야 하는 주어의 역할을 충족시키고, 또한 문장 뒤로 보낸 부정사의 역할을 명확하게 표시하려는 의도로 가주어라는 추가 장치를 활용한다는 점은 충분히 납득할 수 있다. 비록 특정한 의미는 없고, 문법 기능만 있는 표현이지만 의미 전달이라는 기본 목적에 충실한 장치라고 할 수 있다.

그런데 기능성이 강조된 가주어의 이런 정체성이 다른 방식의 표현을 고민하는 출발점이 된다. 즉 가주어라는 장치는 사실 다음에 있는 to 부정사의 용도를 표시하는 장치일 뿐, 자신이 어떤 구체적인 의미를 갖는 것은 아니다. 이 대목에서 정보의 가치가 낮은 표현을 굳이 사용할 필요가 있느냐는 질문이 제기될 틈새가 생기게 된다.

비유적인 표현이 아니라면, 즉 정보의 전달에 초점이 맞춰진 경우라면 가능한 짧은 문장으로 표현하는 것이 일반적이다. 이런 관점에서 보면 정보의 가치는 없고, to 부정사의 성격에 대한 표지에 불과한 가주어라는 장치는 불필요한 요소가 된다.

언어 전반에 걸쳐 작동하는 '경제성의 원칙'은 가주어 표현의 효용성에도 영향력을 발휘한다. 그래서 <u>형식상의 장치일 뿐, 의미가 없는 it을 특정한 의미가 있는 명사로 대체하려는 시도가 나타난다. 이는 불필요한 정보를 생략함으로써 문장을 좀 더 간결하게 쓰려는 원칙이 투영된 것으로 이해할 수 있다.</u>

9-5 *It* was *wise* of Brian to accept the offer.

9-6 **Brian** was *wise* to accept the offer.
   브라이언이 그 제안을 받아들인 것은 현명한 행동이었다.

이런 노력은 주로 두 가지 방식으로 전개되는데, <u>첫 번째는 의미상 주어에 해당하는 정보로 가주어 it을 대체하는 유형이다.</u> 그런데 이렇게 부정사절의 의미상 주어가 문장의 주어로 역할이 달라지는 경우는 의미상 주어를 나타내는 전치사가 of인 경우로 제한된다. 보통은 이런 현상을 "of로 연결되는 의미상 주어는 it의 자리로 갈 수 있다"는 공식을 소개하는 것으로 끝나고 말지만, 그렇게 특별한 상황으로 받아들일 필요는 없다.

9-5에서 it은 가주어로 뒤에 있는 to accept the offer가 문장의 주어였다는 흔적을 명확하게 밝히고 있다. 그리고 제안을 수용하는 행위자에 대한 정보는 of Brian이라는 전치사구로 제시한다. for가 아니라, of를 사용한 이유는 앞서 확인했듯이 wise라는 형용사가 사람의 성격에 대한 판단이라는 맥락을 나타내기 때문이다.

wise가 사람의 성격을 나타내는 의미라는 점에서 주어가 되는 명사도 당연히 사람 명사가 되어야 논리적 관계가 성립할 수 있다. 결국 9-6에서 보듯 부정사절의 의미상 주어였던 어구가 문장의 주어로 이동하게 된다. 물론 주어로 기능하는 것은 명사만 가능하기 때문에 전치사 of는 제거되어야 한다. 그 결과 9-6처럼 더 간결해진 문장이 등장한다.

9-7 *It* was ***considerate*** **of Arthur** not to inform me of the bad news.

9-8 **Arthur** was ***considerate*** not to inform me of the bad news.

아더는 사려 깊어서 내게 나쁜 소식을 알려주지 않았다.

9-9 *It* would be ***stupid*** **of the management** to turn down the innovative proposal.

9-10 **The management** would be ***stupid*** to turn down the innovative proposal.

경영진이 그 혁신적인 제안을 거부한다면 멍청한 짓일 것이다.

결국 가주어 it을 의미상 주어로 대체하는 과정에는 의미상 주어를 표시하는 전치사로 of를 선택할 때 적용했던 기준이 그대로 연결된 것이다. 9-7의

9-7 It was considerate of Arthur not to inform me of the bad news.
9-8 Arthur was considerate not to inform me of the bad news.
9-9 It would be stupid of the management to turn down the innovative proposal.
9-10 The management would be stupid to turn down the innovative proposal.

경우에도 considerate이라는 형용사가 Arthur의 성격을 담아내기 때문에 of로 의미상 주어를 표시했다. 이런 관점에서 가주어 it을 생략한 9-8에서는 주격 보어인 considerate과 의미가 연결될 수 있는 사람 명사인 Arthur가 주어의 자리로 상승했다.

9-9에서도 the management는 뒤에 있는 부정사절의 의미상 주어 역할을 한다. 그리고 그 행위에 대해 설명하는 주격 보어가 stupid라는 사람의 성격과 관련된 표현이라는 점에서 of를 활용하고 있다. 이 문장에서 정보의 가치가 없는 it을 생략하면, 주어 자리에는 주격 보어인 stupid로 설명할 수 있는 명사로 대체되어야 한다. 이런 논리 관계가 성립할 수 있는 대상이 문장에는 the management라는 사람 명사 밖에 없다.

의미가 없는 가주어를 구체적 정보로 대체하는 두 번째 방식도 이런 관점의 연장선상에서 접근할 수 있다. of로 표시된 의미상 주어로 가주어를 대체하는 상황이란 결국 for로 표시되는 의미상 주어로는 이런 방식이 불가능하다는 말로 이해할 수 있기 때문이다.

그래서 <u>for로 의미상 주어를 나타내는 문장에서는 의미상 주어가 it을 대체할 수 없다. 이때는 부정사절에 제시되는 동사나 전치사의 목적어가 가주어 it이 생략된 공백을 메우게 된다</u>.

9-11 It was *an impossible thing* <u>for Eric</u> to complete **the project**.
9-12 **The project** was *an impossible thing* <u>for Eric</u> to complete.
　　　에릭이 그 프로젝트를 완수하는 것은 불가능한 일이었다.

9-11에서도 문장의 주어인 it은 뒤에 있는 to complete the project라는 부정사절이 주어라는 점을 명백하게 표시하는 가주어로 쓰였다. 그리고 an impossible thing이라는 명사는 사람의 성격을 나타내는 의미가 아니라는 점에서 of가 아니라, for로 의미상 주어를 표시한것이다.

주격 보어인 an impossible thing이 규정하는 대상은 Eric이라는 행위자가 아니라, 그가 하는 행위에 대한 설명이다. 그렇다면 의미가 없는 it 대신 주어가 될 수 있는 명사도 사람 명사가 아니어야 한다. 그래서 9-12에서 보듯이 Eric이 아니라, the project라는 사물 명사가 주어가 됨으로써 논리적으로 연결되고 있다.

9-13 It is sometimes *difficult* to talk to **Anderson**.

9-14 **Anderson** is sometimes *difficult* to talk to.

가끔은 앤더슨에게 말을 걸기가 힘들다.

부정사절의 명사로 가주어의 공백을 대체할 수 있는 자격이 타동사의 목적어에만 부여되는 것은 아니다. 부정사절의 동사가 항상 타동사만 가능한 것은 아니기 때문이다. 전치사의 목적어라는 용어를 통해 짐작할 수 있듯이, 전치사의 다음에 반드시 명사가 연결되어야 한다. 그래서 경우에 따라서는 전치사의 목적어를 it의 대체제로 활용하는 것도 가능하다. 그래서 9-13에서 전치사 to의 목적어인 Anderson이 9-14에서는 가주어 it을 대신해서 문장의 주어로 활용되고 있는 것이다.

가주어인 it 대신 구체적인 명사를 주어로 활용하는 관점과 부정사의 의미상 주어를 나타내는 전치사를 선택하는 기준은 서로 다른 것이 아니라, 동일한 원칙이 적용된 것으로 이해할 수 있다. 하나의 현상을 발생시키는 원리는 독립적으로 존재하는 것이 아니라, 굽이쳐가는 강물처럼 서로 유기적으로 연결되는 것이기 때문이다.

Tough 구문이란?

부정사절에 제시된 목적어로 가주어를 대체하는 표현 방식은 주로 특정한 의미를 갖는 표현들이 등장하는 경우에 주로 사용된다. 바로 amusing, difficult, easy, hard, impossible, pleasant, simple, tough, unpleasant 등과 같은 형용사가 주격 보어로 연결된 경우에 가주어 it이 대체되는 현상이 발생하는 것이다. 이런 부류의 형용사들 가운데 tough가 가장 대표적인 개념이라는 점에서 'Tough 구문'이라고 부르기도 한다. 또는 목적어가 주어의 자리로 옮겨진다는 점에서 '상승 구문'이라는 이름을 붙이기도 한다.

9-15　It is **tough** to understand **Monica's ambiguous expressions**.
9-16　**Monica's ambiguous expressions** are **tough** to understand.
　　　모니카의 애매한 표현들을 이해하기는 힘들다.

9-15에서 보어로 제시된 tough라는 형용사는 "힘들다"라는 뜻이다. 역시 가주어 it은 주어였던 부정사절이 문장 뒤로 옮겨졌다는 것을 나타낸다. 의미상 주어가 생략되어 있다는 것은 그 행위자가 특정한 대상을 지칭하지 않는다는 것이다. 즉 그의 표현을 이해하기 힘든 것은 특정한 사람에게만 해당되

는 것이 아니라, 일반적으로 사람들 납득할 수 있는 상황이라는 점을 나타내고 있다. 이 경우에도 9-16처럼 it을 생략하고 부정사절의 목적어에 해당하는 Monica's ambiguous expressions를 주어의 자리로 이동시키는 표현 방식도 가능하다.

9-17 It could not be *easy* <u>for inexperienced salespeople</u> to attain **such a high goal**.

9-18 **Such a high goal** could not be *easy* <u>for inexperienced salespeople</u> to attain.

경험이 부족한 영업 사원이 그렇게 높은 목표를 달성하기는 쉽지 않을 수 있다.

<u>부정사절의 의미상 주어가 존재한다고 하더라도 가주어 it을 대체하는 과정에는 영향을 미치지 않는다</u>. 부정사절의 의미상 주어를 구체적으로 밝히는 관점과 it을 대체하려는 의도는 서로 다른 차원의 문제이기 때문이다.

물론 Tough 구문에서 활용되는 형용사들이 사람의 성격을 나타내는 의미가 아니라는 점에서 의미상 주어가 it을 대신해서 주어 자리에 올라갈 수는 없다. 9-17에서 easy는 일반적으로 사람에게 적용되는 의미가 아니라는 점에서 inexperienced salespeople과 적절한 논리 관계를 형성하지 못한다. 따라서 9-18처럼 가주어 it을 생략하는 경우에는 9-17에서 부정사절의 목적어였던 such a high goal이 문장의 주어로 상승해야 문장이 성립하게 된다.

가목적어에 대한 몇 가지 오해

consider, find, make와 같은 동사의 뒤에 부정사절이 목적어로 제시되고, 목적 보어가 연결되는 경우에는 흔히 부정사절을 문장의 뒤로 옮기고 부정사절이 있던 자리에 it을 쓴다. 뒤에 있는 부정사절이 목적어임을 표시하는 역할이라는 점에서 이 it을 가목적어라고 부른다.

가목적어를 관통하는 원리는 새로운 것이 아니다. 우선 부정사절과 같은 긴 정보를 문장의 뒤로 배치한다. 그리고 도치된 부정사절의 품사를 혼동하지 않도록 부정사절이 있던 자리에 it이라는 표식을 남긴다. <u>가주어에 적용된 이런 논리가 목적어를 대상으로 고스란히 적용되는 것이기 때문이다.</u>

9-19 I found *it* ***impossible*** to beat the deadline.
   나는 마감시간을 맞추기는 불가능하다는 것을 알았다.

9-20 The noise from the newly installed heating system made *it* ***difficult*** to focus on work.
   새로 설치한 난방 시스템에서 나는 소음으로 업무에 집중하기 어려웠다.

9-19에서 found의 목적어는 to beat the deadline이고, impossible은 그 목적어에 대한 설명이다. 이렇게 부정사절이 목적어로 나오게 되면 긴 어구를 문장의 뒤에 배치하라는 규칙이 작동하게 된다. <u>목적어의 위치에 있는 it은 부정사절이 impossible을 수식하는 부사가 아니라, found의 목적어라는 점을 분명하게 밝혀 주는 안전 장치가 된다.</u>

9-20에서도 made의 실제 목적어는 문장의 뒤에 있는 to focus on work

지만 목적 보어인 difficult에 비해 긴 정보를 제시하기 때문에 문장의 뒤로 옮겨진다. it은 타동사 made의 목적어 자리에서 도치된 부정사절의 정체성을 표시하는 문법 기호가 된다.

결국 가주어와 가목적어는 긴 정보를 뒤에 배치한다는 어순 규칙과 의미의 혼선을 피하려는 의도가 복합적으로 작용한 결과로 이해해야 한다. 동사의 목적어로 제시된 부정사절을 뒤로 도치시키는 번거로움을 감수해야 하는 것은 부정사절과 목적 보어의 경계를 명확히 함으로써 의미의 혼선을 피하려는 의도도 깔려 있다.

9-21 Dionne makes it *a habit* to jog in the park at 5 p.m.

디온은 오후 5시에 공원에서 조깅하는 것이 습관이다.

9-21에서도 made의 뒤에 있는 it은 가목적어로 뒤에 있는 to jog in the park at 5 p.m.의 역할을 표시하고 있다. 그리고 이 목적어에 대한 보어로 a habit이라는 명사가 연결되고 있다. 간혹 make it a rule to do나 make it a habit to do라는 관용 표현으로 암기하는 경우가 있는데 불필요할 뿐 아니라, 하지 말아야 하는 공부 방식이다.

가목적어를 활용하는 구문에서 목적 보어로는 difficult, easy, impossible, possible, useful과 같은 형용사들이 자주 등장한다고 소개하기도 한다. 하지만 이런 설명에 얽매일 필요는 없다. 목적 보어의 의미는 가목적어의 사용을 결정하는 기준이 아니기 때문이다.

목적 보어로 연결되는 형용사의 의미에 집착하다 보니 9-21처럼 명사가 제시되는 경우는 그만큼 낯설어 보일 수밖에 없는 이상한 상황이 발생하기도 한다. 하지만 형용사가 아니라 a rule이나 a habit과 같은 명사가 목적 보어로 등장하는 것 역시 가목적어를 활용하는 이유와 아무런 연관성이 없다.

본래 가목적어라는 장치는 목적어인 부정사절을 문장의 뒤로 보내고, 그것을 표시하기 위해 사용하는 것이다. 즉 <u>가목적어는 오직 부정사절과 it의 관계에서 존재한다. 따라서 목적 보어가 어떤 의미인지, 혹은 목적 보어가 어떤 품사인지는 가목적어의 용법과 전혀 상관이 없는 요소인 것이다.</u>

9-22 Our multi dimensional evaluation system made *possible* the objective evaluation of employee's performance.

우리의 다면 평가 제도로 직원들의 업무를 객관적으로 평가할 수 있게 되었다.

가목적어를 활용하는 표현으로 가장 빈번하게 등장하는 것이 소위 make it possible이다. 그런데 9-22에서는 made의 뒤에 가목적어 it이 나오지 않는다. 혼동하기 쉬운 유형이라고 소개하는 경우도 있는데, 이 또한 전혀 그렇지 않다.

가목적어를 활용하는 이유는 의미를 혼동할 위험을 피하기 위한 것이고, 그런 가능성은 다양한 품사로 활용될 수 있는 부정사의 속성에서 비롯된다. 그런데 9-22에서는 부정사절이 아니라, the objective evaluation of employee's performance라는 명사구가 목적어 역할을 한다. 뒤에 등장할 부정사절에 대한 약속이 가목적어라면 부정사절이 없는 구조에서 가목적어가 존재할 이유가 없는 것이 당연하다. 가목적어를 사용하는 전제 조건이 되는 부정사절이 없는 상황에서는 둘 사이의 밀접한 관계란 애당초 성립하지 않기 때문이다.

명사는 문장에서 주어나 목적어라는 제한적인 용도로 활용되기 때문에 목적어가 도치된다고 해도 의미상 혼선을 겪을 가능성은 없다. 그렇다면 의미의 혼선을 방지하기 위한 가목적어라는 장치를 활용해야 할 필요성도 당연히 사라지게 된다.
　혼란을 초래한 것은 가목적어의 용법이 아니라, 문법의 의미와 용법을 이해하지 않은 채 make it possible을 무작정 암기하도록 하고, 사고를 고정시키도록 만든 왜곡된 환경이 아닐까?

부정사절을 형용사로

be 동사와 to 부정사가 만날 때

부정사절이 명사의 용도로 쓰인다는 것은 문장에서 주어, 목적어, 혹은 보어의 역할을 수행한다는 뜻이다. 같은 맥락에서 부정사절이 형용사 용법으로 쓰인다는 말은 형용사라는 품사의 일반적 규칙의 범위 안으로 편입된다는 의미로 이해할 수 있다.

다소 거칠게 말하면 형용사라는 품사가 존재하는 이유는 명사를 설명하는 것이다. 형용사가 명사를 설명하는 방식은 두 가지로 나눌 수 있다. 먼저 동사의 뒤에서 앞에 있는 명사의 의미를 설명하면서 보어로 쓰이는 경우를 서술적 용법이라고 한다. 그리고 뒤에 있는 명사를 수식해서 명사의 의미를 제한하는 용도로 쓰이는 경우를 한정적 용법이라고 한다. 부정사절에게 형용사의 이름을 부여한다는 것은 부정사절이 형용사의 이런 속성을 담아낸다는 말이다.

일반적으로 부정사절이 서술적 용법일 때는 be 동사의 뒤에 연결되는 방식으로 사용된다. 흔히 be to 부정사라고 부르기도 하는 이 구조는 보통 5-6가지 유형의 문맥을 형성한다. 하지만 이 표현에 스며 있는 원리나 개념보다는 주어진 문장이 어느 유형에 해당하는 지를 판단하는 일에 초점을 맞추는 경향이 있다.

10-1 Mr. Hirohisa *was* **to depart for Osaka tomorrow morning.**

히로히사씨는 내일 아침에 오사카로 떠날 예정이었다.

10-2 The last lecture of the symposium *is* **to start at five**.
  심포지엄의 마지막 강연은 5시에 시작할 예정입니다.

　be to 부정사의 여러 유형을 관통하는 기본 개념은 미래 시점에 발생하는 사실을 표현하는 것이다. 그리고 이런 개념은 미래성을 나타내는 to의 의미를 통해 전해지게 된다. 따라서 be to 부정사를 이해할 때는 기본적으로 미래를 나타내는 표현이라는 점을 바탕에 깔고 접근해야 한다.

　be to 부정사의 여러 의미 중에서 '예정'을 가장 먼저 소개하는 일반적인 경향을 따르기로 한다. '예정'이란 문장을 서술하는 시점 이후에 발생하기로 서로 정해놓은 일을 의미한다. 이런 용법도 역시 to가 갖는 의미를 통해 전달되는 것이다. to를 기준으로 왼쪽의 be 동사에서 드러나는 시점 이후에 오른쪽에 있는 부정사절에서 제시되는 내용이 발생할 것이라는 시간의 연속성을 느낄 수 있기 때문이다.

　구조적인 면에서는 be 동사의 뒤에 연결된다는 점에서, 또 문장에서 수행하는 역할로 보면 주격 보어로 활용된다는 점에서 be to 부정사는 명사로 쓰인 부정사절과 혼동하기 쉽다. 하지만 혼동이란 대상들이 공유하는 유사성에서 비롯되는 현상이기 때문에 변별적인 요소에 초점을 맞춰야만 경계를 올바르게 설정할 수 있다.

　명사는 사물이나 개념의 이름을 나타내는 것을 목적으로 한다. 따라서 주격 보어로 쓰인 명사는 주어를 다른 이름으로 규정하는 역할을 하게 된다. 그런 점에서 주어와 보어로 제시된 두 개의 명사 사이에는 논리적 등가 관계가 성립한다. be 동사의 뒤에서 주격 보어의 역할을 하는 to 부정사가 명사로 쓰인 경우라면 역시 이런 논리 관계를 형성한다.

하지만 10-1처럼 주어가 사람 명사인 구조라면 be 동사의 뒤에 오는 부정사절이 명사 용도로 활용되는 것은 원천적으로 불가능하다. 주어는 사람을 나타내는 반면, 보어인 준동사는 행위를 나타내고, 이는 곧 무생물 개념이기 때문에 동일한 논리적 흐름에 놓일 수 없기 때문이다. 따라서 be 동사의 다음에 오는 to 부정사가 명사적 용법으로 쓰이기 위해서 주어는 일단 전적으로 사물 명사가 되어야 한다는 전제가 성립한다.

10-1처럼 사람 명사가 주어인 경우에 be 동사 뒤의 to 부정사는 형용사로 쓰인 것이고, 주어가 앞으로 행할 동작에 대한 정보를 서술하는 것으로 이해해야 한다. 이 문장에서 was로 보아 문장의 대상이 되는 시점은 과거이고, 오사카로 출발하는 시점은 그보다 이후라는 문맥을 끌어낼 수 있다.

10-2에서 주어로 제시된 lecture는 무생물 개념의 명사다. 하지만 부정사절의 정보로 제시된 "5시에 시작하다"라는 행위는 "강연"이라는 주어의 의미와 논리적으로 대등한 관계가 성립할 수 없다. 따라서 이 to 부정사도 역시 예정을 나타내는 문맥으로 이해하는 것이 타당하다.

10-3 You *are* to follow the dress code as follows.
다음과 같은 복장 규정을 지켜주시기 바랍니다.

10-4 The new dress code *is* to come into effect next week.
새로운 복장 규정이 다음 주부터 시행될 예정입니다.

10-5 Every resident *is* to evacuate the building before the first of October.
모든 입주자들은 10월 1일 이전에 건물에서 퇴거해야 합니다.

예정의 의미와 더불어 be to 부정사는 '의무'라는 문맥을 형성하는 경우가 많다. 의무라는 개념도 역시 앞으로 지켜야 할 행동을 의미한다는 점에서 to가 갖고 있는 미래 시점으로 담아내기 적절한 측면이 있다. 다만 '예정'이나 '의무' 의 의미로 활용될 때, be to 부정사가 어떤 특정한 단어와 어울리는 것은 아니기 때문에 정확한 의미는 문맥을 통해서 확인해야 한다.

10-3에서 복장 규정과 you의 관계를 행위의 예정으로 이해하기는 어렵다. 오히려 문맥상 you에게 복장 규정이란 준수해야 하는 대상이기 때문에 의무 관계로 이해하는 것이 자연스럽다. 반면 10-4의 경우에 새로운 복장 규정이라는 주어의 의미와 시행된다는 서술어의 의미가 맺고 있는 관계는 의무라기보다는 예정의 맥락으로 이해하는 것이 타당할 것이다. 따라서 be to 부정사를 대하는 경우에는 미래 시점이라는 기본 개념만 설정하고, 문맥이라는 현실을 고려하는 유연한 태도를 가져야 한다.

10-5의 경우에는 지켜야 하는 행위를 제시한다는 문맥이므로 의무로 이해하는 것이 자연스럽다. 하지만 앞뒤에 제시되는 정보에 따라서는 예정의 의미로 받아들일 수도 있을 것이다. 따라서 하나의 문장을 놓고 어느 용법에 해당한다고 단정적으로 분류하는 훈련 방법은 사고를 고착화시킬 위험을 안고 있다는 점에서 경계해야 한다.

10-6 You should take an immediate action if you *are* to change your society.

사회를 바꾸려면 지금 당장 행동으로 옮겨야 한다.

10-7 If you *are* to succeed as an actor, you should not be afraid of getting the bird.

배우로 성공하고 싶다면 야유 받는 것을 두려워하지 마라.

> 10-6　You should take an immediate action if you are to change your society.
> 10-7　If you are to succeed as an actor, you should not be afraid of getting the bird.

be to 부정사가 조건문에 쓰이는 경우도 있는데, 이때는 비교적 명확하게 의미를 파악할 수 있다. <u>조건이란 어떤 결과를 만들어내기 위해 사전에 충족되어야 하는 상황이라는 점에서, 어떤 행동을 하는 의도를 의미하는 것으로 이해할 수 있다.</u> 어떤 행동의 의도란 당연히 앞으로 발생할 상황을 대상으로 한다. 이런 관계를 통해 10-6에서 부정사절에 제시된 사회를 변화시키려는 행위는 are라는 현재 시점보다 이후의 사실임을 알 수 있다.

10-8　**Not a sound *was* to be heard** from the pavement.
　　　거리에서는 아무런 소리도 들리지 않았다.

10-9　**The loss of health *is* not to be compensated** for success.
　　　건강을 잃는 것은 성공으로 보상받을 수 없다.

앞선 세 가지 유형보다는 활용 빈도가 떨어지지만 <u>be to 부정사가 가능성의 문맥으로 쓰이는 경우도 있다.</u> 주로 부정문에서 활용되는 경우가 많은데, 미래라는 시점이 제시하는 상황은 기본적으로 단정적이라기보다 불확실성에 기반을 둔다. 미래를 나타내는 be to 부정사가 가능성의 의미를 담아내는 것은 불확실한 추측이라는 미래의 개념에서 연결고리를 찾을 수 있는 것이다.

10-10　**The deported novelist *was* never to return to his country.**
　　　　추방당한 소설가는 다시는 고국으로 돌아가지 못할 운명이었다.

10-11　**Every thing in the universe *is* to die in the long run.**
　　　　우주의 만물은 결국 소멸하기 마련이다.

미래에 어떤 일이 발생할 가능성이란 경우에 따라서 좀 더 단정적이고, 확실한 상황을 가리키는 경우도 생각할 수 있다. 그래서 to가 갖는 미래의 가능성이라는 의미를 확실성 쪽으로 조금 더 옮긴다면, 흔히 '운명'이라고 분류하는 문맥을 끌어낼 수 있다. 10-10에서는 deported라는 단어의 의미상 자발적인 의도나 예정의 의미로 문맥을 이해하기는 적절하지 않다. 운명이란 어느 개체의 노력이나 의도하는 범위를 벗어나는 상황을 의미하기 때문이다.

이 밖에도 be to 부정사의 의미를 좀 더 세분하기도 하지만, 그렇게 큰 의미를 부여할 필요는 없다. to 부정사가 be 동사의 뒤에 연결되면서 이런 의미를 갖게 되는 이유를 근원적으로 이해하고, 문맥을 통해 논리적으로 판단하면 충분히 의미를 파악할 수 있기 때문이다.

주어진 문장을 몇 가지로 규정한 틀에 맞춰서 분류하는 것은 그리 건강한 모습이라고 하기 어렵다. 정답이라는 결과보다는 정답을 찾는 과정을 중심에 두는 방향으로 프레임을 전환시켜야 한다. 아무리 생각해도 우리는 달이 아니라, 손가락을 보고 있다는 생각을 떨칠 수가 없다.

부정사가 명사의 뒤에 올 때

수식어는 수식을 받는 대상의 앞에 오는 것이 일반적인 어순이다. 일반적으로 형용사가 명사를 수식할 때는 명사의 앞에 위치하면서 그 명사의 의미를 구체적인 것으로 좁혀준다. 하지만 어순을 결정할 때 '길면 뒤로'라는 규칙이 이 수식어의 어순보다 우선 적용된다. 그래서 전치사나 관계절처럼 형용사 역할을 하지만 정보의 길이가 긴 어구들은 명사의 뒤에서 수식하는 것이 원칙이다. 부정사절도 두 개 이상의 단어로 구성된다는 점에서 명사의 뒤에서 수식한다.

준동사절은 종속절을 압축한 표현이라는 점을 감안하면, 형용사로 쓰이는 부정사절은 형용사절을 통해 연관성을 찾아볼 수 있다. <u>형용사로 활용되는 종속절은 관계 대명사, 관계 부사, 관계 형용사로 구성되는 관계절 밖에 없다.</u>

11-1 **The first train to leave** was for Madrid.
11-2 **The first train which left** was for Madrid.
처음 출발하는 기차는 마드리드행이었다.

11-3 Boris is **the last man to stab you in the back.**
11-4 Boris is **the last man who will stab you in the back.**
보리스는 너를 절대 배신하지 않을 사람이다.

부정사절 구조로 압축되면 특정한 정보를 담고 있지 않은 관계 대명사는 생략된다. 그러면서 관계 대명사가 보여주던 문법적인 역할도 드러나지 않는다. 그래서 명사를 수식하는 부정사절은 명사의 뒤에 부정사절이 연결되는 고정된 구조를 갖는다. 그렇지만 부정사절의 수식을 받는 명사의 역할까지 동일한 것은 아니다.

11-1에서 to leave는 앞에 있는 the first train을 수식하는 형용사로 쓰이고 있다. 이 명사가 부정사절에서 수행하는 역할은 부정사절의 구조를 통해 파악할 수 있다. 부정사절의 leave는 자동사라는 점에서 the first train이 수행할 수 있는 역할은 leave의 주어 밖에 없다. 이런 점은 관계절로 표현된 11-2의 문장을 보면 확연하게 드러난다.

11-3도 역시 the last man을 to stab you in the back이라는 부정사절이 뒤에서 수식하고 있다. 그런데 구조상 stab의 뒤에는 목적어인 you가 있다는 점에서 the last man은 stab의 행위자 역할로 이해해야 한다. <u>부정사절로 압축되는 과정에서 주격 관계 대명사가 생략된 구조이므로, 부정사절의 수식을 받는 명사를 의미상 주어로 인지해야 하는 유형이다.</u>

명사는 문장에서 주어나 목적어의 역할을 수행한다. 접속사와 명사가 결합한 관계 대명사도 명사의 속성을 일정 부분 갖고 있다는 점에서 역시 주어나 목적어로 쓰인다. 따라서 부정사절로 줄어들 때 생략되는 관계 대명사는 목적격인 경우도 가능하다.

11-5 Sophia gave Antonio *a voucher for free music download* to use for three days.

11-6 Sophia gave Antonio *a voucher for free music download* which he could use for three days.

소피아는 안토니오에게 3일 동안 사용할 수 있는 무료 음악 다운로드 쿠폰을 주었다.

11-7 He has *three books* to return to the library.

11-8 He has *three books* which he should return to the library.

그는 도서관에 반납해야 하는 책이 세 권 있다.

명사 뒤에 부정사절이 연결된다는 점에서 11-5의 표면적인 구조는 11-1, 11-3과 동일하다. 따라서 부정사절의 수식을 받는 a voucher for free music download도 일단 주격 관계 대명사가 생략된 구조로 이해할 수 있다. 그런

부정사 149

11-5	Sophia gave Antonio a voucher for free music download to use for three days.
11-6	Sophia gave Antonio a voucher for free music download which he could use for three days.
11-7	He has three books to return to the library.
11-8	He has three books which he should return to the library.

데 a voucher라는 무생물 명사가 use의 행위자가 되는 관계는 논리적으로 성립될 수 없다. 무엇을 사용하는 행위는 의지가 개입되어야만 하기 때문에 무생물에게 적용할 수는 없는 행위이기 때문이다. use가 타동사이고, 뒤에 목적어가 없다는 구조를 고려하면 a voucher for free music download는 use의 목적어로 이해하는 것이 타당하다.

    부정사절의 수식을 받는 명사의 역할은 관계 대명사를 활용한 11-6에서 구체적으로 드러난다. he라는 주어가 있으므로, which는 use의 목적어로 쓰이고 있다는 점이 명확해진다. 관계절이 압축되는 과정에서 관계 대명사뿐만 아니라, 주어인 he와 보조동사 would까지 생략되면서 which가 수행하던 목적어라는 역할까지도 묻혀버린 것이다.

    11-7에서도 three books는 has의 목적어이면서 뒤에 있는 부정사절의 수식을 받고 있다. return은 자동사로도 활용되므로 three books가 return의 행위자일 가능성도 배제할 수는 없다. 하지만 책이라는 무생물이 외적 환경의 변화도 없이 도서관으로 돌아가는 행위자가 될 수는 없다. 따라서 three books는 return의 목적어로 이해하는 것이 자연스럽다.

    관계절이 부정사절로 압축되는 과정에서 관계 대명사, 주어인 대명사, 보조 동사는 모두 생략의 대상이 된다. 그렇게 함으로써 경제적으로 표현할 수는 있지만, <u>간결함의 흐름 속에서 구체적인 맥락이 실종될 수 있다는 점을 항상 경계하고, 확인할 필요가 있다.</u>

11-9   Dustin had *few relatives* to help him out.

11-10   Dustin had *few relatives* to help out.

　명사를 부정사절이 수식하는 경우에 그 명사의 역할을 어떻게 이해하는가에 따라 의미가 달라지는 경우도 있다. 11-9에서는 help의 뒤에 목적어인 him이 있기 때문에 few relatives는 help의 주어로 이해할 수밖에 없다. 그래서 이 문장은 "더스틴은 자기를 경제적으로 도와줄 친척이 거의 없었다"라는 의미가 된다.

　반면에 명사의 뒤에 부정사절이 연결되는 구조는 동일하지만 11-10에서는 help의 목적어가 없다. 따라서 이 문장에서 few relatives는 help의 목적어로 이해하는 것이 적절하다. 물론 help의 의미상 주어는 문장의 주어인 Dustin이 생략된 것이다. 그래서 이 문장은 "더스틴은 자기가 경제적으로 도와줘야 할 친척이 거의 없었다"라는 의미가 된다.

11-11   *The time* <u>for</u> *the press conference to begin* was 10 a.m.

11-12   *The time* when the press conference would begin was 10 a.m.
　　　　기자 회견이 시작되는 시간은 오전 10시였다.

　관계 대명사만 부정사절의 압축 대상이 되는 것은 아니다. <u>관계 부사도 선행사인 명사와 개념의 지속성을 나타낼 뿐 독립적인 의미를 표현하는 것은 아니라는 점에서 역시 정보의 가치는 없다고 할 수 있다.</u> 게다가 관계 부사는 문장에서 필수적인 역할을 수행하는 것도 아니기에 흔히 생략되는 현상이 일어난다.

| 11-11 | The time for the press conference to begin was 10 a.m. |
| 11-12 | The time when the press conference would begin was 10 a.m. |

관계 부사절도 선행사인 명사를 설명하는 형용사의 역할을 수행하므로 압축된 부정사절도 형용사의 역할을 한다. 11-11에서 for를 통해 the press conference가 to begin의 의미상 주어라는 점을 명확하게 알 수 있다. 그리고 the time이 begin의 목적어가 되는 것도 논리적으로 적절하지 않다. 결국 the time은 부정사절의 주어도, 목적어도 될 수 없다는 점에서 관계 부사절이 줄어든 것으로 이해할 수 있다. 물론 to를 통해 회의가 시작하는 시점은 이 진술이 이루어진 이후라는 점도 파악할 수 있다.

관계 부사라는 접속사를 사용한 11-12를 통하면 부정사절로 압축되는 과정을 명확하게 파악할 수 있다. when은 the time과 시간이라는 개념의 연속성을 가질 뿐 특정한 의미는 없으므로 제거된다. 관계 부사절의 주어인 the press conference는 문장의 주어인 the time과 다르다는 점에서 생략할 수 없기 때문에 for를 사용해서 그 관계를 전달한다. 그리고 보조 동사는 준동사 구조에서 생략되고, would가 담고 있던 미래의 의미는 to를 활용해서 표현한 결과가 11-11이라는 부정사절인 것이다.

11-13 Our restaurant would be ***the best place*** to enjoy exotic cuisines.
  저희 식당은 이국적인 음식을 즐기기에 가장 좋은 장소일 것입니다.

11-14 Lionel Messi has ***a good reason*** to take pride in his career as a soccer player.
  리오넬 메시는 축구 선수로서 자신의 경력에 자부심을 가질 만한 충분한 이유가 있다.

11-15 Olsen's response was not ***the way*** to deal with the customer's questions.
  올센이 보인 반응은 고객의 질문을 다루는 방식이 아니었다.

11-13에서도 the best place를 to 부정사가 뒤에서 수식하고 있다. 의미상 주어가 드러나지 않지만, the best place라는 무생물이 무엇인가를 즐기는 행위자가 될 수는 없다는 점은 분명하다. 또 enjoy의 목적어도 존재하기 때문에 the best place를 목적어로 이해할 수도 없다. 따라서 이 부정사절은 관계대명사가 아니라, 관계 부사 where가 생략된 구조로 파악해야 한다.

11-14에서 부정사절의 수식을 받는 a good reason은 자부심을 갖는 행위자가 될 수 없다는 점에서 부정사절의 의미상 주어가 될 수 없다. 그래서 why라는 관계 부사가 이끄는 종속절이 압축된 것으로 이해하는 것이 타당하다. 11-15에서도 deal with라는 동작의 행위자는 생물이 되어야 한다는 점에서 the way라는 무생물 명사를 부정사절의 주어로 볼 수 없다. 이런 점에서 이 부정사절도 역시 관계 부사절이 압축된 결과로 보아야 한다.

참고로 관계 부사의 뒤에 to 부정사가 곧바로 연결되는 형태, 즉 where to enjoy exotic cuisines나 how to deal with the customer's questions로 표현할 수는 없다는 점을 주의해야 한다. 이렇게 되면 to 부정사가 관계 부사를 수식하는 구조가 되는데, 이 to 부정사는 형용사의 역할을 수행한다는 점에서 적절한 수식 관계가 성립하지 않기 때문이다. 눈에 익은 where to do나 how to do와 같은 표현은 where나 how가 의문사로 역할을 할 때 가능한 것이므로 혼동하지 말아야 한다.

부정사절에 전치사가 남아 있다!

전치사는 다음에 명사를 연결해야 하는 것이 원칙이다. 그런데 명사를 수식하는 부정사절에서는 간혹 목적어가 없이 전치사만 남아 있는 경우들이 있다.

11-16 Would you please bring the boy a chair to sit on?
11-17 Would you please bring the boy a chair on which he can sit?
앉을 수 있도록 아이에게 의자를 가져다 주시겠어요?

11-16에서 부정사절의 마지막에 있는 on은 전치사가 맞지만, 다음에 목적어인 명사가 없다는 점에서 올바른 표현으로 보이지는 않는다. 표면적인 모습으로는 적절해 보이지 않지만 이런 문장이 등장하게 된 과정을 보면 이런 결과를 충분히 납득할 수 있다.

관계절로 표현된 11-17에서 관계 대명사 which는 전치사 on의 목적어로 쓰이고 있다. sit은 자동사이기 때문에 which는 동사의 목적어가 될 수 없다. 타동사의 목적어로 쓰이건, 전치사의 목적어로 쓰이건 목적격 관계 대명사는 흔히 생략된다. 하지만 전치사의 목적어인 경우에는 전치사가 반드시 관계절의 맨 뒤에 위치할 때만 관계 대명사를 생략할 수 있다. 만일 11-17처럼 전치사가 관계 대명사의 앞에 있는 경우에 관계 대명사를 생략시키면 전치사의 뒤에 주어와 동사가 등장하는 납득하기 어려운 구조가 되고 만다.

그래서 전치사 on은 문장 끝으로 가고, which가 생략된다. 그리고 주절의 주어인 you와 동일한 대상은 아니지만, the boy를 통해 추론할 수 있다는 점에서 he, 그리고 보조동사인 can은 생략의 대상이 된다. 이런 정보의 가치를 통한 선별 작업이 마무리된 결과가 11-16처럼 전치사만 남아 있는 구조인 것이다.

11-18 Simmons was *the only person* for Dennis to count on in that serious situation.

11-19 Simmons was *the only person* on whom Dennis could count in that serious situation.

그 심각한 상황에서 시몬스는 데니스가 의지할 수 있는 유일한 사람이었다.

이런 경우에도 역시 11-18처럼 부정사절의 의미상 주어를 구체적으로 밝혀주는 경우도 가능하다. 또 이 문장처럼 부정사절의 마지막에 전치사구가 연결되는 경우에는 on과 in이라는 전치사가 중복된 것으로 오해할 수도 있으므로, on은 count와 연결해서 의미를 형성한다는 점을 정확하게 인지하고 있어야 한다.

11-20 My neighbor built his son *a tree house* in which he could play.

11-21 My neighbor built his son *a tree house* which he could play in.

11-22 My neighbor built his son *a tree house* he could play in.

11-23 My neighbor built his son *a tree house* in which to play.

11-24 My neighbor built his son *a tree house* to play in.

그 소년의 아버지는 아이가 놀 수 있도록 나무 위의 집을 만들어주었다.

전치사의 목적어로 관계 대명사가 활용되는 경우에 그 전치사는 11-20처럼 which의 앞에 올 수도 있고, 11-21처럼 관계절의 맨 뒤로 이동할 수도 있다. 하지만 관계 대명사를 생략하는 경우에 전치사는 반드시 11-22처럼 관계절의 뒤에 두어야 한다. 그리고 관계 대명사와 주어, 보조 동사처럼 정보의 가

> 11-23 My neighbor built his son a tree house in which to play.

치가 낮은 어구들을 생략해서 11-24처럼 간결하게 표현한다.

그런데 그 과정에서 11-23처럼 to 부정사의 앞에 관계 대명사가 남아 있는 문장이 쓰이는 경우도 있다. 부정사는 동사가 아니기 때문에 접속사인 관계 대명사는 당연히 생략되어야 하는데, 남아 있는 구조가 되는 것이다. 이 경우는 준동사의 앞에 접속사가 남아 있다기보다는 which의 성격이 전치사의 목적어라는 것을 보여주기 위한 장치로 이해하는 것이 합당하다. a tree house which to play in이라고 전치사만 뒤에 두는 것은 허용되지 않기 때문이다.

부정사절과 수동태

명사를 수식하는 형용사 용법의 부정사절에서 혼동하기 쉬운 또 한 가지 유형은 부정사의 태에 관한 것이다. 타동사의 다음에는 목적어에 해당하는 명사가 제시되어야 한다. 그리고 이 목적어를 문장의 주어로 활용함으로써 대상의 관점에서 서술하는 방식을 수동태라고 한다. 따라서 동사의 오른쪽에 명사가 없는 구조라면 대부분은 수동태라고 단정해도 좋다.

11-25 I want *something* to read.

11-26 I want *something* that I can read.
　읽을 것이 있으면 좋겠다.

11-25에서 타동사로 쓰인 read의 뒤에 목적어에 해당하는 명사가 없고, 문

맥상 앞에 있는 something이 read의 대상이라는 점을 감안하면 to be read라는 수동 구조가 되어야 한다고 생각할 수 있다. 그런데 이 경우도 역시 문장이 압축되는 과정에서 문장을 구성하고 있던 각 요소들의 역할을 나타내던 장치들이 생략되면서 그 관계가 흐릿해진 탓에 오해하기 쉬운 것이다.

역시 11-26처럼 관계절의 구조에서 이해하면 이런 의문은 명확하게 해결할 수 있다. 즉 something이 read의 목적어가 되는 것은 분명하지만 이 명사를 가리키는 관계 대명사 that은 주어가 아니라, 목적어의 역할을 하고 있다. <u>즉 목적어를 주어로 활용한 구조가 아니므로, 표현의 초점이 이동하는 수동태가 아닌 것이다.</u>

11-27 Mario has *a sales report* to submit by Friday.
  마리오는 금요일까지 판매 보고서를 제출해야 한다.

11-28 In the course of life there are *many crises* to overcome.
  삶의 여정에서는 극복해야 하는 위기가 많이 있다.

submit은 "제출하다"라는 의미이기 때문에 동작의 대상이 필요하다. 그런데 11-27에서 submit의 다음에는 목적어인 명사가 없다. 그리고 앞에 있는 a sales report는 문맥상 제출하는 대상으로 이해할 수 있다. 따라서 to submit을 to be submitted라는 수동으로 표현해야 한다고 생각할 수 있다.

수동태란 목적어를 주어로 활용하는 시선의 전환인데, 이 문장을 관계 대명사로 표현하면 'Mario has a sales report which he should submit by Friday.'가 된다. 즉 관계 대명사 which는 submit의 목적어 역할을 하고 있으며, 주어로 활용된 것이 아니므로 능동태로 이해해야 하는 것이다.

부정사 **157**

부정사절을 부사로

부정사절의 논리, 목적

부사는 동사, 형용사, 부사를 수식하는 역할을 수행한다. 부정사절이 부사의 용도로 쓰인다는 것은 부사의 속성을 그대로 담아내고 있다는 말이다. 준동사 표현이 종속절을 압축한 구조라는 보편 규칙을 적용하면 부사로 활용되는 부정사절은 부사절의 맥락을 통해 이해할 수 있을 것이다.

명사절과 형용사절은 문장 속에서 주어나 목적어, 혹은 보어라는 특정한 역할을 수행한다. 이와 같은 구조적인 기능을 수행하기에 명사절이나 형용사절을 이끄는 접속사들은 논리적 비중이 크지 않다. 반면 부사절은 대체로 주절의 밖에 위치한다는 점에서 구조적인 측면보다는 논리적 연결 관계가 중요하다. 그래서 부사절을 이끄는 접속사들은 '시간, 목적, 결과, 이유, 조건, 양보' 등 다양한 의미 관계를 형성한다.

부정사절의 부사적 용법에 대해서 '목적, 결과, 이유, 조건' 등의 제목으로 구분하는 경우가 일반적이지만, 이것은 부사절의 논리 관계가 그대로 전달된 것일 뿐 특별하거나 새로운 용법으로 받아들일 필요는 없다.

부정사절의 부사 용법을 설명할 때면 주어진 문장을 어떤 의미로 분류할 것인지에 초점을 맞추는 경우가 많다. 하지만 부정사의 부사적 용법의 의미를 구분하는 것 자체가 목적이 되어서는 곤란하다. <u>부사절이 주절과 맺고 있는 논리적 관계를 보여주는 접속사가 부정사절에서는 생략될 수밖에 없다. 그래서 접속사라는 논리적 방향타가 사라진 상황에서 문맥을 통해 그 의미 관계를 복</u>

원하는 과정을 거쳐야만 한다. 부정사절의 의미를 구분하는 목적은 바로 그 과정에 대한 인식인 것이다.

부정사절의 부사적 용법을 설명할 때 보통 처음에 제시되는 의미는 '목적'이다. 목적이란 어떤 행동을 함으로써 실현되거나 발생하기를 바라는 일을 의미한다. 그렇다면 목적하는 바가 실현되는 상황이란 그 결과에 도달하기 위한 일련의 과정을 거친 다음에야 가능하다는 점에서 미래성의 개념을 내포한다. 이런 맥락에서 목적의 의미는 오직 to 부정사로만 표현할 수 있는 것이다. 또한 어떤 행위의 목적이라는 말은 구조적으로 그 행위를 수식하는 부사의 역할을 한다는 뜻이다. 그래서 목적의 부정사절을 부사적 용법으로 분류하는 것이다.

12-1 Ike *changed* the date of the report **to pass the buck to Jake.**
제이크에게 책임을 전가하기 위해서 아이크는 보고서의 날짜를 고쳤다.

12-2 The negotiator *spoke* to the hostage-taker as softly as he could **so as** not to irritate him.
협상 전문가는 인질범을 자극하지 않기 위해서 가능한 부드럽게 말했다.

12-3 The government should *take care* of the aged **in order** for them to lead a comfortable life.
노인들이 안락하게 살 수 있도록 정부는 보살펴 주어야 한다.

부정사가 목적의 의미로 쓰일 때는 주로 문장의 앞에서 콤마로 분리되거나 혹은 12-1처럼 콤마가 없이 문장의 뒤에 배치된다. 12-1에서 보고서의 날짜를 고친 일과 책임을 전가한 행동은 발생 시점이 서로 다르다. 하지만 to를 통해 changed보다는 pass의 발생 시점이 나중이라는 선후관계를 명확하게

12-1 Ike changed the date of the report to pass the buck to Jake.
12-2 The negotiator spoke to the hostage-taker as softly as he could so as not to irritate him.
12-3 The government should take care of the aged in order for them to lead a comfortable life.

파악할 수 있다. 이 문장의 to 부정사절은 changed라는 동작에 대한 목적, 혹은 의도를 설명하는 부사로 쓰이고 있다.

이렇게 목적의 의미로 사용되는 to 부정사는 목적어의 뒤에 to 부정사가 연결되는 구조라는 점에서 expect, persuade, advise, allow 등의 동사와 혼동할 가능성도 있다. 게다가 두 가지 표현 방식이 모두 to 부정사가 나타내는 내용이 주절의 동사보다 이후의 사실이라는 시점 상의 차이를 의미하는 점도 동일하다.

하지만 두 가지 차이점을 통해 서로의 용법을 혼동하지 않을 수 있다. 첫째는 논리성의 관점인데 expect나 persuade 부류의 동사는 목적어 다음에 부정사절이 연결되지 않으면 논리적으로 완성되지 않는다. 반면에 목적의 의미로 쓰인 부정사절의 정보는 추가적인 정보가 되기 때문에 부정사절이 없더라도 문장은 성립한다는 것이다.

둘째로는 동사와 to 부정사의 연관성으로 확인할 수 있다. expect나 persuade와 같은 동사들의 경우에는 그 동사들이 담고 있는 미래성의 의미를 통해 뒤에 연결되는 to 부정사와 호응한다. 하지만 어떤 행동을 하는 목적이란 일반적인 동작과 고루 어울릴 수 있기 때문에 앞에 제시되는 동사가 반드시 미래성의 의미를 담고 있을 필요는 없다. 즉 목적의 의미로 부정사절이 활용되는 경우에 연결되는 동사는 특정하지 않을 수도 있다는 것이다.

그리고 목적의 문맥이라는 점을 분명하게 밝히고 싶은 경우에는 12-2과 12-3처럼 so as나 in order가 to 부정사의 앞에 추가되기도 한다. 물론 부정의 의도를 나타내는 경우라면 12-2처럼 to의 앞에 부정어 not을 추가할 수도 있고, 12-3처럼 for를 통해 부정사절의 의미상 주어를 밝혀주는 것도 가능하다.

부정사절의 논리, 결과

to 부정사가 부사의 용도로 활용될 때, 목적과 더불어 널리 쓰이는 논리 장치가 결과의 문맥을 나타내는 용법이다. 이때 <u>결과라는 말은 원인과 결과라는 인과적인 맥락과 사건의 진행에 따른 결과적 상황이라는 두 가지 유형으로 이해할 수 있다.</u>

12-4 The local police *searched* the forest for the traces of the missing child for two weeks, <u>only</u> **to fail**.
현지 경찰은 실종 아동의 흔적을 찾으려고 숲을 2주 동안 수색했지만, 결국 실패하고 말았다.

12-5 The poor boy in the slum *grew up* to be a famous jazz musician.
빈민가의 불쌍한 소년은 자라서 유명한 재즈 음악가가 되었다.

12-6 One morning Gregor Samsa *awoke* to find himself a bug.
어느 날 아침 잠에서 깨어난 그레고르 잠자는 자신이 벌레가 된 것을 알게 되었다.

12-4에서 동사와 부정사가 전달하는 두 개의 상황 사이에도 역시 시점의 차이를 발견할 수 있다. 논리적인 면에서도 구별할 수 있지만, fail의 시점이 searched의 시점보다 이후라는 점은 to라는 문법적인 장치를 통해 객관적으로 이해할 수 있다.

그런데 이 to fail을 목적의 맥락으로 이해하기는 적절하지 않다. 부정사절을 목적의 의미로 이해하면 실패하기 위해 수색을 한다는 의미가 되는데, 상식적으로 납득하기 어려운 상황이기 때문이다. 따라서 이 문장의 to 부정사는 searched의 목적이 아니라, searched를 한 뒤의 결과적 상황으로 이해하는 것

12-4 The local police searched the forest for the traces of the missing child for two weeks, only to fail.
12-5 The poor boy in the slum grew up to be a famous jazz musician.
12-6 One morning Gregor Samsa awoke to find himself a bug.

이 자연스럽다.

결과의 맥락을 나타내는 경우에는 부정사의 앞에 only나 never가 결합해서 의미를 분명하게 하는 경우도 있다. 12-4처럼 only가 결합하면 결과적인 상황에 대해 놀람이나 실망과 같은 감정적 어감을 더하는 효과를 낸다. 또 이런 어구가 결합하는 경우에는 흔히 콤마로 분리되는 구조적 특징을 보이기도 한다.

하지만 문장의 뒤에 나오는 부정사절은 일반적으로 콤마로 분리되지 않기 때문에 의미에 따른 구조적인 차이를 찾기 어렵다. 게다가 접속사처럼 논리적 관계를 보여주는 특정한 장치가 없기 때문에 to 부정사절을 둘러싼 문맥을 주의 깊게 파악해야 한다.

12-5에서 grew가 제시하는 상황과 부정사절이 의미하는 상황의 선후 관계는 분명하다. 하지만 이 부정사절을 목적의 관계로 이해하기는 적절하지 않다. 목적이란 어떤 행위를 유발하는 동력이기 때문에 수식을 받는 동사는 행위자의 의도나 의지를 담고 있어야 한다. 그런데 grow up이 나타내는 "성장하다"라는 의미는 자연적인 변화를 내포할 뿐, 행위자의 의지가 개입되지 않는다. 따라서 이 문맥에서 유명한 재즈 음악가가 되었다는 부정사절의 내용은 그가 성장한 '목적'이 아니라, 성장한 '결과'로 이해해야 논리적이다.

목적어를 동반하면 awake는 "~를 깨우다"라는 의미로 쓰이기 때문에 뒤에 연결되는 부정사절은 그런 행동에 대한 의도나 목적으로 이해할 수 있는 여지가 있다. 다른 사람을 깨우는 행동에는 그게 무엇이든 이유가 있기 때문이다. 그런데 12-6에 제시된 awake는 목적어가 없다는 점에서 자동사로 이해해야 한다. 자동사로 쓰인 awake는 "잠에서 깨다"라는 의미이므로 의도성을 갖는 행동이 아니게 된다. 따라서 뒤에 연결되는 to 부정사절도 awake에 대한 목적이 아니라, 깨어난 이후의 벌어지는 결과적, 사후적 상황을 전달하는 것으로 이해해야 타당한 문맥이 형성된다.

물론 부정사절이 결과의 의미로 쓰일 때 인과적 맥락에서 이해되는 경우도 있다. 이럴 때는 특정한 표현과 함께 의미를 형성하는 경우가 많다.

12-7 Celena was patient *enough* to overcome the crucible.

셀레나는 역경을 이겨낼 만큼 인내심이 강했다.

12-8 The couch is *so* old as to need a repair.

소파는 너무 낡아서 수리를 해야 한다.

12-9 The store manager talks *too* fast <u>for me</u> to write down his instructions.

점장은 말을 너무 빨리 해서 지시 사항을 받아 적을 수가 없다.

12-7에서 enough는 patient를 뒤에서 수식하는 부사로 정도(degree)의 의미를 나타낸다. enough는 "어떤 행동을 하기에 충분히"라는 의미를 갖는다는 점에서 뒤에는 그로 인한 결과에 해당하는 정보가 연결되는 논리적 구조를 형성하게 된다. enough는 어떤 기준을 충족한다는 의미이기 때문에 to 부정사의 형태로 담아내는 정보는 긍정적인 맥락을 갖는다. enough의 수식을 받는 단어는 문장 구조에 따라 형용사 또는 부사가 모두 가능하다.

12-8에서 old를 수식하는 부사인 so는 강조의 의미를 갖는다. 그리고 so old 라는 정보에 대한 결과적인 상황이 as를 동반한 to 부정사로 전달되고 있다. 그래서 소파가 낡았다는 상황과 수리해야 한다는 상황은 인과 관계로 인식될

| 12-8 | The couch is so old as to need a repair. |
| 12-9 | The store manager talks too fast for me to write down his instructions. |

수 있다. 이때 so가 수식하는 품사도 형용사뿐만 아니라, 부사도 대상이 될 수 있다.

12-9의 too는 뒤에 있는 형용사나 부사를 수식해서, 그 형용사나 부사의 속성이 일정한 정도를 넘었다는 의미를 나타낸다. too는 이렇게 그 정도가 지나치다는 의미를 갖기 때문에 부정적인 맥락을 형성한다. 따라서 그에 대한 결과를 나타내는 뒤의 to 부정사는 부정적인 의미로 이해되는 것이다. 물론 이 경우에도 의미상 주어를 명확하게 밝혀야 할 필요가 있으면 for를 통해 표시한다.

이처럼 to 부정사가 결과의 의미로 쓰일 때에는 앞에 enough, so, too처럼 원인에 해당하는 표현들과 호응해서 주로 쓰이게 된다. 이 부사들은 대체로 어떤 정도를 제시하고, 그에 대한 결과적인 상황을 to 부정사로 제시하는 논리 구조를 보인다.

부정사절의 논리, 이유

결과를 의미하는 용법과 반대쪽에 위치한 논리는 어떤 상황에 대한 이유를 나타내는 것인데, 이 또한 부사절이 연결하는 대표적인 의미 관계 가운데 하나가 된다.

12-10 **The refugees were *relieved* to see the lights of the harbor.**
난민들은 항구의 불빛이 보이자 안심했다.

12-11 Salinger was very *disappointed* to know that there wasn't his name in the starting line-up.
선발 출전 선수 명단에 자기 이름이 없는 것을 알고 샐린저는 무척 실망했다.

12-12 Mia *shed tears* to watch the documentary of the animals slaughtered for fur.
모피를 얻기 위해 도살되는 동물들을 다룬 다큐멘터리를 보고 미아는 눈물을 흘렸다.

수식 관계를 형성할 때 부정사절은 두 개 이상의 단어로 구성되는 어구라는 점에서 수식 받는 말의 뒤에 위치하게 된다. 그래서 부사로 쓰일 때도 부정사절은 수식 대상인 단어의 뒤에 배치되는 것이 기본이다. 12-10에서 부정사절은 앞에 있는 relieved라는 형용사를 수식하는 부사의 역할을 하고 있다. relieved는 "안심하다"라는 의미인데, 이는 곧 불안하던 상태에서 마음을 놓을 수 있는 상태로 감정의 변화가 발생한다는 말이고, 이런 변화는 자연스럽게 발생하는 것이 아니라, 특정한 원인이 존재해야만 한다. 12-10에서는 to 부정사절로 그 감정을 느끼게 되는 이유를 설명하고 있는 것이다.

smile, grieve, laugh, weep처럼 감정을 담아내는 동작이나 afraid, angry, astonished, curious, disappointed, foolish, happy, polite, rude, surprised 등 감정을 나타내는 형용사의 뒤에 연결되는 to 부정사는 이런 동사나 형용사를 수식한다는 점에서 부사의 역할을 수행하고, 그런 감정을 갖게 되는 원인에 해당하는 정보라는 문맥을 형성한다.

12-11에서 to know로 시작하는 부정사절은 disappointed라는 형용사를 수식하면서 그 감정을 갖게 된 이유를 소개하고 있다. 또 12-12에서 shed tears라는 행위도 감정을 담고 있는 동작이고, 뒤에 있는 부정사절은 그런 감정이

유발된 정황을 알려준다. 문법책에서 소개하고 있는 감정 동사나 감정 형용사의 목록에 있는 단어 자체가 중요한 것이 아니다. 그보다는 그런 단어들과 부정사절이 맺고 있는 논리적, 구조적 관계를 이해하는 것에 중점을 둠으로써 단순 암기의 악순환에 빠지지 않을 수 있을 것이다.

12-13 Issac must have his head in the clouds **to talk like that**.
      그렇게 말하는 것을 보니 아이작은 상황을 제대로 인식하지 못하고 있는 것이 분명하다.

12-14 How energetic Ivan is **to wear three hats**.
      세 가지 일을 하는 것을 보니 이반은 정말 활력이 넘친다.

<u>to 부정사가 판단에 대한 근거를 나타내는 경우도 역시 이유의 문맥으로 이해할 수 있다.</u> 12-13에서 to 부정사절은 Issac이라는 주어와 his head이라는 목적어가 이미 제시되고 있기 때문에 명사의 역할로 이해할 수는 없다. 그리고 앞에 있는 the clouds가 talk의 행위자가 될 수도 없다는 점에서 형용사로 간주할 수도 없다. 따라서 이 문장의 부정사절은 동사를 수식하는 부사이고, 주절의 판단에 대한 근거를 나타내는 의미로 이해해야 한다.

12-14에서도 부정사절은 감탄문의 구조에서 문장의 앞으로 도치된 형용사 energetic을 수식하는 부사로 사용되고 있다. 부정사절에서 제공하는 세 가지 일을 한다는 정보는 활력이 넘친다는 진술에 대한 근거를 제시하고 있다. 이런 논리 관계를 이유라고 통칭하는 것이다.

부정사절의 논리, 조건과 양보

조건의 관계도 부사절로 표현하는 중요한 논리 관계의 일원이다. 이 관계에서는 <u>부사절에서 조건을 제시하고, 주절은 그 조건이 충족되었을 경우의 상황을 전달하는 논리 구조를 형성한다. 부사절이 담고 있던 이런 조건의 의미는 부정사절로 압축되는 환경에서도 그대로 전해진다.</u>

12-15 **To follow his advice**, you will turn the corner in the long run.
그의 충고를 따르면, 결국에는 위기를 벗어날 수 있을 거야.

12-16 You would cross the Rubicon **to reject his last offer**.
그의 마지막 제안을 거절한다면 너는 최후의 선을 넘게 될 거야.

12-15처럼 부정사절이 문장의 앞에 오는 경우에는 콤마로 분리되고, 목적의 의미로 이해되는 경우가 많다. 하지만 이 문장에서 그의 충고를 따른다는 부정사절의 정보는 위기를 벗어날 것이라는 주절의 내용에 대해 목적이라는 논리 관계가 성립하지 않는다. 오히려 위기를 벗어나는 결과에 대한 조건으로 부정사절의 의미를 파악하는 것이 적절하다. 이 부정사절은 If you follow his advice라는 조건절이 전달하던 의미 관계를 고스란히 나타내고 있는 것이다.

부정사절이 조건절을 압축하는 경우에 12-16처럼 가정법의 조건절이 대상이 되는 경우도 가능하다. 이 경우에는 주절에 남아 있는 would와 같은 법조동사의 흔적을 통해서 가정법의 문맥을 파악할 수도 있다.

12-17 **To meet all the requirements**, Ian was not promoted to the general manager.
> 모든 요건을 충족했지만, 이안은 총지배인으로 승진하지 못했다.

12-18 **To read the smoking-gun document**, Juan did not believe that his secretary leaked the secret.
> 명백한 증거를 담은 서류를 읽고서도, 후안은 자기 비서가 기밀을 유출했다는 사실을 믿지 않았다.

12-17의 문장도 역시 부정사절이 주절과 콤마로 분리되어 있다. 하지만 부정사절의 정보는 모든 요건을 충족했다는 긍정적인 맥락을 나타내는 데 반해, 주절은 승진하지 못했다는 부정적인 의미를 담고 있기 때문에 조건의 관계로도, 또 목적의 관계로도 이해할 수 없다. 이렇게 두 문장의 내용이 서로 상반된 논리 관계를 갖는 경우를 이른바 양보라고 한다. 그래서 12-17은 양보를 나타내는 부사절 Though he met all the requirements를 부정사절로 간략하게 표현한 것으로 이해해도 좋다.

12-18에서도 부정사절에서는 명백한 증거라는 내용이 제시되고 있다. 하지만 그런 사실을 믿지 않았다는 주절의 내용은 서로 상반된 정황으로 연결되고 있다. 만일 이 문장의 동사가 did not believe가 아니라 believed였다면 원인과 결과의 관계로 이해하는 것이 타당할 것이다.

부사 용도로 활용되는 부정사절에서는 목적, 결과, 이유, 조건, 양보 등 다양한 문맥을 표시하던 접속사가 생략되고 없다. 따라서 부정사절에서는 표면적으로 드러나지 않는 논리적 연결 관계를 정확하게 파악해야 하는 것이 무엇보다 중요한 문제가 된다. 그래서 부사 용법의 부정사절을 어떤 의미 범주로 분류하느냐가 핵심이 아니라, 그 의미를 파악하는 과정에 비중을 두어야 한다.

분리 부정사란

동사의 성격을 유지하고 있다는 점에서 <u>준동사의 수식은 부사로만 가능하다</u>. 그리고 준동사절이라는 긴 어구를 수식하기 때문에 짧은 어구인 부사는 <u>준동사의 앞에 두는 것이 보통이다</u>. 물론 to 부정사도 to와 동사의 원형으로 구성되는 것이 기본 구조라는 점에서 부정사를 수식하는 부사는 to의 앞에 두는 것이 원칙이다. to와 동사의 원형이라는 긴밀한 관계를 방해하지 말아야 하기 때문이다.

13-1 He took a taxi to the airport in order *not* to miss the plane.
       그는 비행기를 놓치지 않으려고 택시를 타고 공항으로 갔다.

13-2 The movie star was arrogant *suddenly* to cancel the interview.
       그 영화 배우는 무례하게도 갑자기 인터뷰를 취소했다.

13-3 The movie star was arrogant to cancel the interview *suddenly*.

13-1에서 부정의 의미를 나타내는 not은 부사로 to miss the plane이라는 부정사절을 수식하고 있다. 전통적인 문법의 입장에서 보면 부정사는 비록 to와 동사의 원형이라는 두 개의 단어로 구성되지만 하나의 단어처럼 결합할 때 문법적인 의미가 발생한다. 따라서 <u>to와 동사의 원형 사이에 어떤 단어가 개입하는 구조는 그 완전성을 해치는 옳지 않은 일이 된다</u>.

> 13-2 The movie star was arrogant suddenly to cancel the interview.
> 13-3 The movie star was arrogant to cancel the interview suddenly.

그런 점에서 부정어를 비롯해서 어떤 부사도 to와 동사의 원형 사이에 두는 것은 잘못된 표현이다. 그래서 13-2처럼 to cancel the interview를 수식하는 부사 suddenly는 부정사의 앞에 있어야 한다. 부정어 not의 위치는 반드시 수식 받는 동사의 앞이라는 제약이 있지만, suddenly는 동사의 뒤에서 수식하는 것도 가능하다. 그래서 13-3처럼 동사의 뒤에 부사를 둘 수도 있다. 결국 to와 동사의 원형 사이에 부사를 두는 일은 피하라는 의도로 이해할 수 있는 것이다.

13-4 The archaeologist told his assistant *carefully* to leave the tomb.
13-5 The archaeologist told his assistant **to *carefully* leave the tomb**.

그 고고학자는 조수에게 무덤에서 조심해서 나가라고 말했다.

13-4에서는 carefully라는 부사가 to 부정사의 앞에 있다. 그런데 이 문장의 의미는 명확하지 않다. carefully라는 부사가 문장에 제시된 told와 leave라는 두 개의 동작 중 어느 것을 수식하는지 분명하지 않기 때문이다. 만일 carefully가 told를 수식한다면, "조심스럽게 말했다"는 의미가 된다. 하지만 뒤에 있는 leave를 수식한다면 "조심스럽게 나가라"는 뜻이 되어 버린다.

이런 모호함을 피하고, leave를 수식한다는 의도를 분명하게 전하기 위해 적극적인 방법을 선택하게 되는데, 13-5처럼 부사를 to와 동사의 원형 사이에 두는 구조를 사용하는 것이다. 기존 규칙에서 어긋난 이런 표현 방식을 분리 부정사라고 한다. 하지만 <u>분리 부정사란 부사가 수식하는 대상이 어떤 동작인지를 명확하게 밝힘으로써 의미의 혼선을 막기 위한 노력의 결과로 이해해야</u>

한다. 기존의 규칙으로는 어색하지만 의미의 정확한 전달이라는 상위 규칙을 우선 적용한 것이기 때문이다.

이런 점에서 분리 부정사를 사용하기 위해서는 두 가지 조건이 충족되어야 한다. 첫째는 부사가 수식할 수 있는 동작이 여러 개 제시되어야 하고, 둘째는 그 부사가 부정사를 수식할 때에만 가능하다는 것이다. 따라서 13-1의 not처럼 반드시 동사의 앞에 있어야 하는 부사나 13-2처럼 부사가 수식할 동사가 하나 밖에 없어서 의미를 오해할 여지가 없는 경우에는 분리 부정사를 쓸 수 없다고 규정했던 것이다.

하지만 이런 엄격한 제한도 근래에는 많이 완화되어서, 의미를 좀 더 명확하고, 강하게 전달하기 위해 의도적으로 to와 동사의 원형 사이에 부사를 삽입하는 경우도 흔히 볼 수 있다.

13-6 The patient hoped **to** *not* **get another skin graft.**

그 환자는 피부 이식 수술을 또 받지 않기를 바랐다.

13-7 **Martinez was able to** *patiently* **wait in the cold outside for two hours.**

마르티네즈는 추운 바깥에서 두 시간 동안 참을성 있게 기다릴 수 있었다.

13-8 **The committee decided to** *thoroughly* **investigate the bribe scandal.**

위원회에서는 뇌물 스캔들을 철저하게 조사하기로 결정했다.

13-6처럼 not이 to와 get의 사이에 삽입되어 있는 구조는 기존 문법에서는 허용되지 않았다. 하지만 이렇게 부사를 to의 다음에 배치함으로써 not을

> 13-7 Martinez was able to patiently wait in the cold outside for two hours.
> 13-8 The committee decided to thoroughly investigate the bribe scandal.

to의 앞에 배치하는 전통적인 구조보다 희망하는 내용을 더욱 강조하는 효과를 노리기도 한다.

13-7에서는 was와 wait라는 두 개의 동사가 제시되어 있다. 하지만 was는 실제 동작을 의미하지 않기 때문에 patiently라는 부사가 수식할 수 있는 대상은 wait 밖에 없다. 즉 그만큼 이 부사로 인해 의미의 혼선이 발생할 위험이 없다는 말이다. 따라서 이런 경우에는 부사가 to의 다음에 삽입되는 형태는 적절하지 않다는 것이 전통적인 관점이었다. 하지만 이런 상황에서도 분리 부정사의 구조를 통해서 의미를 명확하게 전달하는 것이 가능하다는 것이 달라진 경향이다.

13-8에 제시된 동사인 decided와 investigate는 모두 동작을 나타내는 의미이기 때문에 원칙적으로 부사의 수식을 받을 수 있다. 하지만 "철저하게"라는 의미인 thoroughly와 "결정하다"라는 decide는 논리적 연결 고리가 없다는 점에서 thoroughly가 실제로 수식할 수 있는 동사는 investigate 밖에 없다. 기존에는 이런 경우에 thoroughly는 to의 앞에, 혹은 문장의 뒤에 두는 것이 원칙이었지만, 이제는 예문처럼 to와 동사의 원형 사이에 두는 것도 가능한 것으로 보기도 한다.

독립 부정사란

<u>부정사절이 문장의 앞부분에 제시되면서 문장 전체를 수식하는 부사의 역할을 하는 경우가 있는데, 이런 용법으로 쓰일 때를 독립 부정사라고 한다.</u> 독

립 부정사는 보통 문장의 앞에 위치하지만, 문장의 뒤에 오는 경우도 있다. 독립 부정사는 문장의 앞에 올 때나 뒤에 올 때 모두 콤마로 주절과 분리되는 것이 일반적이다.

독립 부정사는 문장의 주어와 부정사절의 의미상 주어가 다르다는 구조적 특징을 갖는다. 그렇다면 의미상 주어를 구체적으로 밝혀야하지만 독립 부정사 표현에서는 흔히 생략된다. <u>독립 부정사는 진술 내용에 대해 말하는 사람의 입장에서 부수적인 견해를 나타내는 용법으로 쓰이는 경우가 많다는 점에서 정보의 가치가 높지 않기 때문이다.</u>

14-1 **To tell the truth**, the professor's joke fell flat.
　　솔직하게 말해서 그 교수의 농담은 재미가 없었다.

14-2 **To say nothing of** the freezing cold, the scorching heat is harsh for the underprivileged to undergo.
　　살을 에는 추위는 말할 것도 없고, 찌는듯한 더위도 혜택을 받지 못하는 사람이 겪어내기에는 혹독한 일이다.

14-3 **To make matters worse**, we were outnumbered by the rebels.
　　설상가상으로 반란군의 병력이 우리보다 더 많았다.

14-4 **To do him justice**, he is a stick-in-the-mud.
　　공정하게 말하자면 그는 변화를 거부하는 사람이다.

14-5 **To begin with**, the patient doubts the therapy is going to work.
　　무엇보다도 환자는 그 치료법이 효과가 있을 것이라고 생각하지 않는다.

<u>독립 부정사의 첫 번째 유형은 동작 동사를 활용하는 방식이다.</u> 14-1부터

14-1 To tell the truth, the professor's joke fell flat.
14-2 To say nothing of the freezing cold, the scorching heat is harsh for the underprivileged to undergo.
14-3 To make matters worse, we were outnumbered by the rebels.
14-4 To do him justice, he is a stick-in-the-mud.
14-5 To begin with, the patient doubts the therapy is going to work.

14-4까지 제시된 독립 부정사들은 모두 주절의 내용에 대해 진술하는 사람의 판단을 표현하고 있다. 이런 점에서 문장 전체를 설명하는 부사어구의 역할을 하고 있는 것이다. 또 모두 주절의 주어와 독립 부정사절의 의미상 주어가 서로 다르지만 생략되고 있다는 공통점도 보여주고 있다.

14-5의 to begin with는 진술의 방식을 전환시키는 표현이라는 점에서 다소 다른 맥락을 보인다. 즉 다음 문장의 내용에 대한 판단이라기보다는 그 시점까지 진행되던 진술의 내용을 다소 다른 맥락으로 전환시키는 것이다. so to speak^{말하자면}, to make a long story short^{간단하게 말하자면}, to put it in a nutshell^{간단하게 말하자면}과 같은 표현들도 이와 같은 맥락으로 이해할 수 있다.

이처럼 진술의 방향을 전환하는 독립 부정사들 중에는 to의 다음에 상태동사 be와 형용사가 제시되는 방식으로 구성되는 표현도 있다.

14-6 **To be brief**, there is just one question left: who will bell the cat?
간단히 말하자면, 단 한 가지 문제가 남았다. 바로 고양이 목에 누가 방울을 달 것인가?

14-7 **To be exact**, fat chance the incumbent mayor will win in the election.
정확하게 말하자면 현 시장이 선거에서 이길 가능성은 희박하다.

14-8 **To be frank with you**, you should have taken his promise with a grain of salt.
솔직하게 말하자면 너는 그의 약속을 곧이곧대로 믿지 말았어야 했다.

때로는 형용사가 먼저 제시되고, 그를 수식하는 to 부정사가 뒤에 연결되는 방식으로 구성되는 독립 부정사도 있다.

14-9 **Strange to say**, I had a sense of déjà vu about the office yesterday.

이상한 이야기지만 어제 그 사무실을 이전에도 봤던 것 같다는 느낌을 받았어.

14-10 **Needless to say**, there are no lunches.

말할 필요도 없이 세상에 공짜는 없는 법이다.

14-11 **Sad to say**, you are barking up the wrong tree.

유감스럽게도 당신은 지금 엉뚱한 사람을 비난하고 있습니다.

to가 없는 부정사

사역 동사의 종류와 용법

사역 동사는 '목적어가 어떤 행위를 하도록 강제한다'는 의미를 기본으로 한다. 그런 점에서 사역 동사는 다음에 목적어에 해당하는 명사와 그 목적어가 수행하는 행동을 나타내는 준동사가 연결되는 구조를 갖게 된다. <u>사역 동사의 독특한 문법적 특징은 이 준동사의 형태가 to가 없는 부정사라는 점이다</u>. 이런 용법으로 쓰이는 <u>사역 동사로는 have, make, let</u>이 있다.

사역 동사를 이해하는 과정에서 가장 난감한 상황은 사역 동사의 개념과 범위에 대한 혼선에서 비롯된다. "강제로 시키다"라는 사역이라는 말의 의미대로 이해하면 사역 동사에 해당하는 동사는 have, make, let이라는 작은 범위를 훨씬 넘어서게 되기 때문이다.

엄밀히 말해서 order와 같은 동사가 보여주는 "명령하다"라는 의미도 상대의 의사와는 상관 없이 어떤 행동을 강제한다는 점에서 사역의 의미를 갖는다고 이해할 수 있다. 그래서 사역의 의미를 갖는 동사와 사역 동사를 구분해서 이해해야 한다.

compel, force, impel, order 등 다양한 동사들이 일방적으로 타인에게 어떤 행동을 수행하도록 한다는 맥락에서 사역의 의미를 담아낸다. 하지만 그런 동사들 가운데 목적어의 다음에 to가 없는 부정사, 즉 원형 부정사를 연결하는 유형의 동사들로 국한해서 사역 동사를 이해해야 한다. 즉 <u>사역의 의미를 갖는 다양한 동사들 가운데 특정한 문법적 구조를 보이는 일부 동사의 용법을</u>

사역 동사라는 작은 범주로 설정해야 혼선을 피할 수 있는 것이다.

    사역의 의미를 갖는 동사와 사역 동사라는 억지스러운 경계를 설정하는 수고를 해야 하는 것은 사역 동사라는 그리 적절하지 않은 용어를 설정한 것이 일차적인 요인이다. 하지만 그 용어를 다른 것으로 대체하는 일은 또 다른 동의를 필요로 하는 작업이기에 여기에서 서둘러 결론지을 일은 아니다. 일단은 개념을 명확하게 정리하는 일이 혼동을 유발하는 호칭에 대응하는 우선적이고, 근본적인 방법일 것이다. 그래서 사역의 의미를 갖는 동사는 다양하지만, 사역 동사라는 특정 집단에는 have, make, let이 속하는 것으로 정리한다. bid도 사역 동사의 범위에 포함시키는 견해도 있지만, 일단은 배제하고 살펴보기로 한다.

15-1 **The weather condition *made* Thomas change his itinerary.**
15-2 **The weather condition *forced* Thomas to change his itinerary.**
      기상 상황으로 토마스는 여행 일정을 변경해야만 했다.

    15-1에서 made는 사역 동사로 분류되기 때문에 목적어인 Thomas 다음에 change his itinerary라는 원형 부정사절이 연결되고 있다. 반면에 15-2의 동사인 forced도 역시 어떤 상황을 강제한다는 점에서 사역의 의미를 갖는 동사이기는 하지만, 사역 동사의 범위에 포함되지는 않는다. 그래서 목적어의 다음에 to change his itinerary라는 정보가 연결되는 것이다. 사역 동사라는 속성의 차이가 목적어의 다음에 연결되는 부정사절에서 to의 존재 여부로 발현되는 것이다.

    물론 to의 존재에 따른 의미의 차이가 없는 것은 아니다. 사역 동사를 활용

> 15-1 The weather condition made Thomas change his itinerary.
> 15-2 The weather condition forced Thomas to change his itinerary.

할 때 목적어의 뒤에 to가 없는 부정사가 온다는 것은 to가 갖고 있던 미래성의 의미가 약화된 것으로 이해해야 한다. 그리고 to가 보여주던 시차의 의미가 약화된다는 것은 인과의 관계를 좀 더 직접적인 맥락에서 이해할 근거가 된다. 15-1에서는 기상 상황이 여행 일정을 변경하게 된 직접적인 원인이 되는 것이고, 이는 Thomas의 의사와는 상반되는 결과를 낳는 것이다.

반면에 cause, force, persuade처럼 사역 동사가 아닌 경우는 목적어의 뒤에 to 부정사가 연결되는 구조를 갖는다. 15-2에서 상황을 유발하는 원인은 주어인 weather condition이다. 그런데 미래성을 나타내는 to가 있다는 것은 결과에 해당하는 상황이 발생하기까지는 시차가 존재한다는 문맥을 전달한다. 이런 점에서 다소 간접적인 영향이라는 어감을 나타내는 것으로 이해하기도 한다.

15-3 Amy's parents *le*t her **go** to Egypt by herself.
15-4 Amy's parents *allow* her **to go** to Egypt by herself.
  에이미의 부모님은 혼자 이집트에 가는 것을 허락하셨다.

15-3의 let과 15-4의 allow가 보여주는 차이도 이와 같은 맥락에서 이해할 수 있다. 15-3의 let은 사역 동사로 분류되기 때문에 목적어의 다음에 go라는 원형 부정사가 연결된다. 반면에 상대의 행동을 허락한다는 점에서 let과 의미는 흡사하지만, allow는 사역 동사의 범주에 포함되지 않는다. 그래서 15-4에서는 목적어 뒤에 to go라는 to 부정사 형태가 연결되는 것이다.

15-5 **Parents should *make* their children sit still during the concert.**
부모님께서는 연주회 중에 아이들이 가만히 앉아 있도록 하셔야 합니다.

15-6 **The guard of the museum *let* Pedro take pictures of the sculpture.**
박물관의 경비원은 페드로가 조각상의 사진을 찍도록 허락했다.

15-7 **Marco *let* the results of the survey be known to only his boss.**
마르코는 조사 결과를 오직 사장에게만 알렸다.

15-8 **The supervisor *had* me put in my two cents.**
감독관은 내 의견을 말하도록 했다.

15-5의 make는 사역 동사라는 속성을 갖기 때문에 의미상 주어인 their children 다음에 sit이라는 원형 부정사가 연결되고 있다. 물론 가만히 앉아 있는 것은 아이들의 자발적 행동이 아니다. make는 이렇게 상대의 의사와 상관없이 주어의 의지를 관철시킨다는 일방적인 의미를 갖기 때문에 사역 동사 중에서 어감이 가장 강하다.

15-6의 let은 make가 나타내는 강제성의 의미보다는 약화된 어감을 갖는다. let은 대상이 어떤 행동을 할 수 있도록 허락한다는 의미인데, 대상이 그 행동을 원한다는 문맥을 형성하는 경우가 많다.

사역 동사의 구조에서 목적어는 원형 부정사의 의미상 주어 역할을 하는데, 그 관계가 행위자인 경우에는 원형 부정사를 활용한다. 하지만 <u>목적어가 대상인 경우에는 수동의 관계가 성립하기 때문에 15-7처럼 원형 부정사인 be 와 과거 분사로 표현한다.</u>

have도 사역 동사의 일원이지만 make보다 강제성의 강도가 약해진다. 만일 15-8에서 동사가 let이었다면 목적어인 me는 의견을 말하고 싶어하는 마음이 있었다는 의미를 담아낸다. 또 had가 아니라 made였다면 의미상 주어의 의사와는 상반된 강요라는 맥락에서 의견을 말하고 싶은 마음은 없었지만 시키니까 했다는 어감을 내포한다. have는 make와 let의 중간 정도의 강제성을 나타내고, 의견을 말할 의향이 있었는지는 드러나지 않는다. 이 문장처럼 have는 주어와 목적어가 상사와 부하와 같은 수직적인 관계를 맺고 있는 경우에 쓰이는 경우가 많다. 그런 점에서 make와 달리 have의 경우에는 무생물 명사가 주어가 될 수 없으며, make보다는 대체로 사용 범위가 좁다.

사역 동사도 목적어를 동반하는 타동사라는 점에서 원칙적으로는 수동태가 가능하지만 모두에게 허용되는 것은 아니다. have의 경우에는 수동 표현이 없고, let의 경우에는 문맥에 맞게 be allowed와 같은 표현으로 대체해야 한다. 그래서 오직 make만 수동태 표현이 가능하다.

15-9 I *made* Phil **clean** his room.

15-10 Phil *was made* **to clean** his room.
  나는 필에게 자기 방 청소를 하도록 했다.

15-11 Howard *was made* **to pay** back the debt within five days.
  하워드는 5일 이내에 빚을 갚아야만 했다.

15-12 Everybody on the premises *was made* **to leave** immediately.
  그 건물에 있던 사람들은 즉시 밖으로 나가야만 했다.

그런데 사역 동사 make가 수동태 구조가 되면 눈여겨볼 변화가 발생한다. 15-9에서 사역 동사 made의 영향으로 원형 부정사 clean이 연결되고 있다.

하지만 이 문장의 목적어인 Phil이 주어로 표현된 15-10의 수동태 문장에서는 to clean으로 달라진다. 흔히 사역 동사의 뒤에 있던 원형 부정사가 수동태가 되면 to 부정사가 된다는 공식으로 암기하고 넘어가기도 하지만, 사실 그래야만 할 정도로 이해하기 어려운 경우는 아니다.

15-9에서 원형 부정사가 활용된 것은 사역 동사와 맺고 있는 문법적 관계가 반영된 것이다. 하지만 15-10처럼 수동태 문장이 되면 문장의 동사는 사역 동사인 make가 아니라, was라는 상태 동사가 된다. <u>상대에게 어떤 행동을 강제하던 make의 의미는 사라지고, 목적어에게 어떤 상황이 강제되었는지에 대해 서술하는 수동태 표현이 되는 것이다. 사역이라는 행위적인 맥락이 아니라면 원형 부정사가 연결될 근거도 당연히 사라지는 것이다.</u>

have와 get은 다르다!

get과 사역 동사 have의 쓰임새를 혼동하는 경우를 종종 볼 수 있다. have와 get의 기본 개념과 그에 따른 연결 방식의 차이를 이해하는 것이 이런 난맥상에 대응하는 근본적 방법일 것이다. 하지만 그보다는 have와 get의 구조를 소개하고, 무작정 암기하도록 유도하는 경우가 많은데, 그런 일방적인 공부가 소통에 얼마나 도움이 될 수 있는 지는 매우 의심스럽다.

15-13 I *had* Alex type the letter.

15-14 I *got* Alex to type the letter.
       나는 알렉스에게 그 편지를 타이핑하도록 했다.

부정사 **181**

15-13 I had Alex type the letter.
15-14 I got Alex to type the letter.

보통은 have와 get의 용법을 다음에 연결되는 목적어의 유형에 따라, 즉 사람 혹은 사물이라는 기준에 따라 구별하는 비법을 전수하기도 한다. 단어의 용법을 명확하게 이해하려 하지 않고, 목적어가 사람인지, 혹은 사물인지를 무작정 따지는 단편적인 방법으로 얻을 수 있는 것이 과연 무엇일까?

15-13에서는 사역 동사인 had가 제시되었고, 그 결과로 목적어 뒤에는 to가 없는 원형 부정사 type이 연결되었다. 반면에 15-14에서 제시된 got은 사역 동사로 분류되지 않는다. 따라서 목적어의 뒤에 to가 있는 to type으로 그 속성을 표현하고 있다.

간혹 get의 의미가 "다른 대상에게 어떤 행동을 하도록 시키다"라는 점에서 사역 동사로 분류하는 경우도 있다. 하지만 표면적인 의미가 유사하다고 해서 get을 사역 동사로 분류할 수는 없다. <u>have가 상대의 의사와 관계 없이 행동을 강제하는 측의 입장만이 개입되는 반면, get은 상대에게 자신의 의지를 납득시켜 자발적으로 행동을 하도록 하는 맥락의 표현이기 때문이다</u>. get이 일정 정도 사역의 의미를 갖는다고 할 수는 있어도, 이렇게 설득과 동의라는 배경을 형성한다는 점에서 사역 동사로 분류되지는 않는다. 그런 점에서 get의 다음에는 원형 부정사가 아니라, to 부정사가 연결되는 것이다.

get의 다음에 원형 부정사가 아니라, to 부정사가 온다는 말은 그만큼 get의 의미가 다르다는 증거가 된다. 구조가 다르다는 것은 그 구조에 담아내는 의미가 다르다는 말이기 때문이다.

다음에 원형 부정사가 연결된다는 것은 have가 사역 동사로 활용되었다는 표시인 것이고, 지위의 차이에 따른 강제성이라는 맥락으로 이해하라는 신호가 되는 것이다. 그래서 <u>have는 기본적으로 수직적 관계를 바탕으로 한 직접적인 명령의 의미가 강한 반면, get은 '설득을 통한 행동의 강제' 라는 차이가 있다. 사역 동사가 아닌 get은 설득의 과정을 내포한다는 점에서 그만큼 직접성 혹은 강제성이 약화되는 어감을 갖게 된다. 그리고 설득을 통해 행동이 이루어지기까지 그 시차를 to로 담아내고 있는 것으로 이해할 수 있다.

15-15 I *had* the letter **be typed** by Alex.

15-16 I *got* the letter **to be typed** by Alex.
 나는 알렉스에게 그 편지를 타이핑하도록 했다.

have가 사역 동사로 쓰일 때 make나 let과 달리 목적어로 사물 명사를 쓰지 않는 것이 원칙이다. 그런데 15-15에서는 the letter라는 사물 명사가 목적어로 활용되고 있다. 사역 동사의 구조에서 목적어는 다음에 있는 원형 부정사의 의미상 주어로 쓰이기 때문에 둘 사이의 관계를 능동 혹은 수동으로 설정할 수 있다. 이렇게 목적어와 원형 부정사가 수동의 관계로 설정되는 경우에는 have의 목적어로 사물 명사를 활용하는 것이 허용된다.

15-15처럼 부정사절의 목적어였던 명사를 사역 동사의 목적어로 활용하게 되면 수동의 관계가 성립된다. 따라서 이 관계를 정확하게 담아내기 위해 원형 부정사도 역시 수동의 형태가 되어야 하므로 동사의 원형인 be와 과거 분사가 결합하는 형태가 된다. 이때 문장의 필수 요소인 동사도 아니고, 정보의 가치가 없는 원형 부정사인 be는 생략되고 결과적으로 과거 분사만 남는 구조가 만들어진다.

목적 보어로 to 부정사가 연결되는 구조에서도 이처럼 부정사절의 목적어를 문장의 목적어로 활용하면서 수동 관계를 의미를 전달하는 방식이 가능

| 15-16 | I got the letter to be typed by Alex. |

하다. 따라서 get의 경우에도 15-16처럼 수동 관계의 문장을 쓸 수 있다. 다만 get은 사역 동사가 아니기 때문에 the letter라는 목적어의 다음에 to 부정사를 써야 한다. 따라서 to be typed라는 수동의 부정사 형태가 만들어진다.

그런데 get, order, want와 같은 일부 동사의 경우에는 이렇게 수동의 구조가 될 때 to be가 함께 생략되고, 과거 분사만 남는 문장이 되기도 한다. 그래서 have와 get 모두 목적어의 다음 구조가 수동일 때는 과거 분사만 남기 때문에 결국에는 동일한 구조가 된다. 하지만 이것은 사물 목적어가 등장하기 때문이 아니라, 수동 관계이기 때문이라고 이해해야 한다. 형태상 비슷한 모습을 보이기는 하지만 엄연히 have와 get의 의미는 다르기 때문이다.

15-17 **I *had* my pickup truck repaired.**
나는 내 픽업 트럭을 수리하도록 했다.

15-18 **Mary *had* her cell phone stolen.**
메리는 휴대 전화를 도둑맞았다.

15-19 **Olivia *had* her knee skinned.**
올리비아는 무릎의 피부가 벗겨졌다.

have의 목적어 다음에 과거 분사가 오는 구조라고 해서 have의 의미가 일정한 것은 아니다. 15-17에서 수리하는 행위자가 아니라 대상인 my pickup truck을 목적어로 먼저 제시했다는 점에서 수동의 관계가 성립한다. repaired라는 과거 분사는 그 관계를 보여주는 문법적 기호가 된다. 그리고 repair의 행위자에 대한 정보가 제시되지 않은 것은 그만큼 정보의 가치가 중요하지 않은 것으로 짐작할 수 있다.

　이때 목적어의 다음에 과거 분사가 오는 것은 목적어와 맺고 있는 관계가 수동이라는 것이지, 동사의 의미 자체가 달라지는 것은 아니다. 따라서 15-17의 had는 여전히 "어떤 행동을 하도록 시키다"라는 사역의 의미를 유지하고 있다.

　15-18에서도 her cell phone과 stolen은 역시 수동의 관계를 맺고 있다. 하지만 물건을 도둑맞는다는 이 내용을 사역의 맥락으로 이해하기는 적절하지 않다. 원칙이 적용되지 않는다는 생각을 할 수도 있지만, 이런 난감함은 <u>이 문장에 쓰인 had는 사역 동사가 아니라, "~을 당하다"라는 수동의 의미를 갖는 동사라는 점을 간과해서 생긴 것이다.</u> 즉 15-18의 문장은 목적어와 목적 보어가 수동의 관계로 설정된 구조라는 점이 동일할 뿐, had는 '수동'이라는 다른 의미로 사용된 것이다.

help의 특징과 구조

　"어떤 대상이 어떤 행동을 하는 것을 돕다"라는 의미로 help가 쓰일 때는 목적어와 부정사가 연결되는 구조를 갖는다. 이 구조에서 to 부정사를 쓰기도 하지만, 원형 부정사가 연결되는 것도 가능하다.

　의미로 볼 때 help라는 동사는 사역 동사와는 분명 거리가 멀다. 하지만 원형 부정사가 목적 보어로 연결되는 경우에 help는 사역 동사와 동일한 구조를 갖게 된다. 이런 구조적 유사성을 근거로 help를 준 사역 동사로 분류하는 경향도 있다.

하지만 help를 이렇게 분류하는 것은 또 다른 혼란을 야기할 수도 있다. 준 사역 동사의 개념과 범위에 대해서는 의견이 엇갈리기도 하기 때문이다. 관점에 따라서는 get을 준 사역 동사로 분류하기도 하고, 또 다른 경우에는 force와 같은 사역의 의미를 갖는 동사들을 이 범주에 포함시키는 시도도 있다. 따라서 준 사역 동사라는 모호한 용어로 분류하기보다는 to의 의미를 중심으로 접근하는 것이 더 합리적이다.

15-20 Antonio **helped** me **to overcome** the crisis.
15-21 Antonio **helped** me **overcome** the crisis.
안토니오는 내가 위기를 극복할 수 있도록 도움을 주었다.

　help는 사역 동사의 범위에 포함되지 않는다는 점에서 15-20처럼 to 부정사가 연결되기도 하지만, 15-21처럼 원형 부정사가 연결되기도 한다. 형태의 차이는 의미의 차이를 드러내는 지표라는 점에서 이 두 문장도 서로 다른 의미를 내포한다.
　help의 다음에 to 부정사가 연결되면 목적 보어로 to 부정사가 연결되는 다른 동사들이 그렇듯 이후에 발생하는 상황이라는 의미를 갖게 된다. 또한 to로 드러나는 발생 시점의 차이란 앞선 시점의 행동으로 인한 결과적 상황이라는 관계를 담아낸다. 이런 맥락에서 <u>to 부정사가 연결될 때 help는 간접적인 도움이라는 의미를 암시한다.</u>
　반면에 to가 없는 원형 부정사가 온다는 것은 곧 시차의 의미가 사라진 동시적 행동을 의미한다. 이런 맥락에서 도움을 주는 행위는 원형 부정사로 표현되는 행동의 일부를 함께 한다는 문맥을 형성한다. 그래서 <u>help의 뒤에 원형</u>

부정사가 연결되는 경우에는 흔히 직접적인 도움을 의미하는 경우가 많은 것이다.

15-22　Enrike **helped** to paint the room.
15-23　Enrike **helped** paint the room.
　　　엔리케는 방에 페인트를 칠하는 것을 도왔다.

help는 부정사의 의미상 주어에 해당하는 목적어를 반드시 제시해야 하는 것은 아니다. 때로는 목적어에 해당하는 명사를 밝히지 않고 곧바로 부정사가 연결되는 것도 가능하다. 이런 경우에도 to 부정사뿐만 아니라, 원형 부정사가 연결되기도 하는데 이 둘의 의미 차이도 동일한 관점에서 이해할 수 있다.

　15-22의 경우처럼 to 부정사가 연결되는 경우에 help의 의미는 적극적이고 직접적인 맥락에서 돕는다는 의미가 아니라, to 부정사가 나타내는 상황에 기여한다는 의미가 된다. 즉 Enrike는 페인트 칠을 직접 했다기보다는 그에 수반되는 부수적인 도움을 주었다는 의미가 된다. 반면에 15-23처럼 원형 부정사가 연결되는 경우라면 페인트 칠을 함께 하는 것과 같은 직접적인 도움을 제공했다는 점을 암시하는 의미로 이해된다.

지각 동사란?

지각 동사는 지각이라는 말에서 알 수 있듯이 feel, hear, notice, observe, see, smell처럼 감각을 나타내는 동사들을 지칭한다. 하지만 지각 동사라는 이 용어도 사역 동사라는 이름만큼이나 그리 적절한 것이 아니다. 인간의 감각을 의미하지만 지각 동사에 속하지는 않는 동사들이 존재하기 때문이다. 지각 동사와 감각 동사로 구분하려는 시도도 있는데, 지각과 감각이라는 말의 경계를 어디쯤에 설정해야 하는지를 고민하는 일이 영어 공부와 어떤 연관이 있는지 모르겠다.

16-1 Yesterday I *saw* Chloe in Herrington Street.
  나는 어제 헤링턴 스트리트에서 클로이를 봤다.

16-2 Yesterday I *saw* Chloe **follow** a woman in black secretly in Herrington Street.
  나는 어제 헤링턴 스트리트에서 클로이가 검은 옷을 입은 여자를 몰래 따라가는 것을 봤다.

16-1에서 saw의 다음에는 Chloe라는 목적어가 연결되고 있다. 이런 경우에 see는 시력을 이용해서 어떤 대상을 본다는 감각의 의미를 나타낸다. 이때 눈으로 보는 행위는 그 목적어에 초점이 맞춰지는 것이고, 시각이라는 물리적 감각에 포착된 대상은 Chloe가 된다.

하지만 16-2에서는 Chloe의 다음에 follow라는 동사의 원형까지 제시되고 있다. 이런 경우를 지각 동사로 분류하는데, 의미의 초점은 목적어가 아니라 그가 한 행동에 맞춰진다. 즉 Chloe가 아니라, 그가 한 행동이 목격의 대상이 되는 것이라는 점에서 지각 동사의 서술 방식은 차이가 있다.

사역의 의미를 나타내는 동사와 사역 동사를 구별해서 이해했듯이, 감각의 의미를 나타내는 동사들 가운데 목적어와 목적 보어까지 연결되는 구조를 갖는 동사들에 한해서 지각 동사라는 이름으로 분류한다. 지각 동사의 구조에서 목적어의 뒤에는 원형 부정사나 현재 분사, 또는 과거 분사가 연결될 수 있다.

16-3 When I heard Maria Callas' *La Mamma Morta* for the first time, I *felt* my hair **stand** on end.

마리아 칼라스의 "라 마마 모르타"를 처음 들었을 때, 나는 머리카락이 곤두서는 전율을 느꼈다.

16-4 Diego *noticed* a stranger **lean** against the wall of the barn.

디에고는 낯선 사람이 헛간 벽에 기대고 있는 것을 알아차렸다.

16-5 Sullivan *heard* someone **call** his name in the dark.

설리반은 어둠 속에서 누군가가 자기의 이름을 부르는 것을 들었다.

16-6 I *heard* the expression **repeated** several times in the presentation.

나는 프레젠테이션에서 그 표현이 여러 차례 반복되는 것을 들었다.

16-7 Garrison *observed* two squirrels **sitting** on the bench in the park.

개리슨은 다람쥐 두 마리가 공원의 벤치에 앉아 있는 것을 봤다.

feel의 경우에도 feel a pain in the chest처럼 목적어만 동반하는 경우에는 일반적인 감각을 나타낸다. 즉 느낌의 대상이 되는 것은 가슴의 통증이다. 그런데 16-3처럼 목적어의 다음에 원형 부정사가 연결되면 feel은 지각 동사의 범위로 편입된다. 지각 동사의 구조가 되면 feel의 대상은 my hair라는 목적어가 아니라, 머리카락이 곤두서는 상황이 됨으로써 표현의 결이 달라지는 것이다.

notice a stranger라고 하면 notice는 목적어인 낯선 사람의 존재를 알아차린다는 의미로 쓰인다. 하지만 16-4처럼 목적어의 뒤에 원형 부정사가 연결

> 16-5 Sullivan heard someone call his name in the dark.
> 16-6 I heard the expression repeated several times in the presentation.
> 16-7 Garrison observed two squirrels sitting on the bench in the park.

되면 그 목적어가 하는 행동이나 상태를 알아차린다는 의미가 되기 때문에 표현의 초점이 옮겨진다.

이런 관점에서 거칠게 나누면 대상 자체에 대한 감각적 반응을 나타내는 경우를 감각 동사라고 하지만, 그 대상이 수행하는 행위를 통한 상황을 듣고, 느끼고, 보는 것을 나타내는 경우를 지각 동사라고 하는 것이다. 따라서 <u>지각 동사의 뒤에 연결되는 정보의 구조를 목적어와 목적 보어로 간주하는 의견도 있지만, 그보다는 명사와 원형 부정사까지를 목적어로 이해하는 것이 타당하다</u>. 16-5에서도 이런 점이 분명하게 드러난다. 이 문장에서 heard의 목적어는 someone이 아니라, someone call his name in the dark라는 행위인 것이고, someone은 call의 의미상 주어 역할을 하고 있는 것이다.

이 의미상 주어와 다음에 연결되는 행위가 수동의 관계를 형성하는 경우도 가능하다. 그런 경우에는 물론 16-6처럼 과거 분사를 연결함으로써 수동의 관계를 명확하게 전달할 수도 있다.

지각 동사와 사역 동사는 다음에 정보를 서술하는 구조가 거의 동일하지만, 한 가지 차이점이 있다. 지각 동사의 경우에는 사역 동사와 달리 목적어의 다음에 16-7처럼 현재 분사가 연결되는 경우도 있다는 것이다. 물론 현재 분사라는 다른 형태를 활용한다는 것은 원형 부정사와는 다른 의미를 전달하기 위한 의도라는 관점에서 이해해야 한다.

16-8 I *watched* the engineer **fix** the espresso machine.
  나는 엔지니어가 에스프레소 기계를 수리하는 것을 지켜봤다.

16-9 I *watched* the engineer **fixing** the espresso machine.

     나는 엔지니어가 에스프레소 기계를 수리하고 있는 것을 지켜봤다.

    지각 동사의 다음에 동사의 원형이 연결되는 경우는 주로 동작의 실현을, 즉 지각하는 상황의 완료를 의미한다. 그래서 16-8에서는 수리하는 과정을 지켜보았고, 수리하는 행위가 완결되었음을 암시하고 있다. 반면 16-9에서는 현재 분사가 갖는 진행의 의미를 고스란히 전달하고 있다. 동작의 진행이란 아직 완료되지 않은 동작이라는 점에서 이 문장에서는 수리하는 과정의 어느 한 순간을 지켜봤다는 의미가 된다. 따라서 수리 작업이 완료되었는지는 표현의 중심이 아니다.

    사역 동사의 경우에는 목적어의 다음에 현재 분사가 연결될 수 없다는 점도 같은 맥락에서 이해할 수 있다. 지각 동사는 진행 중인 동작에 대해 보고, 듣고, 느끼는 감각의 의미가 설정될 수 있다. 하지만 이미 진행되고 있는 동작을 강제로 하게 한다는 의미는 성립할 수 없기 때문에 사역 동사의 뒤에 현재 분사가 연결되는 구조는 논리적 근거가 없다.

16-10 We *saw* Mr. Gunter **to be** a Scrooge.

     우리는 군터씨가 구두쇠라고 생각했다.

16-11 The reporter *felt* the sculptor **to be** arrogant.

     그 기자는 조각가가 오만하다고 생각했다.

    지각 동사는 오감을 통한 인지라는 의미의 특성으로 인해 기본적으로 동시성을 내포한다. 과거, 미래의 상황을 듣거나, 보거나, 느낄 수는 없기 때문이다.

16-10 We saw Mr. Gunter to be a Scrooge.
16-11 The reporter felt the sculptor to be arrogant.

이런 점에서 지각 동사의 다음에 to 부정사가 연결되는 것은 논리적으로 불가능하다.

하지만 16-10, 16-11에서 보듯 지각 동사로 알고 있는 see나 feel의 다음에 to 부정사가 연결되는 경우를 발견할 수 있다. 예외적이거나, 주의할 용법이라고 정리하는 경우도 있지만 원칙에서 벗어난 표현이 절대 아니다. 규칙의 의미와 적용되는 상황을 고려하지 않고, 표면적인 현상만으로 판단하는 태도는 위험하기 짝이 없다.

어떤 기준에 맞지 않는 상황을 마주하면 그 기준이 정말 타당한지를 검증하는 것이 올바른 자세이기 때문이다. 문법책에 등장하는 수많은 예외적 경우들이 사실은 규칙에 어긋나는 경우가 아니라, 적절하지 못한 규칙을 고집한 탓일 때가 많다. 진지한 고민과 성찰이 없이 어떤 상황을 예외로 설정하는 일이 편리할 지는 모르겠지만 이해를 포기하는 것이나 다름없다. 공부는 예외를 줄이는 방향으로 진행되어야 한다.

한 마디로 말해서 지각 동사의 뒤에 to 부정사가 연결되는 경우는 근본적으로 불가능하다. 그럼에도 그런 구조가 존재한다는 것은 그 동사들이 지각 동사의 의미가 아닐 수도 있다는 의심을 갖게하는 계기가 된다. 목적어의 다음에 to be가 연결되는 경우에 see나 feel은 물리적 감각을 의미하는 것이 아니라, 어떤 대상에 대한 판단을 나타내는 인지 활동의 의미로 쓰인 것이다. 맥락이 다르기 때문에 의미를 실어 나르는 구조도 다른 것이다. to 부정사가 연결된다는 것은 그런 의미의 차이를 반증하는 것이다.

see나 feel이 이렇게 인지 동사의 의미를 나타내는 경우에 목적어의 뒤에 오는 to 부정사는 반드시 be와 같은 상태 동사만이 가능하다. 인지의 대상이 되는 것은 동작이 아니라, 상태이기 때문이다. believe, consider, know 등의 인지 동사들을 활용할 때 목적어의 다음에 흔히 to be가 연결되는 구조도 이와 같은 맥락에서 이해할 수 있다.

16-12　I *saw* three masked men **storm** out of the bank.
16-13　Three masked men *were seen* **to storm** out of the bank.
　　　나는 복면을 쓴 세 명의 남자가 은행에서 뛰쳐나오는 것을 봤다.

16-14　I *felt* the coach **move** slowly.
16-15　The coach *was felt* **to move** slowly.
　　　나는 마차가 천천히 움직이는 것을 느꼈다.

지각 동사가 수동태로 표현이 되면 목적어의 다음에 연결되던 원형 부정사도 변화를 겪게 된다. 16-12에서는 saw라는 지각 동사가 제시되고, storm이라는 원형 부정사가 문법적 관계를 맺고 있다. 하지만 16-13처럼 수동태 문장으로 바뀌면 문장의 동사는 상태를 나타내는 were가 된다. were는 지각 동사가 아니기 때문에 <u>지각 동사와 어울리던 원형 부정사는 그 형태를 유지할 수 없으므로 to 부정사가 되어야 한다</u>.

16-16　I *heard* the security guard **yelling** at the crowd.
16-17　The security guard *was heard* **yelling** at the crowd.
　　　나는 경비원이 사람들에게 계속 소리 지르는 것을 들었다.

그런데 지각 동사의 뒤에 현재 분사가 연결되는 경우에는 조금 다른 양상

| 16-16 | I heard the security guard yelling at the crowd. |
| 16-17 | The security guard was heard yelling at the crowd. |

을 보인다. 16-16의 능동태 문장에서 목적어의 뒤에 있는 yelling은 16-17처럼 수동태 문장에서도 to 부정사로 변하지 않기 때문이다. 지각 동사의 뒤에 원형 부정사가 오는 경우는 동작의 완료라는 점에서 일회적인 사건을 의미한다. 반면에 현재 분사는 지속적인 동작이라는 의미에서 연속적인 동작이라는 점을 나타낸다. 따라서 이 yelling을 to yell로 고치면 현재 분사로 담아내던 의미를 유지할 수 없다는 점에서 그대로 현재 분사형을 사용하는 것이다.

부정사는 준동사다

1. 부정사절의 의미상 주어로 쓰이는 명사가 동사의 주어나 목적어와 같은 역할을 수행할 수 없는 경우에는 전치사를 결합해서 표시한다.

2. 주격 보어로 쓰인 형용사가 사람의 성격과 관련된 의미일 때는 of를 사용하고, 그 외에는 대부분 for로 부정사절의 의미상 주어를 표시한다.

to를 쓰는 이유가 뭘까?

1. to는 방향성뿐만 아니라, '도착'이라는 의미까지 나타낸다. 도착의 의미는 물리적 실체에 대한 '접촉'과 추상적인 개념에 대한 '집착, 고수'로, 또 '이동'의 의미로 이어진다. 행위를 나타내는 명사가 to에 연결되면 연속되는 동작, 결과적인 행위라는 의미가 된다.

2. to의 뒤에 나오는 동작이 왼쪽에 제시되는 동사보다 이후에 발생하는 상황이라는 관계를 나타낸다는 점에서 to는 미래성을 갖는다. 그래서 aspire, decide, endeavor, expect, hope, promise, want처럼 미래의 상황을 전제로 하는 동사의 뒤에 to 부정사가 연결된다.

3. advise, persuade처럼 이후의 상황을 대상으로 하는 타동사의 뒤에는 목적어와 to 부정사가 연결된다.

4. 명사의 뒤에서 형용사 역할을 하는 to 부정사도 특정한 관계망이 형성되는 것을 포착할 수 있다. attempt, decision, endeavor, tendency처럼 동사 일 때 to 부정사와 어울리는 명사들의 다음에도 역시 명사가 연결된다. 또 license, permission이나 chance, right, way같은 명사의 뒤에도 to 부정사가 연결된다.

5. anxious, bound, designed, destined, eligible, likely, prepared, ready, responsible, willing 등과 같이 미래성을 갖는 형용사의 뒤에도 to 부정사가 연결된다.

부정사절을 명사로

1. to 부정사가 명사적 용법으로 쓰일 때는 주어나 목적어, 혹은 보어의 역할을 한다. to 부정사는 전치사의 목적어로 쓰이지 않는 것이 원칙이다.

2. 의문사와 부정사가 연결되는 구조는 명사절인 의문사절을 압축시킨 것이므로 명사로 활용된다. 의문사와 부정사절은 전치사의 뒤에서 목적어 역할을 할 수 있다.

3. 주어로 쓰인 부정사절은 긴 정보가 되기 때문에 문장의 뒤로 배치하고, 주어 자리에는 it으로 그 역할을 표시하게 된다.

4. 의미가 없는 가주어 it을 특정한 의미가 있는 명사로 대체하기도 한다. 사람의 성격을 나타내는 형용사가 있는 경우에는 의미상 주어가 it을 대체한다. 그 외의 경우에는 부정사절에 제시되는 동사나 전치사의 목적어가 it 대신 쓰인다.

5. consider, find, make와 같은 동사의 뒤에 부정사절이 목적어로 제시되고, 목적 보어가 연결되는 경우에는 흔히 부정사절을 문장의 뒤로 옮기고 목적어의 자리에 it을 쓴다. 가목적어는 부정사절과 it의 관계에서 존재하므로 목적 보어의 의미나 품사와 상관이 없다.

부정사절을 형용사로

1. 부정사절이 서술적 용법일 때는 be 동사의 뒤에 연결되는 방식으로 사용된다. be to 부정사는 기본적으로 미래 시점에 발생하는 사실을 표현하고, 문맥에 따라 '예정, 의무, 의도, 조건, 가능성, 운명' 등의 의미를 나타낸다.

2. 명사를 수식하는 관계절이 주격 혹은 목적격 관계 대명사, 또는 관계 부사가 생략되면서 부정사절로 압축되기도 한다.

부정사절을 부사로

1. 부사절을 압축한 부정사절은 부사절의 다양한 의미를 물려받는다. 그래서 부사적 용법으로 쓰인 부정사절은 '목적, 결과, 이유, 조건, 양보' 등 다양한 문맥을 나타낸다.

2. 준동사의 수식은 부사로만 가능하다. 그리고 준동사절이라는 긴 어구를 수식하기 때문에 짧은 어구인 부사는 준동사의 앞에 두는 것이 원칙이다. 부사를 to와 동사의 원형 사이에 두는 분리 부정사는 부정사를 수식한다는 것을 명확하게 밝히는 방법이다.

to가 없는 부정사

1. 사역 동사 have, make, let의 목적어 뒤에는 to가 없는 원형 부정사가 온다. 목적어가 동작의 대상인 경우에는 수동의 관계이므로 과거 분사가 연결된다.

2. have는 신분의 차이에 따른 직접적인 명령의 의미가 강한 반면, get은 설득을 통해 시킨다는 의미를 나타낸다.

3. help의 뒤에는 to 부정사와 원형 부정사가 모두 가능하다. to 부정사가 연결될 때는 간접적인 도움을, 원형 부정사일 때는 직접적인 도움을 흔히 의미한다.

4. 지각 동사 feel, hear, notice, observe, see, smell의 뒤에 원형 부정사가 연결되면 동작의 완료를, 현재 분사가 연결되면 동작의 진행을 각각 의미한다.

5. 사역 동사나 지각 동사가 수동태 문장이 되면 상태를 나타내는 be 동사가 제시되므로 원형 부정사는 to 부정사로 변한다. 단 현재 분사가 연결되는 지각 동사의 경우에는 그대로 현재 분사형을 사용한다.

동명사, 과거와 현재를 향한 시선

동명사는 준동사다 200

동명사, 동사와 명사의 경계에서 223

부정사와 동명사, 선택의 기준 243

동명사와 관용 표현 264

동명사는 준동사다

의미상 주어를 표시하기

동명사는 동사와 명사의 속성을 모두 간직하고 있다. 그러다 보니 동사적 용법과 명사적 용법으로 구분해서 설명하는 것이 일반적인 경향이다. 동사와 명사라는 양면적 속성을 반영한다는 점에서 동명사라는 용어는 상당히 적절해 보인다.

하지만 <u>동명사라는 용어가 동명사, 나아가 준동사를 올바르게 이해하는 데 오히려 방해가 될 위험도 안고 있다.</u> 명사의 용도로 활용되는 부정사도 역시 동사의 속성과 명사의 기능을 함께 갖고 있다는 점에서 이런 이중적인 특징이 동명사의 전유물은 아니다. 따라서 동명사라는 용어가 타당한 면이 있는 것은 사실이지만, 동명사라는 장치에 국한해서 이해하면 오히려 실체를 정확하게 파악하지 못할 수도 있는 것이다.

동명사가 보여주는 명사의 속성이란 역시 명사로 활용되는 부정사와 연결해서 둘 사이에 존재하는 유사성과 차별성의 맥락으로 접근해야 그 의미를 정확하게 이해할 수 있다. 또 동명사의 동사적 속성도 동명사에만 해당하는 것이 아니라, 준동사 전반에 고르게 적용되는 공통 규칙이다. 따라서 보편적 속성이라는 바탕 위에서 동명사에만 특정하게 적용되는 변별적 요소들을 이해할 때 비로소 동명사의 용법을 제대로 볼 수 있을 것이다.

어떤 대상이 독자적으로 존재하는 경우는 드물다. 어떤 존재가 드러내는 특성은 다른 존재와 맺고 있는 상대적 관계 속에서 규정되기 때문이다. 언어 현상도 이런 보편 규칙에서 벗어나지 않는다. 따라서 <u>동명사도 동명사로서만 이 아니라, 부정사와 맺고 있는 닮음과 다름이라는 상대적 관계 속에서 인식해 야 한다.</u>

부정사, 동명사, 분사가 준동사의 범주에 포함된다는 것은 그들이 공통된 속성을 드러낸다는 뜻이다. 구체적으로 종속절이 압축되는 과정이나 단순형 과 완료형으로 준동사의 상대적 시점을 나타내는 방식은 세 가지 유형의 준동 사에 공히 적용되는 보편적 특성이다. 또 동사로 활용되지는 않지만 동작의 의 미를 담고 있으며, 준동사의 의미상 주어를 표시할 필요가 있다는 점도 고르게 적용된다. 이런 점에서 부정사절, 동명사절, 분사절이라는 명칭을 붙이는 것이 타당하다는 점을 이미 확인한 바 있다.

동명사는 동사의 원형에 -ing라는 어미를 결합시키는 방식으로 표시한다. 동명사도 동사가 갖고 있던 구조와 의미를 담아내게 되고, 그 점에서 의미상 주어를 표시할 필요도 생긴다. 이때 주절의 주어와 일치하거나, 일반적인 사람 을 나타내는 경우라면 의미상 주어를 생략하는 준동사의 일반적 규칙을 따른 다.

하지만 문장의 주어와 다른 경우, 즉 정보의 가치가 있는 경우라면 의미상 주어를 구체적으로 밝혀야 한다. 다만 동명사에서 의미상 주어를 표시하는 방 식은 부정사와는 다른 양상을 보인다. 부정사와 동명사는 문장에서 소비되는 방식, 즉 활용되는 품사가 다르기 때문에 의미상 주어를 표시하는 방법도 다를 수밖에 없는 것이다.

동명사의 의미상 주어를 표시하는 방식을 이해하려면 동명사가 명사의 역 할을 한다는 점에 주목해야 한다. 명사를 수식할 수 있는 기능은 오직 형용사 에게만 부여된 것이다. 같은 맥락에서 <u>동명사의 의미상 주어는 형용사로, 좀</u>

<u>더 구체적으로 말하면 명사나 대명사의 소유격으로 표시하는 것이 원칙이다.</u>

명사나 대명사의 소유격을 표시하는 방법은 주로 세 가지가 있다. 대명사의 경우에 소유격은 인칭 대명사에서 주로 나타나고, my, your, his, her, its, our, their가 인칭 대명사의 소유격을 나타내는 형태들이다.

1-1 Charley was admonished for **texting in class**.

 찰리는 수업 시간에 문자 메시지를 하다가 야단을 맞았다.

1-2 I am sure of *his* **mediating the dispute between the tribes**.

 나는 그가 두 부족 사이의 분쟁을 중재할 것으로 확신한다.

1-1에서는 동명사절 texting in class의 앞에 의미상 주어를 나타내는 정보가 제시되지 않고 있다. 이런 경우에는 그 행위자가 문장의 주어인 Charley와 동일한 정보가 되고, 정보의 반복이라는 차원에서 생략된 것이다.

반면에 1-2에서는 동명사절의 앞에 his라는 소유격이 제시되고 있다. 이렇게 의미상 주어를 표시함으로써 분쟁을 중재하는 행위자와 그 일을 확신하는 행위자가 서로 다르다는 점을 명확하게 밝히고 있다.

1-3 I had no objection to *Demian's* **coming to the housewarming party**.

 나는 데미안이 집들이에 오는 것을 반대하지 않았다.

1-4 Professor Salinger was angry at *the secretary's* **leaving for the day without notice**.

 비서가 말도 없이 퇴근해서 샐린저 교수는 화가 났다.

명사를 소유격으로 표시하고 싶을 때는 -'s, 즉 apostrophe와 -s라는 어미를 결합시키는 방법과 전치사 of를 활용하는 방법, 두 가지가 있다. 하지만 전치사 of를 통한 방식은 어순의 혼란을 야기하기 때문에 동명사의 의미상 주어를 표시하는 용도로는 사용하지 않는다.

　자신이 하는 행위를 자신이 반대하는 것은 논리적으로 성립할 수 없기 때문에 object는 기본적으로 타인의 행동에 대한 것이라는 문맥이 성립한다. 따라서 1-3에서 반대하는 행위자와 그 대상이 되는 동작을 하는 행위자가 서로 다른 존재라는 점을 분명하게 밝히지 않으면 논리적 관계가 성립하지 않는다. 그래서 Demian's라는 소유격 형태를 통해 집들이에 오는 사람은 Demian이라는 사실을 밝히고 있다.

　명사에 결합하는 -'s라는 소유격 표시가 고유 명사에만 적용되는 것은 아니다. 이 표시는 일반적으로 생물을 의미하는 명사에게 보편적으로 적용되는 것이기 때문이다. 그래서 1-4에서는 the secretary's라는 소유격으로 leaving for the day without notice라는 동명사절의 행위자가 문장의 주어인 Professor Salinger와 다르다는 점을 표시하고 있다.

동명사의 의미상 주어와 목적격

　동명사의 의미상 주어로 인칭 대명사나 명사의 소유격을 쓰는 것이 원칙이지만 목적격으로 의미상 주어를 표시하는 경우도 있다. 보통 네 가지 경우를 제시하는데, 무작정 예외적인 상황으로 뭉뚱그리는 것은 온당하지 않다. 이런 현상들을 야기하는 배경이 원칙에서 벗어나는 것이 아니기 때문이다. 따라서 예외라는 불친절한 용어로 간단하게 규정하고 넘어가지 않고, 그 이유에 대해 심층적으로 접근하는 것이 적절하다. 결국 공부는 낯설어 보이는 현상들을 자신의 영역으로 끌어들이는 과정인 것이다.

<u>목적격으로 동명사의 의미상 주어를 표시하는 일차적 사례는 구어체에서 발견할 수 있다. 구어체와 문어체는 말과 글이라는 전달 방식의 차이에 따른 구별이 아니라, 정보를 주고 받는 서로의 사회적 관계에 따라 나눈 것이다.</u> 구어란 사회적 관계가 보다 느슨한 상황에서 발생하는 언어 현상을 의미한다. 그런 점에서 구어에서는 문어의 경우보다 문법 규칙이 유연하게 적용되는 경향이 있다.

1-5 I can't understand ***his*** leaving without a word.
1-6 I can't understand ***him*** leaving without a word.
    나는 그가 말 한 마디 없이 떠난 것을 이해할 수가 없다.

1-5에서 보듯이 동명사의 의미상 주어는 인칭 대명사의 소유격으로 표현하는 것이 원칙이다. 하지만 구어적 상황에서는 1-6처럼 인칭 대명사의 소유격 his가 아니라 목적격 him으로 표현하는 것도 가능하다는 것이다.

1-7 I was unable to excuse ***the travel agency's*** justifying its mistake.
1-8 I was unable to excuse ***the travel agency*** justifying its mistake.
    나는 여행사에서 자신들의 실수를 정당화시키는 것을 용서할 수가 없었다.

이런 경향은 명사의 경우에도 오롯이 적용된다. 그런데 명사는 사실 주격과 목적격의 형태가 별도로 존재하지 않는다. 따라서 명사의 목적격이라는 표현은 그 명사가 목적어의 자리에 있다는 의미로 받아들이는 것이 무난하다.

1-7처럼 보통 명사에 -'s를 붙이는 방법으로 동명사의 의미상 주어를 표시하는 것이 격식을 갖춘 표현 방식이다. 하지만 구어체에서는 1-8처럼 소유격의 표시를 제거하고 명사의 형태로 의미상 주어를 나타내는 것도 허용된다.

그러나 이렇게 인칭 대명사나 명사의 목적격으로 의미상 주어를 표시하는 방법이 항상 가능한 것은 아니다.

1-9 *Him behaving politely like that was unusual.

1-10 *His* behaving politely like that was unusual.
그가 그처럼 공손하게 행동하는 것은 드문 일이었다.

<u>동명사가 문장의 주어 자리에 오는 경우라면, 1-9처럼 인칭 대명사의 목적격으로 의미상 주어를 표시하는 것은 옳지 않다.</u> 문장의 주어가 제시되는 자리에 인칭 대명사의 목적격이 나오는 구조는 통용되지 않기 때문이다. 이런 경우에는 1-10처럼 인칭 대명사의 소유격으로만 의미상 주어를 나타내야 한다.

1-11 *Jeremy using my cell phone without any consent made me embarrassed.

1-12 *Jeremy's* using my cell phone without any consent made me embarrassed.
아무런 동의도 얻지 않고 내 휴대전화를 제레미가 사용해서 나는 당혹스러웠다.

1-11 *Jeremy using my cell phone without any consent made me embarrassed .
1-12 Jeremy's using my cell phone without any consent made me embarrassed.

이런 규칙은 명사의 목적격으로 의미상 주어를 표시하는 경우에도 동일하게 적용된다. 1-11에서는 동명사절이 문장의 주어로 활용되고 있고, Jeremy라는 고유 명사의 목적격 형태가 의미상 주어 역할을 하고 있다. 하지만 구어에서도 주어로 쓰인 동명사의 의미상 주어를 명사의 목적격으로 표현하는 것은 허용되지 않는다.

또 1-11의 방식을 허용하면 이 명사의 다음에 연결되는 준동사의 역할을 혼동할 수 있다는 문제도 발생한다. 1-11의 using을 동명사로 이해한다면, made의 주어는 동명사가 나타내는 행위가 된다. 즉 Jeremy의 행동이 나를 당혹스럽게 했다는 의미가 되는 것이다.

반면에 using을 현재 분사로 이해한다면 Jeremy를 설명하는 형용사의 용도가 된다. 따라서 made의 주어는 Jeremy로 이해해야 하기 때문에 나를 당혹하게 한 것은 행위가 아니라 사람이 되므로 전달하는 의미가 달라진다.

이런 의미의 혼선을 막기 위해 <u>문장의 주어로 활용되는 동명사의 의미상 주어는 반드시 1-12처럼 명사의 소유격으로 표시해야 한다. 어떤 경우에도 정보를 정확하게 전달하는 것이 언어의 우선 과제이고, 그 과정에 대한 약속이 문법이라는 사실을 잊지 말아야 한다.</u>

목적격으로 의미상 주어를? 어쩔 수 없다!

동명사의 의미상 주어는 명사나 인칭 대명사의 소유격으로 표시하는 것이 원칙이지만 그렇게 할 수 없는 부득이한 경우가 있다. <u>첫째는 all, each, this,</u>

<u>some, few같은 대명사가 동명사의 의미상 주어 역할을 하는 상황이다. 이런 대명사들은 소유격이라는 독립된 형태가 없으므로 소유격으로 의미상 주어를 나타낼 방법이란 본래부터 존재하지 않는다.</u>

1-13 I remember *most of the applicants* having complete mastery of Spanish.

내 기억으로는 지원자들 대부분이 스페인어를 완벽하게 구사할 수 있었다.

1-14 The committee reached a consensus on *either of the organizations* partaking in the conference.

위원회는 두 단체 중 하나가 회의에 참가한다는 점에 의견이 일치했다.

1-15 Do you believe the possibility of *that* happening in this brutal world?

이 잔인한 세상에 그 일이 일어날 가능성을 믿습니까?

1-13에서 동명사 having의 의미상 주어는 the applicants가 아니라 most가 된다. the applicants는 전치사 of와 함께 most를 설명하는 형용사 역할을 하기 때문이다. 그런데 most는 소유격이 별도로 존재하지 않기 때문에 most라는 형태가 아니고서는 달리 표현할 수 있는 방법이 없다. 1-14의 문장도 같은 관점으로 이해할 수 있다. either가 partaking의 의미상 주어가 되는데, either도 역시 소유격의 형태가 없기 때문에 그대로 의미상 주어로 역할을 할 수밖에 없다.

대명사의 다음에 수식하는 전치사구가 항상 연결되는 것은 아니다. 1-15의 that처럼 뒤에 동명사가 곧바로 연결될 수도 있다. 그런데 이 경우에도 that

의 소유격은 존재하지 않기 때문에 동명사의 의미상 주어를 표시할 수 있는 다른 방법은 없다.

<u>명사의 목적격으로 동명사의 의미상 주어를 표시하는 두 번째 사례는 무생물 명사나 추상 명사가 제시되는 문장이다.</u> -'s로 소유격을 나타내는 생물 명사와 달리 무생물 명사는 전치사 of로 소유격을 표현한다. 하지만 이 형태의 소유격을 동명사의 의미상 주어로 쓰려고 하면, 곤란한 상황이 발생하게 된다.

1-16 *The delegates from the union were satisfied with finally being over of the talkathon.

1-16에서 the talkathon은 동명사인 finally being over의 의미상 주어이기 때문에 규칙에 따라 소유격으로 표현했다. 그리고 talk와 marathon의 합성어로 "마라톤 회담"이라는 뜻인 talkathon은 사물 명사에 해당된다는 점에서 of를 활용했다.

하지만 규칙에 맞춰 의미상 주어를 표현한 문장의 구조는 어색하기 짝이 없다. 문장에서 of라는 전치사구의 역할이 명확하게 규명되지도 않지만, 무엇보다 의미상 주어는 준동사의 앞에 둠으로써 주어와 동사의 유기적인 관계를 보여줘야 한다는 기본을 지키지 못하기 때문이다. 그렇다고 무생물 명사를 동명사의 앞에 두고 -'s를 사용하는 것도 소유격의 규칙에 어울리지 않는다.

1-17 The delegates from the union were satisfied with **the talkathon finally being over**.

노조 대표들은 마라톤 회담이 마침내 끝난 것에 만족했다.

무생물 명사를 동명사의 의미상 주어로 활용할 때 소유격의 형태를 유지하려면 of를 활용할 수밖에 없고, 그러면 동명사의 뒤에 의미상 주어가 연결되는 기형적인 구조가 될 수밖에 없다. 그래서 1-17처럼 사물 명사는 소유격이 아닌 형태로 동명사의 앞에서 의미상 주어라는 정체성을 표시하는 전략을 선택한다.

1-18 I have read an article about *wine drinking* leading to lead poisoning in the Roman Empire.
　　로마 제국 시대에 포도주를 마셔서 납중독에 이르렀다는 기사를 본 적이 있다.

1-19 No one would have dreamed of *the island* being such a peaceful place.
　　그 섬이 그렇게 평화로운 곳이라는 사실은 아무도 생각하지 못했을 것이다.

1-20 Environmentalists worried about *the speculation funds* taking the electric power company over.
　　환경보호론자들은 투기 자본이 발전 회사를 인수하는 상황을 우려했다.

1-21 The strong wind made the fallen leaves swirl up together, which seemed like *the dead hands* giving a standing ovation.
　　강풍이 불어 낙엽들이 하늘로 솟구쳤다. 그 모습은 마치 죽은 자들이 기립박수를 치는 것 같았다.

　　1-18에서 wine drinking은 무생물 명사라는 점에서 of 소유격을 활용하면 in the Roman Empire의 뒤에 위치하게 된다. 그렇다면 주어가 동작인 leading보다 뒤에 나오는 납득할 수 없는 구조가 되기 때문에 허용될 수 없다.

1-19 No one would have dreamed of the island being such a peaceful place.
1-20 Environmentalists worried about the speculation funds taking the electric power company over.
1-21 The strong wind made the fallen leaves swirl up together, which seemed like the dead hands giving a standing ovation.

1-19에서 the island는 동명사의 의미상 주어 역할을 하고 있는데, 앞에 있는 전치사 of는 dreamed에 연결된 것이므로 소유격 표현으로 혼동하지 말아야 한다.

1-20의 the speculation funds와 1-21의 the dead hands도 무생물 명사라는 점에서 소유격을 활용하지 않고 다음에 연결되는 동명사의 의미상 주어로 쓰이고 있다. 결국 무생물 명사가 동명사의 의미상 주어로 쓰일 때 목적격으로 표시하는 것은 준동사의 앞에 의미상 주어를 배치한다는 원칙을 지키기 위한 부득이한 선택으로 이해할 수 있다.

또한 무생물 명사의 소유격을 표현할 때 of는 소유 관계를 나타낸다기보다는 부분과 전체의 관계를 설정하는 장치로 쓰인 것이다. 하지만 동명사의 의미상 주어는 말 그대로 행위자를 나타내는 것이기 때문에 of의 의미와 어울리지 않기도 하다. 그런 점에서 무생물 명사가 동명사의 의미상 주어일 때 of로 표시하는 것은 논리적으로도 성립되기 어렵다.

그래서 생물 명사가 의미상 주어인 경우에는 -'s 소유격으로 표시해야 하지만, 반드시 그런 것은 아니다. 1-20, 1-21의 의미상 주어처럼 명사가 이렇게 복수형이거나 혹은 고유 명사의 철자가 -s로 끝나는 경우에는 다음에 -'s를 다시 결합시키지 않고, 목적격 형태로 의미상 주어를 표시한다. 동일한 철자를 반복시키지 않으려는 의도로 이해할 수 있다.

그런데 생물 명사가 복수형으로 끝난 것도 아닌데 -'s 소유격을 쓰지 않고 동명사의 의미상 주어를 표현하는 경우가 있다. 생물 명사를 수식하는 전치사구나 관계절과 같은 추가 정보가 결합되는 구조의 문장이 바로 그런 유형에 해당한다.

1-22 There was the news of ***a man*** <u>in his seventies</u> donating all his fortunes to a library.

<small>70대 할아버지께서 도서관에 전 재산을 기부하셨다고 한다.</small>

1-23 I was ashamed of ***the CEO*** <u>of the electronics company</u> being involved in the embezzlement scandal.

<small>전자 회사의 최고 경영자가 횡령 스캔들에 연루되었다는 사실에 나는 부끄러웠다.</small>

전치사구나 절이 명사를 수식하게 되면 정보가 길어지기 때문에 명사의 뒤에 위치하는 것이 원칙이다. 동명사의 의미상 주어로 쓰인 생물 명사에도 이런 어구가 수식하는 경우가 있다. 그런데 그럴 때는 의미상 주어에 대한 원칙을 그대로 적용하기 어렵게 된다.

1-22의 경우에 의미상 행위자는 a man이지만, 그 명사를 수식하는 in his seventies라는 어구까지 함께 명사어구를 형성하고 있다. 소유격의 다음에 전치사가 연결될 수는 없기 때문에 a man's in his seventies라고 사람 명사에 어울리는 소유격을 표시할 수는 없다. 그렇다고 seventies의 다음에 소유격 표시를 결합시키는 것도 적절하지 않다. 그래서 a man이라는 명사 형태를 유지할 수밖에 없는 것이다.

1-23에서도 being involved in the embezzlement라는 동명사절의 행위자는 the CEO가 된다. 사람을 의미하는 명사라는 점에서 소유격으로 의미상 주어를 표시해야 마땅하다. 하지만 다음에 있는 of the electronics company라는 전치사구도 그 명사를 수식하는 형용사 역할을 하고 있다. 이렇게 수식어구가 뒤에 연결되는 경우에는 소유격 형태를 사용하기 어색하다는 점에서 명사의 목적격으로 의미상 주어를 표시하게 된다.

동명사의 의미상 주어는 명사나 대명사의 소유격으로 나타내는 것이 원칙이지만, 앞서 설명한 여러 가지 경우에는 목적격을 활용한다. 결과만 놓고 본다면 예외적인 상황이라고 할 수도 있다. 하지만 <u>그 과정과 이유를 고려한다면 부득이한 선택일 뿐, 규칙을 의도적으로 어긴 것도, 예외라고 분류해야 할 정도도 아니라는 것을 알 수 있다.</u>

목적격으로 동명사의 의미상 주어를 나타내는 사례들을 예외적인 경우라고 간단하게 정리하고 넘어가는 것도 가능하다. 동명사를 이해하는 과정에서 그렇게 비중 있게 다뤄지는 대목은 아니라는 점에서 그런 방법이 더 효율적일 수도 있다. 하지만 그런 편리함의 이면에는 일정한 기준에 어긋난 것으로 보이는 현상들을 이해하려는 노력은 배제되고, 단지 편의주의적인 분류만 있는 것은 아닌지 돌아봐야 한다.

<u>예외라는 개념은 결국 어떤 대상을 원칙의 경계 밖에 두는 것을 의미하는데, 공부는 그런 경우들을 경계 안으로 끌고 들어오면서 외연을 지속적으로 확장하는 과정이다.</u> 그런 점에서 예외라는 인식표를 쉽게 붙이는 일은 공부의 속성과 상반되는 행위라는 점에서 바람직하다고 할 수 없다.

예외적인 경우가 많다고 하면 설정된 원칙으로 제대로 설명되지 않는 경우가 그만큼 많다는 것이고, 그것은 곧 규칙 체계가 불완전하다는 의미가 된다. 정해진 규칙에서 벗어나 보이는 경우라도 그것이 일정한 통제를 벗어나는 사례인지 면밀하게 검토하고, 근거를 찾으려는 시도를 해야 원칙도 건강할 수 있다. 당장의 편리함을 위해 원칙이라는 경계 밖으로 자꾸 밀어내면 결국 원칙의 울타리가 위축되는 결과를 가져올 뿐이다.

결국 어떤 현상에 대한 설명을 모색하는 것이 공부고, 그 과정에서 일정한 양상을 보이는 현상들에 대한 규칙을 설정하게 된다. 이 규칙은 절대적이지도 않고, 고정된 것도 아니다. 그것은 현 단계에서 설명 가능한 경우들에 대한 대답일 뿐, 그 경계선을 끊임없이 확인하고, 보수하고, 넓혀나가야만 한다.

그래서 동명사의 의미상 주어로 목적격을 쓰는 경우는 원칙에 어긋난 예외적인 경우라기보다는 소유격을 쓸 수 없는 상황에 대한 부득이한 대응으로 규정하는 것이 타당한 것이다.

의미상 주어를 생략하는 경우

준동사의 의미상 주어가 문장의 주어와 동일하거나, 일반 사람을 의미하는 경우에는 생략하는 것이 일반적인 현상이다. 이런 경향은 정보의 가치가 낮은 어구들을 생략함으로써 경제적으로 정보를 전달하려는 의도에서 비롯된 것이다. 이와 반대로 문장의 경제성보다 정보 전달의 정확성이 더 큰 가치가 있는 상황에서는 준동사의 의미상 주어를 적극적으로 밝혀주는 것이 마땅하다.

그런데 이외에도 문맥상 준동사의 행위자에 해당하는 구체적인 대상을 분명하게 파악할 수 있는 경우에는 의미상 주어가 생략되기도 한다. 이런 상황도 의미상 주어를 혼동할 여지가 없다는, 즉 정보를 전달하는 과정에서 문제가 없다는 전제가 바탕에 깔려 있는 것으로 이해할 수 있다.

동명사의 경우에도 이런 경우가 간혹 발생하는데, 그 양상은 대체로 동명사의 의미상 주어가 문장의 목적어와 일치하는 유형으로 나타난다. 즉 목적어로 이미 제시된 정보를 통해 동명사의 의미상 주어를 충분히 파악할 수 있는 상황인 것이다.

1-24 **Maggie thanked *Aaron* for inviting her to the party.**

　　매기는 아론에게 파티에 초대해줘서 고맙다고 인사했다.

1-25 **The pain in *my* shoulders makes typing impossible.**

　　어깨가 아파서 타이핑을 할 수가 없다.

1-26 **Losing the secret letter perplexed *the mistress*.**

　　비밀 편지를 잃어버려서 귀부인은 당혹스러웠다.

　　동명사의 의미상 주어는 일반적으로 소유격으로 표시되는데, 1-24에서는 동명사 inviting의 의미상 주어가 나타나지 않는다. 하지만 동사인 thank의 주어인 Maggie를 의미상 주어로 이해하는 것은 논리적으로 적절하지 않다. inviting의 목적어로 등장한 her는 Maggie를 의미하기 때문에, 자기가 자신을 초대한다는 이상한 의미가 되고 만다. 그리고 herself가 아니라, her라고 표현된 것을 감안하더라도 초대한 행위자는 Aaron으로 이해하는 것이 타당하다.

　　원칙적으로는 동작의 행위자와 준동사의 의미상 주어가 다르기 때문에, his inviting이라고 정확하게 밝히는 것이 옳은 문장이다. 하지만 바로 앞에 제시된 목적어의 정보를 통해 의미상 주어를 이해하는 데는 아무런 문제가 없다. 이렇게 문맥상 분명한 경우에는 동명사의 의미상 주어를 생략해서 간결하게 표현하는 것이 자연스럽다.

　　1-25의 문장에서도 typing의 의미상 주어는 생략되어 있다. 하지만 문장의 주어인 the pain이 typing의 행위자가 될 수는 없다는 점에서 주절의 주어와 일치하는 것으로 판단할 수는 없다. 따라서 원칙에 맞게 의미상 주어를 표시하면 my typing이 된다. 하지만 앞에 있는 my shoulders라는 정보를 통해 타이핑의 주체가 누구인지 명확하게 이해할 수 있다는 점에서 생략된 것이다.

앞서 두 개의 예문에서는 동명사가 문장의 뒤쪽에 제시되고 문맥상 이해될 수 있는 의미상 주어는 그 앞에 배치되고 있다. 하지만 1-26의 문장에서는 동명사가 문장의 주어로 등장한다. 동명사의 의미상 주어가 없지만 losing의 목적어에 the가 붙어 특정한 편지를 의미한다는 점에서 일반적인 사람이라고 생각할 수는 없다. 이렇게 의미상 주어가 드러나지 않는 경우에도 단서는 역시 목적어에서 찾을 수 있다. 그래서 이 문장에서 동명사의 밝혀지지 않은 행위자는 perplexed 목적어인 the mistress로 이해된다.

의미상 주어가 생략되는 경우는 준동사의 유형별로 각각 조금씩 차이가 있다. 하지만 '정보의 가치'라는 관점에서 불필요한 정보를 생략해서 간결하게 표현하고자 하는 보편적 맥락에서 접근하면 이 모든 경우는 모두 동일한 흐름으로 이해할 수 있다.

need와 동명사의 수동

어떤 상황이 발생하면 그 동작을 중심으로 행위의 주체와 객체라는 쌍방의 관계가 설정된다. 그래서 그 상황을 설명할 때 동작의 행위자와 동작을 받는 대상이라는 두 가지 시선이 존재한다. 동작의 행위자 입장에서 상황을 서술하는 방식을 능동태라고 하고, 반대로 대상의 시선으로 진술하는 표현을 수동태라고 한다.

능동 혹은 수동이라는 이런 관점은 동사의 형태를 통해서 투영된다. 행위자와 대상의 관계 설정은 상황의 원인과 결과에 대한 판단과도 밀접하게 관련이 있기 때문에 정확하게 표현하는 것이 원칙이다.

동명사도 동사의 속성을 갖고 있으므로 이런 관점을 명확하게 표현할 의무가 있다. 동작의 대상에 초점을 맞추는 경우에 동명사도 수동태의 관점을 담고 있음을 밝히려고 한다. 그래서 be 동사와 과거 분사라는 수동태의 모습은 being과 과거 분사가 결합되는 동명사의 모습으로 표현된다. 이때 동작의 대상에 해당하던 명사는 동명사의 왼쪽에 위치하게 되는데, 상황에 따라 문장의 주어나 목적어 역할을 한다.

2-1 Many people were astonished at *the ex-president behind the bars* being bribed by several companies.

수감된 전직 대통령이 여러 기업에서 뇌물을 받은 사실에 많은 사람들이 경악했다.

2-2 *Beatrice* recalled **being hit in the crowd**.

베아트리체는 군중 속에서 누군가에게 맞았던 것을 떠올렸다.

2-1의 경우에 동명사 being의 의미상 주어는 앞에 있는 the ex-president behind the bars라는 명사가 된다. 그리고 being은 뒤에 bribed라는 과거 분사와 연결되면서 그 의미상 주어가 뇌물을 제공한 행위자가 아니라, 뇌물을 받은 대상임을 표시하고 있다.

2-2에서는 동명사 being의 의미상 주어가 생략되어 있다. 이런 경우에는 일반적으로 문장의 주어와 동일한 정보라는 점에서 Beatrice를 의미상 주어로 이해할 수 있다. 역시 being의 다음에 hit이라는 과거 분사가 결합됨으로써 Beatrice가 누군가를 때린 가해자가 아니라, 누군가에게 맞은 피해자라는 사실을 분명하게 전달하고 있다.

2-3 ***Irene*** complained about **helping** Wayne with the history assignment.
아이린은 웨인의 역사 과제물을 도와주는 일로 투덜댔다.

2-4 ***Irene*** complained about **being helped** with the history assignment.
아이린은 역사 과제물의 도움을 받는 일로 투덜댔다.

주어의 의미 자체가 동작의 행위자와 대상을 구분하는 요소가 될 수는 없으므로, 능동과 수동은 철저하게 동사의 형태와 구조를 통해서 판단해야 한다. 2-3과 2-4에서는 모두 동명사의 의미상 주어가 생략되어 있으므로 complained의 주어인 Irene을 의미상 주어로 판단해야 한다. 그런데 2-3은 동명사의 형태가 helping이므로 주어가 도움을 주는 행위자가 된다. 그래서 다음에는 도움을 받는 대상인 Wayne이라는 정보가 제시되고 있다. 하지만 2-4에서는 being helped라는 수동형을 통해 Irene이 도움을 받는 대상이라는 점을 구별하고 있다. 그래서 다음에는 대상에 대한 정보를 나타내는 목적어가 없는 구조가 되는 것이다.

그런데 동명사의 경우에는 능동과 수동에 대한 이런 기본적인 틀에 혼란을 주는 표현이 존재한다.

2-5 The beholder's <u>statements</u> about the accident ***need*** to be verified.

2-6 The beholder's <u>statements</u> about the accident ***need*** verifying.
그 목격자의 진술은 검증할 필요가 있다.

2-5에서 need의 목적어로 제시된 to be verified는 수동형이다. 그래서 주어인 statement가 검증의 대상이라는 점을 파악할 수 있다. 2-6은 목적어로 동명사가 제시되고 있다는 점이 2-5와 다르다. 동일한 구조라는 점에서 2-6도 수동의 문맥이 분명하지만, 동명사는 능동의 형태로 표현되고 있다.

납득하기 힘든 이런 현상이 발생하는 것은 to 부정사와 동명사의 성질이 근본적으로 다르기 때문이다. <u>to 부정사와 동명사는 모두 동사와 명사의 성질을 갖추고 있지만, to 부정사가 동사의 어감이 더 강한 반면, 동명사는 명사의 어감이 더 강한 경향을 보인다.</u> 동사의 성격이 강하다는 점에서 부정사는 능동과 수동을 엄밀하게 구별하는 반면, 명사의 색채가 강한 동명사는 그만큼 동사로 표현되는 능동과 수동의 관점에서 다소 비껴 있는 표현도 가능한 것이다. 그래서 2-6처럼 동명사가 수동의 의미를 갖는 경우에는 verification과 같은 명사로 표현하기도 한다.

2-7　Donald *needs* to wash.

2-8　Donald *needs* washing.

2-7의 구조에서 wash는 다음에 목적어에 해당하는 명사가 없다는 점에서 자동사로 이해할 가능성도 열려 있다. 따라서 이 문장은 "도널드는 세수를 해야 한다"라는 의미로, 즉 Donald가 to wash의 행위자가 되는 것이다.

2-8의 문장은 need의 목적어로 연결되는 준동사가 동명사라는 점만 다를 뿐, 그 외에는 다른 점이 없다. 따라서 이 문장의 의미도 동일하게 해석할 수 있을 것으로 생각하기 쉽다. 하지만 이 문장의 의미는 2-7과 다르다.

<u>need 부류의 동사가 동명사를 목적어로 연결할 때 그 동명사는 타동사만</u>

을 대상으로 한다. 따라서 이 문장의 washing은 "세수하다, 세탁하다"라는 의미의 자동사가 아니라, "~을 씻다, ~을 씻겨주다"라는 행위의 대상을 구체적으로 제시하는 타동사로 쓰인 것이다.

이 문장에서는 washing의 목적어가 없기 때문에 능동이 아니라, 수동으로 이해하는 것이 맞다. 따라서 Donald는 washing의 행위자가 아니라 대상이 되고, "도널드는 세수를 시켜줘야 한다"라는 의미로 이해되는 것이다.

2-9 *The gear of the bicycle doesn't work well; you need fixing it.
2-10 The gear of the bicycle doesn't work well; you *need* to fix it.
   이 자전거의 기어가 작동이 잘 되지 않는다. 수리를 해야 한다.

2-9의 문장이 문법적으로 성립되지 않는 것도 이런 관점에서 근거를 찾을 수 있다. 이 예문에서는 fixing의 다음에 목적어에 해당하는 it이 있기 때문에 능동으로 표현한 것이 타당하다고 생각할 수 있다. 하지만 방금 확인했듯이 need의 뒤에 동명사가 연결되는 표현 방식은 목적어가 없는 수동의 상황을 전달하는 의미를 담고 있다. 그래서 need의 뒤에 목적어가 있는 능동 구조의 동명사로 표현한 2-9는 적절하지 않은 것이다. 하지만 2-10처럼 need의 뒤에 to부정사를 목적어로 활용하는 경우에는 능동과 수동 어느 쪽으로도 표현이 가능하다.

물론 동명사의 수동을 둘러싼 이런 표현 방식이 보편적인 것은 아니고, 일부 동사들의 경우에만 제한적으로 적용된다. 동사로는 bear, deserve, need, require, want 등이, 형용사로는 worthy가 이렇게 능동형으로 수동의 의미를 나타내는 속성을 갖고 있다.

2-11 My coat *wants* dry-cleaning.

　　내 외투는 드라이 클리닝을 해야 한다.

2-12 His paranoiac behavior *bears* watching carefully.

　　그의 편집증적 행동은 주의 깊게 지켜볼 필요가 있다.

　　2-11에서 want의 뒤에 동명사가 목적어로 연결되고 있고, 그다음에는 명사가 없다. 2-12에서도 bear의 뒤에 연결되는 구조는 2-11과 동일하다. 논리적으로도 이 두 문장의 주어에 해당하는 명사는 의미상 각각 dry-cleaning과 watching의 대상이 된다는 점에서도 이들의 관계가 수동이라는 사실을 알 수 있다.

　　구조는 의미를 전달하는 그릇이다. 일정한 함량의 내용물을 전달하기 위해서는 그릇의 크기가 일정해야 하듯이, 특정한 구조에 담기는 단어들은 유사한 문맥을 형성한다. 반대로 말하면 단어의 의미는 그를 담을 수 있는 적절한 구조와 결합할 때에만 비로소 의도한 의미를 구현할 수 있는 것이다.

　　2-11의 want가 이렇게 동명사를 목적어로 하는 경우에는 need, require와 마찬가지로 "~할 필요가 있다"라는 의미로 쓰인다. 또 2-12의 bear도 다양한 의미로 활용되지만 이렇게 동명사를 목적어로 하는 구조에서는 "~의 가치가 있다, ~할 필요가 있다"의 뜻을 갖는다. 즉 want도, bear도 이런 구조에 담기에 적절한 의미로 쓰인 것이다.

2-13 His report on the environmental damage from the oil spill is *worthy of* reading.

2-14 His report on the environmental damage from the oil spill is *worthy* to be read.

　　　기름 유출로 인한 환경 파괴에 대한 그의 보고서는 읽을 가치가 있다.

　　2-13의 worthy는 "훌륭하거나 옳다"는 의미로 쓰일 때는 명사의 앞에 오는 경우가 있다. 하지만 주로 다음에 of를 동반해서 "~할 자격이 있는"이라는 의미를 나타내므로 deserve와 유사한 맥락을 형성한다. 따라서 of 뒤에 연결되는 동명사는 마찬가지로 수동의 의미를 나타내기도 한다.

　　다만 동일한 정보를 to 부정사로 표현하는 경우에는 약간 주의할 점이 있다. 전치사의 목적어로 to 부정사는 사용하지 않는 것이 원칙이기 때문에 of와 to 부정사가 충돌하게 된다. 따라서 이런 경우에는 2-14처럼 of를 생략하고 to 부정사를 연결해야 한다.

2-15 I *can't bear* leaving cats unattended in the street.

　　　나는 고양이들을 길에 방치하는 것을 참을 수 없다.

2-16 He *can't bear* being laughed at.

　　　그는 놀림받는 것을 참지 못한다.

그런데 bear가 동명사를 목적어로 할 때, 지금까지 살펴본 바와 다른 구조의 문장이 발견되기도 한다. 즉 2-15처럼 동명사의 목적어가 제시되는 능동 구조의 문장도, 2-16처럼 수동형으로 표현된 동명사가 연결되는 경우도 있기 때문이다.

동명사 **221**

정리했던 규칙에 어긋나는 유형을 만나면 당혹스러움을 느끼기 쉬운 것이 사실이다. 하지만 <u>구조와 의미가 맺고 있는 상호지시적 관계를 고려할 때, 의미를 담는 구조가 다르다는 것은 그 구조에 담긴 의미가 다르다는 표시로 이해해야 한다</u>.

이렇게 부정문이나 의문문에서 can이나 could와 함께 쓰일 때 bear는 "참다, 견디다"라는 의미로 쓰인 것이다. bear의 목적어로 연결되는 동명사의 뒤에 목적어가 있거나, 수동형으로 쓰인 이런 구조는 틀린 문장이 아니라, bear가 갖는 다른 의미를 전달하는 방식으로 이해해야 옳은 것이다.

동명사, 동사와 명사의 경계에서

동명사는 명사다!

동사의 원형에 -ing를 붙인다는 점에서 동명사는 현재 분사와 형태가 동일하다. 하지만 현재 분사가 형용사로 활용되는 것과는 달리 동명사는 명사의 역할을 수행한다는 기능적 차이가 있다. 동명사가 명사로 쓰인다는 것은 문장에서 주어, 보어, 또는 목적어의 역할을 한다는 뜻이다.

그리고 동명사의 형태는 동사의 원형에 -ing라는 어미가 결합된 모습이지만 동사의 특성에 따라 다음에 연결되는 구조까지를 하나의 의미 덩어리로 이해해야 한다. 또한 주어, 시점, 태 등이 표현됨으로써 동사의 속성을 보여주기 때문에 동명사절이라고 규정해야 그 성격을 올바르게 이해할 수 있다는 점을 이미 확인했다.

3-1 **Robbing Peter to pay Paul *means*** that you are still in debt.
   빚을 내서 빚을 갚는 일은 여전히 빚을 지고 있다는 말이다.

3-2 **Knowing when to say when *is*** an important thing in almost every situation.
   그만이라고 말할 때를 아는 것은 거의 모든 상황에서 중요한 일이다.

3-3 **Collecting old coins *was*** Gabriel's hobby.
   오래된 동전을 수집하는 일이 가브리엘의 취미였다.

3-4 **It *was*** Gabriel's only hobby **collecting old coins**.

> 3-1 Robbing Peter to pay Paul means that you are still in debt.
> 3-2 Knowing when to say when is an important thing in almost every situation.
> 3-3 Collecting old coins was Gabriel's hobby.
> 3-4 It was Gabriel's only hobby collecting old coins.

준동사의 특성에서 확인했듯이 3-1에서 동명사는 robbing 한 단어만이 아니다. rob은 주로 사람을 목적어로 하는 타동사이므로 그 목적어까지가 하나의 의미 단위가 된다. 그리고 이 문장에서는 rob을 수식하는 to 부정사도 있으므로 동명사절의 영역은 robbing Peter to pay Paul이 된다. 그 행위 전체가 means의 주어 역할을 하고 있는 것이다.

3-2의 경우에도 knowing으로 문장이 시작하고 있다. 이렇게 -ing가 붙은 단어로 시작하는 경우는 동명사이거나 현재 분사인데, 대개는 쉼표의 존재로 구별할 수 있다. 즉 동명사라면 문장의 주어이기 때문에 다음에 오는 동사와 콤마로 분리될 수 없다. 반면에 현재 분사라면 부사절을 압축한 경우라는 점에서 콤마로 분리되는 것이 일반적인 모습이다.

3-2에서 knowing은 콤마로 분리되지 않았다는 점에서 동명사로 활용된 것이고, 문장의 처음에 등장하는 명사는 주어의 역할이라는 보편 규칙을 적용해 이해할 수 있다. 이 문장에서도 동명사절은 knowing을 넘어 know의 목적어에 해당하는 when to say when이라는 의문사절까지를 포괄하는 것으로 이해하는 것이 옳다.

문법 시험에서는 3-3의 경우처럼 동명사의 다음에 복수 명사가 연결되는 경우에 주어와 동사의 수를 일치시키라는 관점이 흔히 출제된다. was의 바로 앞에 있는 old coins라는 복수 명사가 동사의 주어라고 생각하고 were라는 복수형이 옳다고 판단하기 때문이다. 하지만 이 문장에서 collect는 "수집하다"라는 뜻이므로 다음에는 수집의 대상에 대한 정보가 필요하다. 따라서 동명사절의 범위는 collecting old coins 전체로 이해해야 한다. 동명사로 나타낸 동작은 셀 수 없는 명사이기 때문에 동사도 단수형인 was가 되어야 하는 것이다.

동명사가 주어로 쓰이는 경우에 어구가 길어지면 to 부정사의 경우와 동일한 규칙이 적용된다. 즉 3-4처럼 긴 어구들을 문장의 뒤로 돌리고, 주어 자리는 it으로 표시하는 것이다. 다만 동명사는 명사로만 활용되기 때문에 문장의 뒤에 있어도 성격을 오해할 위험은 적다는 점에서 부정사보다는 가주어를 활용하는 비중이 낮다.

3-5 **Adam's only mistake in the interview *was* betraying the displeasure.**
면접에서 아담이 했던 유일한 실수는 불쾌한 감정을 표정으로 드러낸 것이었다.

3-6 **Alan's intervention of the affair *was* sending owls to Athens.**
앨런이 그 문제에 개입하는 일은 쓸 데 없는 짓이었다.

어떤 단어나 어구가 문장에서 수행하는 역할은 위치가 결정한다. 그리고 위치란 단어들이 서로 어울리는 관계를 통해 판단해야 하는 상대적인 관점이다. 3-5에서 동명사절은 was의 뒤에 위치하고 있다. be 동사는 자체의 의미가 없이 주어에 대한 설명을 연결하는 장치라는 점에서 이 동명사절은 주어인 mistake에 대한 정보를 제공하는 보어의 역할을 하는 것이다.

물론 be 동사의 뒤에 -ing가 결합된 단어가 연결되는 경우에는 현재 분사일 가능성도 배제할 수는 없다. 그런 경우에는 진행형이 되기 때문에 주어가 그 동작의 행위자라는 관계가 성립한다. 하지만 이 문장에서는 주어인 mistake가 감정을 드러내는 주체가 될 수는 없다는 점에서 현재 분사로 이해할 수는 없다.

3-6 Alan's intervention of the affair was sending owls to Athens.

3-6에서도 was의 다음에 제시된 동명사는 주격보어로 활용되고 있다. 동명사절이 주어의 보어로 쓰이는 경우에는 대부분 be 동사의 뒤에 연결되면서 주어에 대한 추상적인 개념을 나타내는 것이 전형적인 모습이다.

3-7 These days a lot of people *dislike* living in the fast lane.
오늘날에는 많은 사람들이 바쁘게 사는 것을 싫어한다.

3-8 The chef of the restaurant *considered* accommodating customers' requests on the menu.
그 식당의 요리사는 고객들이 요청한 메뉴를 받아들일 것을 고려했다.

3-9 George *gave up* smoking two years ago.
조지는 2년 전에 담배를 끊었다.

동명사는 명사로 쓰인다는 점에서 목적어로도 쓰일 수 있다. dislike는 동사의 의미상 다음에 싫어하는 대상이 제시되어야 논리적으로 충족될 수 있다. 그래서 dislike의 다음에는 다양한 명사어구들이 목적어로 제시되는데, 3-7에서는 동명사절이 그 역할을 하고 있다.

3-8의 consider와 3-9의 give up도 역시 행위의 대상을 필요로 하는 의미를 갖는 동사들이다. "고려하다"와 "포기하다"는 모두 '무엇을'에 해당하는 정보가 제시되지 않으면 온전하게 의미를 전달할 수 없기 때문이다. 그래서 3-8과 3-9에서는 동사의 다음에 연결되는 동명사절이 목적어로 기능하고 있다. 이렇게 동사의 목적어로 활용되는 구조에서 동명사는 그 동사와 특수한 논리 관계를 형성하는 경우가 많다.

3-10 Nick's illness prevented us *from* going to the concert.

닉이 아파서 우리는 연주회에 갈 수 없었다.

3-11 Priscilla got used *to* reporting for work early in the morning.

프리실라는 아침 일찍 출근하는 것에 익숙해졌다.

3-12 Olson objected *to* Monica's taking charge of this project.

올슨은 모니카가 이번 프로젝트를 주관하는 것에 반대했다.

    명사의 역할을 한다는 점에서 동명사는 부정사와 동일하다. 하지만 <u>전치사와 어울리지 못하는 to 부정사와 달리 동명사는 전치사의 목적어로도 활용될 수 있다</u>. 3-10에서 목적어의 다음에는 동사 prevent의 의미와 호응하는 전치사 from이 연결되고 있다. 전치사의 다음에는 반드시 명사가 연결되어야 하고, 이 문장에서는 동명사가 그 역할을 하고 있다.

    대부분의 전치사는 형태상 전치사라는 점을 인식하기 어렵지 않지만, to의 경우에는 전치사인지, 부정사를 나타내는 기호로 활용된 것인지를 항상 분명하게 구별해야 한다. 전치사라면 다음에는 명사나 동명사가 연결되지만, 부정사를 나타내는 기호라면 동사의 원형을 사용해야 하기 때문이다. 그래서 항상 to의 앞에 있는 특정한 연결 고리를 함께 확인해야 한다.

    3-11의 to는 "익숙해지다"라는 의미인 get used와 연결해서 대상을 나타내는 전치사로 쓰인 것이다. 따라서 뒤에는 동사의 원형이 아니라 reporting이라는 동명사 형태로 표현한 것이다. 3-12의 to도 역시 object와 연결해서 반대하는 대상을 나타내는 전치사라는 점에서 동명사가 쓰이고 있다. 물론 예문에서 보듯이 문장의 주어와 의미상 주어가 다른 경우에는 소유격으로 의미상 주어를 나타내야 한다.

동명사와 명사의 구별

동명사도 문장에서 주어나 목적어의 역할을 수행하기는 하지만, 동일한 기능을 가진 명사와는 구별해서 사용해야 한다. 준동사인 동명사는 명사와 의미를 전달하는 문장 구조가 확연하게 다르기 때문이다.

4-1 **Using *force in this sensitive situation* will make matters worse.**
4-2 **The use of *force in this sensitive situation* will make matters worse.**
<small>이런 민감한 상황에 무력을 사용하는 일은 상황을 더욱 악화시킬 것이다.</small>

동명사와 명사의 활용 방식은 타동사를 대상으로 할 때 가장 두드러지게 차이가 드러난다. 4-1에서는 동명사인 using은 타동사인 use를 기반으로 하고 있다. 따라서 다음에 목적어인 force를 배치함으로써 타동사의 논리 구조를 따르고 있다.

반면에 4-2의 use는 동사가 아니라 명사로 활용된 것이다. 그런데 <u>타동사를 명사로 표현하면 다음에 있는 목적어도 역시 명사라는 점에서 곧바로 연결될 수는 없다</u>. 동작의 의미를 갖는 명사와 그 동작의 대상이 되는 명사가 나열되는 문장 구조는 존재할 수 없기 때문이다. 이 문제를 해결하기 위해 목적어의 앞에 전치사를 추가하게 된다. 이 문장에서는 전치사 of를 활용해서 두 개의 명사가 동작과 대상이라는 논리 관계임을 보여주고 있다.

동명사와 명사는 이렇게 정보를 전달하는 방식이 다르지만, using과 use처럼 품사의 차이만큼 철자도 다르기 때문에 혼동할 가능성이 크지는 않다. 그런데 동명사 중에는 완전한 명사로 '승격'된 단어들이 있다. '동작 명사'라고 부르기도 하는 이 표현들은 일상적으로 빈번하게 활용되는 동작을 나타내는 경우가 대부분이다. 이 부류에 해당하는 명사들로는 bleeding, breathing, driving, ending, knowing, listening, making, reading, running, taking, understanding 등인데, 동명사와 철자가 동일하다는 점에서 그 쓰임새를 혼동할 여지가 있다.

하지만 대부분의 혼동은 유사성에 대한 집착에서 비롯한다는 점을 감안해야 한다. 즉 동명사와 동작 명사가 모두 –ing라는 동일한 어미가 결합한다는 공통된 부분에 초점을 맞추기 때문에 혼동하기 쉬울 것이라는 선입견이 형성되는 것이다. 결국 어떤 대상을 구별한다는 것은 차별적인 요소에 초점을 맞출 때 비로소 가능하다는 자명한 사실을 활용해야 한다.

문법이란 단어와 단어가 연결되는 관계에 대한 설명이기 때문에, 문법적 관점에서 보면 홀로 존재하는 단어란 없다. 그렇다면 –ing라는 어미가 결합된 모습은 같다고 하더라도, 동명사와 동작 명사라는 서로 다른 용도로 쓰였다면 그 단어를 둘러싼 다른 단어들이 연결되는 방식은 근본적으로 다를 수밖에 없다. 따라서 이 차이를 정확하게 인식하면 동명사와 동작 명사를 혼동할 가능성이 실제로는 매우 낮다는 것이다.

4-3 **Taking** *wild geese's eggs* is illegal in some countries.
4-4 The **taking** of *wild geese's eggs* is illegal in some countries.

일부 국가에서는 야생 거위의 알을 가져가는 행위가 불법이다.

우선 동명사와 동작 명사는 다음에 연결되는 어구의 성격이 다르다는 점에 주목해야 한다. 앞서 use의 경우를 통해 확인했듯이 타동사의 동명사 표현

> 4-3 Taking wild geese's eggs is illegal in some countries.
> 4-4 The taking of wild geese's eggs is illegal in some countries.

에서는 동사의 성격을 유지하고 있기 때문에 목적어인 명사가 곧바로 연결된다. 4-3에서도 타동사인 take의 동명사형인 taking의 다음에 wild geese's eggs라는 목적어가 있는 것을 확인할 수 있다.

반면에 4-4에서 taking은 동명사와 형태는 동일하지만 명사로 활용되고 있다. 동작 명사는 완전한 명사라는 점에서 목적어인 명사와 곧바로 나열할 수 없기 때문에 전치사라는 매개체를 통해야만 한다. 이때 일반적으로 of를 사용해서 다음에 오는 명사가 행위의 대상이라는 관계를 나타내게 된다.

그리고 4-4처럼 바로 앞에 있는 관사의 존재를 통해서도 명사라는 정체성을 확인할 수 있다. a나 the와 같은 관사들은 명사에만 결합한다는 속성을 감안하면, 관사가 있다는 것은 그 뒤에 있는 단어가 명사라는 표지로 이해할 수 있는 것이다.

4-5 **Writing *five sentences* <u>daily</u> will make you a writer.**
4-6 **The <u>daily</u> writing *of* *five sentences* will make you a writer.**
　　매일 다섯 문장씩 쓰면 작가가 될 수 있다.

관사에 대한 이 관점을 연장하면 동명사와 명사를 구분하는 수식어라는 또 다른 경계선을 확인할 수 있다. 항상 명사의 앞에서 명사의 의미를 설명한다는 점에서 관사도 형용사에 속한다. 그렇다면 관사의 범위를 넘어 형용사라는 큰 범주로 확장해서 그 기준을 적용하는 것도 가능하다.

앞서 확인했듯이 <u>준동사는 동사에서 비롯된 표현이기 때문에 반드시 부사로 수식해야 하고, 이 규칙은 당연히 동명사에도 적용된다</u>. 하지만 명사는 부사가 아니라 형용사로 수식해야 한다. 형용사와 부사에 다르게 적용되는 이런 수식의 규칙을 통해 동명사와 명사를 구별하는 기준을 설정할 수 있는 것이다.

4-5의 daily는 목적어인 명사의 뒤에서 writing을 수식하는 부사의 역할을 하고 있다. 따라서 이 문장의 writing은 동명사로 이해하는 것이 정확하다. 그리고 타동사의 동명사 표현이라는 점에서 목적어가 곧바로 연결된 것이다. 반면에 4-6의 daily는 관사와 명사의 사이에 있는데, 이 위치는 오직 형용사만이 올 수 있다. 따라서 이 문장의 writing은 완전한 명사의 성격을 갖게 되고, 전치사 of를 통해서만 동작의 대상과 연결될 수 있는 것이다.

4-7 At midnight there were **several** knockings at the backdoor of the neighbor.
> 한 밤중에 이웃집의 뒷문을 여러 차례 두드리는 소리가 들렸다.

4-8 The government is faced with the pressure to investigate **hundreds of** killings by the military regime.
> 정부는 군사 정권이 저지른 수 백 건의 살인을 조사하라는 압력에 직면하고 있다.

명사에서만 발견할 수 있는 또 하나의 문법 기호는 복수형 어미 –s의 흔적이다. 명사의 역할을 수행하지만 동명사는 개별적인 개체의 의미를 갖지 못한다는 점에서 셀 수 없는 명사로 분류된다. 따라서 동명사에는 복수라는 개념이 적용될 수 없고, 복수형 어미가 결합될 수도 없다. 이런 점에서 4-7의 knockings와 4-8의 killings는 모두 동명사가 아니라, 완전한 명사로 이해해야 한다. 또한 several이나 hundreds of처럼 복수의 의미를 갖는 표현들과 함께 쓰일 수도 있는 것도 명사이기에 가능한 것이다.

4-9 I was told that my sorrow would get better with <u>the</u> **passing** <u>of the years</u>; it didn't work at all.

<small>내 슬픔은 세월이 지나면 좋아질 것이라는 말을 들었다. 하지만 전혀 효과가 없었다.</small>

4-10 E. P. Thompson's ***The Making of the English Working Class*** greatly influenced me.

<small>"영국 노동 계급의 형성"이라는 E. P. 톰슨의 책은 나에게 큰 영향을 주었다.</small>

이외에도 의미상 주어를 표시하는 방법에서 동명사로는 구현할 수 없는 명사만의 구조적 특징을 또 발견할 수 있다. 4-9의 passing은 앞에 있는 the와 뒤에 있는 of를 통해 동명사가 아니라, 명사라는 점을 납득할 수 있다. 그런데 이 문장에서 of의 뒤에 있는 the years라는 명사는 의미상 passing의 대상이 아니라, 행위자로 이해하는 것이 타당하다.

앞서 확인했듯이 사물 명사가 동명사의 의미상 주어로 쓰이는 경우에는 반드시 동명사의 앞에 위치해야 한다. 준동사의 의미상 주어는 준동사의 앞에 두는 것이 원칙이기 때문이다. 하지만 <u>동작 명사의 경우에는 의미상 주어의 역할을 하는 무생물 명사를 전치사 of로 연결해서 명사의 뒤에 두는 것도 가능하다</u>.

동명사의 의미, 동시성

준동사는 동사가 아니기 때문에, 동사처럼 과거, 현재, 또는 미래와 같은 절대적인 시제를 표현할 수는 없다. 하지만 동작의 의미는 담아내기 때문에 그 동작이 발생한 시점은 존재하게 된다. 준동사 자체의 형태로는 이 시점이 드러나지 않지만 문장의 동사가 보여주는 시제와 연결해서 상대적으로 판단할 수는 있다.

to 부정사에서 to가 이후의 사실이라는 특정한 의미를 나타내는 기호라는 점을 확인했다. 그렇다면 동명사를 표시하는 －ing라는 기호도 어떤 구체적인 의미가 있을 것이라는 점을 합리적으로 추론할 수 있다. 그리고 특정한 단어와 동명사를 연결해주는 약속된 관계망을 파악한다면 이른바 '목적어로 동명사를 취하는 타동사'들을 무작정 암기하지 않고, 이해하는 것도 가능하다.

5-1   Albert *is* to read a book.
5-2   Albert *was* to read a book.

5-1에서 책을 읽는 동작이 발생하는 시점이 언제인지 to read라는 형태만으로는 정확하게 판단할 수 없다. 이 판단을 가능하게 하는 요소는 to라는 기호의 의미와 동사로 제시된 is의 시점이다. to는 어떤 진술을 하고 난 뒤의 미래 상황을 의미하는 것이 기본 개념이라는 점을 이미 확인했다. 그렇다면 5-1에서 동사는 is라는 현재 시점이므로 책을 읽는 동작은 현재에서 본 미래를 의미하게 된다. 그리고 5-2에서는 was가 제시되었으므로, 책을 읽는 동작은 그 과거 시점보다 이후에 발생하는 것이라는 점을 보여주고 있다.

5-3 Albert *is* **reading** a book.

5-4 Albert *was* **reading** a book.

　　5-3에서 reading도 역시 그 자체로는 동작이 발생한 시점을 드러내지 않는다. 하지만 이번에도 역시 앞에 있는 is를 통해 간접적으로 그 시점을 이해할 수 있다. -ing라는 기호가 나타내는 상대적 시점이란 바로 동일 시점의 맥락이기 때문이다. 그래서 책을 읽고 있는 시점은 현재 시점으로 이해할 수 있다. 반면 5-4에서는 역시 reading이 제시되지만, was라는 과거 동사가 제시되고 있다. 따라서 이 문장에서 책을 읽는 행위는 과거의 어느 시점에 발생하는 것으로 이해할 바탕이 마련되는 것이다.

　　5-3의 동사 형태에는 현재 진행, 그리고 5-4에는 과거 진행이라는 이름을 각각 부여해서 용법을 분류한다. 5-3과 5-4처럼 be 동사와 결합해서 진행형을 구성하는 -ing를 현재 분사라고 한다. 동명사는 아니지만 분사도 역시 준동사의 일원으로서 -ing가 갖는 기본 개념은 동일하게 적용된다.

　　따라서 to가 문장의 동사보다 이후의 상황을 의미하는 데 반해, -ing는 문장의 동사와 동일한 시점의 동작, 즉 '동시성'을 나타내는 기호로 이해해야 한다. 그리고 동명사가 갖는 동시성이라는 이 개념은 타동사의 목적어일 때 가장 두드러진다.

5-5 In case of fire you should *avoid* **breathing** in the smoke.
　　　화재가 났을 때 연기를 들이마시는 것을 피해야 한다.

5-6 We *can't help* **laughing** at Jim Carrey's movies.
　　　짐 캐리의 영화를 보면 웃지 않을 수가 없다.

5-7 The worker narrowly *escaped* being hit by a falling hammer.

> 그 인부는 떨어지는 망치에 거의 맞을 뻔했다.

5-8 Yesterday I *missed* seeing the Andrew Lloyd Webber's musical *Cats*.

> 어제 나는 앤드류 로이드 웨버의 뮤지컬 "캣츠"를 놓치고 못 봤다.

동명사를 목적어로 요구하는 전형적인 타동사로는 avoid 계열의 동사들이 첫 번째 유형을 이룬다. avoid, cannot help, escape, miss 등이 이 부류로 묶을 수 있는 동사들인데, 이들을 하나로 묶어주는 공통점은 모두 "~을 피하다, ~할 뻔하다"라는 뜻이다.

어떤 상황을 피한다는 말은 그 상황이 발생하지 않도록 막거나, 그런 상황을 선택하지 않는다는 뜻이 된다. 그래서 어떤 상황을 피한다는 것은 미래에 그 상황이 발생하지 않는다는 의미가 된다. 그러면 실현되지 않는 상황은 미래성을 갖지 못한다는 점에서 to 부정사와 연결되는 것은 논리적으로 어울리지 않게 된다. 사실 어떤 상황을 모면하거나 피한다는 행위는 그 상황을 벗어나는 순간에만 적용될 수 있다는 점에서 동시적인 의미를 갖는 것으로 이해할 수 있다. "피하다" 부류의 동사들은 이런 맥락에서 동시성을 내포하고, 그래서 동명사가 목적어로 연결될 토대가 마련되는 것이다.

5-5에서 breathing in the smoke라는 동작의 시점을 동명사 형태만으로는 파악할 수 없다. 하지만 연기를 들이마시는 상황이 이전 시점이라면 이미 피한 것이 되고, 이후 상황이라면 아직 발생하지 않은 상황을 미리 피한다는 의미가 되기 때문에 역시 논리 관계가 적절하게 형성되지 않는다. avoid와 breathing in the smoke는 동일한 순간에 교차하는 동작으로 이해할 수 있다는 점에서 동명사의 형태로 표현하는 것이 타당하다.

5-6　We can't help laughing at Jim Carrey's movies.
5-7　The worker narrowly escaped being hit by a falling hammer.
5-8　Yesterday I missed seeing the Andrew Lloyd Webber's musical *Cats*.

help 다음에는 원형 부정사나 to 부정사와 같은 준동사가 흔히 연결된다. 하지만 5-6처럼 cannot과 함께 쓰일 때는 동명사가 목적어로 등장한다. 보통 "어쩔 수 없이 ~하다"라는 뜻으로 무작정 암기해야 하는 관용 표현으로 설명하는 경우가 많은데 이 또한 논리적 사고와 문법의 원칙을 벗어나지 않는다.

cannot이나 could not과 함께 쓰이면 help는 "돕다"가 아니라, "~을 피하다"라는 의미가 된다. 즉 avoid와 같은 의미가 되는 것이고, 그렇다면 목적어로 동명사가 오는 구조도 지극히 당연한 결과인 것이다.

5-7의 escape와 5-8의 miss도 역시 "~을 모면하다"라는 의미라는 점에서 같은 맥락에서 이해할 수 있다. 만일 누군가가 날라온 물체를 피한다고 하면, 그 물체를 피하는 그 순간이 상대의 입장에서는 목표물을 놓치는 순간이라는 점에서 동일한 시점이라는 기준을 적용할 수 있는 것이다.

5-9　Sheena finally *finished* **looking into the report.**
　　마침내 쉬나는 보고서 검토를 마쳤다.

5-10　Gary reluctantly *gave up* **drinking** by his doctor's warnings.
　　게리는 의사의 경고를 듣고 마지못해 술을 끊었다.

5-11　It's not easy to *quit* **smoking.**
　　금연은 쉬운 일이 아니다.

to 부정사가 미래 상황을 제시한다는 말은 이후에 부정사가 나타내는 동작이 발생한다는 뜻이다. 그렇다면 동사의 목적어로 동명사가 연결되는 경우란

to 부정사가 갖는 이런 의미가 성립되지 않는 상황이라고 이해할 수 있다. 즉 미래성을 담보하지 않는 의미의 동사들이 동명사와 어울리는 논리적 기반을 형성하는 것이다.

finish 계열의 동사들도 이런 맥락에서 이해할 수 있다. "어떤 상황을 끝내다"는 말은 결국 그다음 상황을 상정하지 않는다는 뜻이기 때문이다. 그리고 어떤 행동이나 상황의 종결이란 그때까지 진행 중이던 상황을 끝낸다는 의미라는 점에서 두 동작의 접점, 즉 동시성을 기반으로 한다고 이해할 수 있기도 하다. 이런 범주에 속하는 동사들로는 complete, discontinue, finish, give up, quit 등이 있다.

5-9에서 finish의 목적어로 looking into the report라는 동명사가 연결되고 있다. 보고서를 검토하는 행위를 마치는 순간 그 동작은 이후에 발생하지 않게 된다는 점에서 미래의 상황으로 표현할 수는 없다. 이런 점에서 finish가 갖는 동시성의 개념과 동명사라는 문법적인 형태가 서로 호응하는 자연스러운 조합이 만들어진다. 5-10의 give up이 의미하는 어떤 행위를 포기한다는 말은 앞으로는 그 행동이 존재하지 않는다는 뜻이 되므로 미래성이 없다. 또 5-11의 quit도 역시 정지 개념이므로 동명사와 어울리는 것이 타당하다.

5-12 The manager *delayed* telling Tom that his proposal had been rejected.

과장님은 톰에게 그의 제안이 거부되었다는 사실을 말하지 못하고 미뤘다.

5-13 The department store decided to *postpone* introducing the new employee training program.

그 백화점에서는 새로운 직원 교육 프로그램의 도입을 연기하기로 결정했다.

'지연'과 '연기'도 역시 '중단'이라는 개념과 맞닿아 있다. <u>어떤 상황을 지연시키거나 연기시킨다는 것도 결국 그 상황의 발생을 '일시적으로 중단'시킨다는 뜻이기 때문이다.</u> 그래서 delay, postpone, put off와 같은 단어들도 finish와 같은 맥락에서 동명사를 목적어로 연결하는 것이다.

5-14 Annie has never *imagined* living in a place like this.
    애니는 이런 곳에서 사는 것은 상상해본 적이 없었다.

5-15 John *enjoys* picking a hole in his wife's coat.
    존은 자기 부인의 트집을 잡는 것을 재미있어한다.

5-15 I *anticipated* getting the admission from the university.
    나는 그 대학에서 입학 허가서를 받을 것으로 기대했다.

5-16 Would you *mind* my opening the door?
    문을 좀 열어도 될까요?

동시성을 강하게 드러내는 동사들이 항상 동작을 나타내는 것은 아니다. <u>imagine처럼 감정, 상태, 연상과 관련된 동사들도 동시성을 내포하는 경우가 있다.</u> 5-14에서 무엇을 상상하는 일은 머리 속으로 어떤 영상을 떠올리는 것을 의미하는데, 그 영상이 떠오르는 순간과 상상하는 동작은 동일한 시점에 발생한다. 이런 점에서 imagine이 목적어로 동명사가 제시되는 구조에 어울리는 것이다.

imagine처럼 현재 지향적인 동사들로는 anticipate, appreciate, bear, consider, deny, detest, dislike, enjoy, forgive, imagine, include, mind, risk, suggest, try 등이 있다.

5-15의 anticipate는 expect와 의미는 비슷하지만 쓰임새는 전혀 다르다는 점을 주의해야 한다. expect는 부정사에서 확인했듯이 미래 지향적인 의미를 나타낸다는 점에서 to 부정사와 연결된다. 반면에 anticipate는 그와 같은 시간 개념을 담지 않기에 to 부정사가 아니라, 동명사가 목적어로 제시된다.

<u>동명사는 전형적으로 사실적인 내용을 전달하는 경우가 많다. 이런 맥락에서 사실이나 가능성을 나타내는 동사와 동명사가 적절한 문맥을 형성하기도 한다.</u> 이런 유형의 동사들로는 acknowledge, admit, advise, consider, conjecture, deny, doubt, recommend, regret, report, suspect, swear 등이 있다. 이럴 때는 동명사 어구에 해당하는 정보를 that절의 형식으로 표현하는 것도 가능한 동사도 있다.

5-17　Four pedestrians *claimed* having seen the accident at the intersection.

　　　교차로에서 일어난 사고를 목격했다고 네 명의 행인이 주장했다.

5-18　Molly *suggested* sleeping on the matter.

　　　몰리는 그 문제를 하루 더 생각해보자고 제안했다.

5-19　Paton and Roy *considered* burying the hatchet.

　　　페이튼과 로이는 화해할 것을 고려했다.

동명사의 의미, 과거 지향

to 부정사가 지향하는 미래성과 반대의 입장에서 있는 동명사는 미래가 아닌 상황과 흔히 어울린다. 미래의 의미를 담지 않은 시점이란 동시적인 경우, 그리고 과거 지향적인 경우가 있다. 그래서 <u>과거 지향적인 의미를 담은 동사들이 목적어로 동명사를 요구하는 경향이 있다.</u>

5-20 Irving *recalled* visiting the historic castle in Scotland.
<small>어빙은 스코틀랜드의 유서 깊은 성을 방문했던 일을 회상했다.</small>

recall은 "~을 회상하다"라는 의미이므로 목적어가 되는 내용은 과거의 사실일 수밖에 없다. 바로 이렇게 동사의 시점보다 앞선 상황을 전제하는 과거 지향적인 동사와 어울리는 준동사 형태가 바로 동명사인 것이다. 단어의 기본 개념이 과거 사실을 대상으로 한다는 점에서 recall은 미래를 나타내는 to 부정사와는 태생적으로 어울리지 않는다. 그래서 5-20처럼 동명사절이 목적어로 제시되어야 한다.

5-21 Ellington *acknowledged* **having put** the joint venture on ice himself.
5-22 Ellington *acknowledged* <u>that</u> he **had put** the joint venture on ice himself.
<small>엘링턴은 자기가 합작 투자를 보류시켰다고 인정했다.</small>

이런 맥락에서 접근하면 acknowledge, admit, forget, regret, remember과 같은 동사들의 목적어로 동명사가 연결되는 이유를 납득할 수 있다. <u>인정하거나, 고백하거나, 기억하는 행동들이 대상으로 삼는 사실들은 모두 과거 시점에 발생했던 일들이라는 점에서 역시 과거 지향적인 의미를 갖고 있는 동사들</u>

이기 때문이다. 따라서 동명사절이 목적어로 연결되는 것 또한 지극히 자연스럽고, 논리적인 구조라고 할 수 있다.

acknowledge는 과거 시점의 행동에 대해 시인하거나 고백한다는 의미를 갖는다. 그렇다면 이 동사가 대상으로 하는 상황은 진술이 있기 이전의 사실들이라는 점에서 과거 지향적이라고 할 수 있다. 그리고 목적어로 제시되는 내용은 acknowledge보다 이전의 상황이라는 점에서 5-21처럼 완료형 동명사로 표현하는 것이 기본이다. 이런 상황의 선후 관계는 5-22처럼 that이라는 접속사 구조로 표현하면 과거 완료의 형태로 명확하게 드러난다.

5-23 Terry *admitted* having been scared on the rollercoaster in the amusement park.

　테리는 놀이 동산에서 롤러코스터를 탈 때 무서웠다고 고백했다.

5-24 Shirley *remembered* sending me the invitation to her wedding.

5-25 Shirley *remembered* that she had sent me the invitation to her wedding.

　셜리는 자기 결혼식 초대장을 나에게 보냈던 것을 기억했다.

5-23의 admit도 역시 acknowledge와 같은 의미라는 점에서 동일한 구조를 취한다. 따라서 동사의 목적어로 완료형 동명사가 연결된다. 또 5-24의 remember도 과거의 일을 기억한다는 점에서 역시 완료형 동명사가 목적어로 제시된다. 기억한 시점과 초대장을 보낸 시점의 선후 관계는 5-25처럼 동사로 표현해도 명백하게 이해할 수 있다. 하지만 문맥상 분명하다는 점에서 5-24

처럼 단순형 동명사로 표현하는 경우도 흔히 볼 수 있다. 특히 forget, regret, remember의 경우에 이런 경향이 두드러진다.

to 부정사와 동명사, 선택의 기준

주어의 자리에서

문장에서 명사로 활용되는 경우에 to 부정사는 전치사의 다음에 올 수 없다는 규정만 제외하고는 동명사와 문법적 기능이 중복된다. 하지만 to 부정사와 동명사는 지향하는 의미가 서로 다르기 때문에 어울리는 단어도 각각 다를 수밖에 없다. 특히 동사의 목적어로 사용되는 경우에는 앞서 확인했듯이 to 부정사와 동명사는 특정한 단어와 배타적으로 결합하는 경향이 있다.

그런데 일부 단어나 구조에서는 to 부정사와 동명사가 모두 허용되는 경우도 있다. 물론 이런 현상은 그 단어나 구조가 두 가지 형태의 준동사를 모두 감당할 수 있는 문맥을 형성한다는 것이지, 준동사 간의 의미 차이가 없다는 말은 아니다.

동명사와 부정사는 모두 명사로 활용되기 때문에 문장의 첫 머리에서 동사의 주어라는 역할을 수행할 수 있다. 주어의 자리에 올 때는 부정사와 동명사 사이에는 의미 차이가 없다고 하거나, 의미 차이를 적극적으로 설명하지 않는 경우가 많다. 하지만 <u>형태가 다르다는 것은 전달하는 의미가 다르다는 뜻으로 받아들이고, 그 차이를 이해하려고 시도해야 한다</u>.

6-1 **To benefit by the sacrifice of others** is shameful.
6-2 **Benefiting by the sacrifice of others** is shameful.

6-1	To benefit by the sacrifice of others is shameful.
6-2	Benefiting by the sacrifice of others is shameful.

to 부정사는 기본적으로 앞으로 발생할 특정한 상황을 의미하는 경우가 많다. 그런데 to 부정사가 미래성을 나타낸다는 것은 그 상황이 아직 발생하지 않았다는 뜻이 되고, 따라서 to 부정사가 전달하는 상황은 실제적 사실이라기보다는 발생할 가능성에 대한 생각(idea)의 영역에 속한다고 이해할 수 있다.

반면에 동명사가 동시성, 혹은 과거 지향적인 성격을 갖는다는 것은 그만큼 실제적 상황(fact)을 의미한다는 관점으로 이해할 수 있다. 동명사가 일반적인 진술을 의미하는 경우가 많은 것도 이런 맥락에서 근거를 찾을 수 있다.

이런 의미 차이로 인해 to 부정사가 주어로 제시된 6-1은 "다른 사람의 희생으로 이익을 얻는다면 부끄러운 일이다"라는 조건적인 의미가 된다. 반면에 6-2처럼 동명사로 표현한 경우에는 "다른 사람의 희생으로 이익을 얻는 것은 부끄러운 일이다"라는 사실적인 명제를 의미하게 된다.

6-3 **To experience an unfamiliar culture** will be thrilling.
6-4 **Experiencing an unfamiliar culture** will be thrilling.

to 부정사와 동명사의 의미 차이는 will과 같은 조동사가 있는 경우에도 두드러진다. 6-3처럼 to 부정사절이 주어로 제시되면 그 진술이 실제적 사실이라기보다는 가능성에 대한 진술이라는 어감을 형성한다. 그래서 진술을 하는 사람이 실제로 낯선 문화를 경험한 사실이 있다기보다는 그런 특정한 상황이 마련된다면 추론할 수 있는 정보를 나타내는 것이다.

반면 문장 구조는 동일하지만 동명사로 표현한 6-4는 부정사와 다른 문맥을 형성한다. 동명사는 경험을 통해 일반적으로 알려진 사실을 의미하는 경우가 많다. 따라서 이 문장을 진술한 사람에게는 낯선 문화를 경험하는 일이 실제적 행위일 것이라는 점을 암시하고 있다.

물론 주어로 제시되는 부정사와 동명사가 항상 명확하게 의미가 구별되는 것은 아니다. 하지만 문맥에 따라 다르게 이해될 가능성을 안고 있다는 점에서 서로 어떤 차이점을 내포하고 있는지를 파악하는 일은 의미가 있다.

그런데 보다 적극적으로 이 두 가지 준동사의 기본 개념이 적용되는 경우도 있다. 일반적으로는 문장의 주어 자리는 부정사와 동명사 모두에게 열려 있는 것으로 생각하는 경향이 있지만, to 부정사는 허용되지 않는 특정한 상황도 있다. to 부정사의 시간적 개념과 동사의 시제가 서로 어울리지 않을 때 이런 제약이 나타난다.

6-5 **To ask the astute counterpart "where is the beef?" *would be* unnecessary.**

빈틈없는 상대방에게 "핵심이 뭐냐?"고 묻는 일은 쓸 데 없는 행동일 것이다.

6-6 **Asking the astute counterpart "where is the beef?" *was* unnecessary.**

빈틈없는 상대방에게 "핵심이 뭐냐?"고 묻는 일은 쓸 데 없는 행동이었다.

6-5에서 동사의 시제가 would be가 아니라 was라는 과거 동사였다면 이 문장은 문법적으로 성립되지 않는다. 동사의 시제가 현재나 미래일 때는 상관이 없지만, 과거 시제와 함께 쓰이는 경우에 부정사를 주어 자리에 배치하는 것은 적절하지 않다. 아직 발생하지 않은 상황을 의미하는 to 부정사와 이미 발생한 사건을 나타내는 과거 시제가 서로 충돌하기 때문이다.

> 6-5 To ask the astute counterpart "where is the beef?" would be unnecessary.
> 6-6 Asking the astute counterpart "where is the beef?" was unnecessary.

하지만 이런 경우에 6-5처럼 would와 같은 조동사를 함께 사용하면 문제가 없다. 추측이나 불확실성을 의미하는 조동사가 추가됨으로써 과거 사실에 대한 단정적인 어감이 희석되기 때문에 논리적으로 성립할 수 있는 것이다. 그래서 이 문장은 실제 행위가 아니라, 그런 가능성을 제시하는 의미가 된다.

이런 점에서 <u>과거 시제의 동사가 등장할 때는 문장의 주어로 to 부정사가 아니라, 동명사를 활용해야 한다</u>. 동명사절은 그 진술 내용이 사실적이고, 또 이미 이루어진 구체적인 상황을 의미한다는 점에서 과거 지향적인 성격을 갖기 때문이다.

그런데 문장의 주어로 준동사절을 활용하면 주어에 해당하는 정보가 길어질 수밖에 없다. 이미 확인했듯이 이럴 때는 it을 주어 자리에 두고, 문장의 중심이 되는 중요한 정보를 문장의 뒤에 배치하는 전략을 구사한다.

가주어를 활용하는 경우에 동명사는 to 부정사만큼 가주어 표현을 적극적으로 활용하지 않는 경향이 있다. 동명사는 명사의 성격이 강하고, 이는 곧 문장에서 수행하는 역할이 고정된다는 점에서 쓰임새를 혼동할 가능성이 낮기 때문이다.

6-7 *It *was* wonderful **to camp alone in the autumn forest**.

6-8 It *was* wonderful **camping alone in the autumn forest**.

    가을 숲에서 혼자 야영하는 것은 멋진 일이었다.

가주어로 문장의 균형을 유지하는 이 구조에서도 과거 시제와 to 부정사의 충돌이 그대로 이어진다는 점을 놓치지 않도록 주의해야 한다. 문장의 동사가 과거인데 to 부정사를 주어로 활용하는 것은 논리적으로 성립되지 않으므로, 6-7처럼 가주어 형식으로 표현하는 문장도 역시 성립할 수 없는 것이다. 따라서 6-8처럼 동사의 시제가 과거인 문장에서는 뒤로 배치되는 준동사는 to 부정사가 아니라 동명사가 될 수밖에 없다.

begin, start, continue, stop

"시작하다"라는 의미를 갖는 begin, start와 "계속하다"라는 의미인 continue, go on은 목적어로 to 부정사와 동명사가 모두 연결될 수 있다. 이 경우에도 의미 차이가 항상 확연하게 드러나는 것은 아니다. 하지만 문맥에 따라서는 두 가지 표현의 의미가 구별되는 경우도 있으므로 그 경계가 어떤 것인지는 알아둘 필요가 있다.

6-9 Charles *started* **to gain weight** three months ago.
　　　찰스는 3개월 전부터 체중이 늘어나기 시작했다.

6-10 Charles *started* **gaining weight** three weeks ago.
　　　찰스는 3주 전부터 체중을 늘리기 시작했다.

begin이나 start의 목적어로 어떤 준동사를 선택할 것인지를 결정하는 기준 가운데 하나는 행위에 대한 의지의 개입이다. 즉 to 부정사를 연결할 때는

> 6-9 Charles started to gain weight three months ago.
> 6-10 Charles started gaining weight three weeks ago.

의지를 담지 않은 행동을, 반면에 동명사로는 행위자의 의지를 담은 동작을 표현하는 것이 일반적인 기준이다. 그래서 6-9에서는 started의 뒤에 to 부정사를 연결했다는 점에서 체중이 늘어난 것은 그의 의지와 상관없는 외적 요인 때문이라는 문맥을 형성한다. 반면 6-10처럼 동명사를 연결하면 그가 어떤 의도를 갖고 체중을 늘렸다는 점을 암시하는 것으로 이해할 수 있다.

물론 문맥에 따라 이런 미세한 차이를 발견하기 어려운 경우도 있고, 절대적인 규칙이라고 하기에는 의견의 편차도 크다. 하지만 begin이나 start의 뒤에 to 부정사와 동명사가 항상 목적어로 등장할 수 있는 것은 아니라는 점에 주목할 필요가 있기 때문이다. 일부 동사의 경우에는 to 부정사 형태로만 begin, start의 뒤에 연결될 수 있다. 이런 배타적인 조합을 이해하는 실마리를 행위자의 의지라는 관점에서 찾을 수 있다.

6-11 Brittney *started* to realize that something strange was happening around her.
> 브리트니는 뭔가 이상한 일이 주변에서 벌어지고 있다는 것을 인식하기 시작했다.

6-12 Eric *began* to understand how Amy felt when he treated her like that.
> 에이미를 그렇게 대했을 때 어떤 기분이었을지 에릭은 이해하기 시작했다.

know, realize, understand 등과 같은 상태 동사들이 목적어로 연결되는 경우에는 동명사가 아니라 to 부정사를 주로 활용한다. 동작 동사와 달리 이런 상태 동사들은 행위자의 의지가 상황의 변화에 크게 영향을 미치지 않는다. 이렇게 행동에 대한 의도가 약하다는 점에서 상태 동사와 to 부정사가 어울릴 수 있는 흐름이 형성되는 것이다.

6-13 Sarah *started* to hum.

6-14 Sarah *started* humming.

　　　사라는 콧노래를 부르기 시작했다.

　표면적으로는 6-13의 to 부정사와 6-14의 동명사는 의미상 차이를 느끼기 힘들다. 그런데 6-13처럼 start의 목적어로 to 부정사를 활용하는 경우에는 start에 의미의 초점이 맞춰진다. 반면에 6-14과 같이 동명사가 연결되는 경우에는 humming에 무게 중심이 실리게 된다.

　만일 이 문장에 이어 'but was interrupted by the phone call'과 같은 정보가 추가된다면 준동사의 의미 차이가 드러난다. 이런 경우에는 동명사보다 to 부정사를 활용한 6-13이 더 적절한 표현이 된다. to 부정사를 start의 목적어로 활용하면 동작의 시작에 초점을 맞추려는 의도를 나타내게 된다. 따라서 '전화가 와서 중단했다'라는 정보가 연결되더라도 자연스러운 문맥을 형성한다. 반면에 동명사를 start의 뒤에 연결하면 동작의 지속이나 완결에 중점을 두는 입장이라는 점에서 행위의 중단을 나타내는 정보와 어울리지 않게 되는 것이다.

6-15 Sarafina *continued* to write the report after a one-hour walk.

　　　사라피나는 한 시간 산책을 하고 나서 보고서를 계속 썼다.

6-16 Sarafina *continued* writing the report until 2 a.m.

　　　사라피나는 새벽 2시까지 보고서를 계속 썼다.

　continue는 제시하는 상황이 진술하기 이전에 시작되었고, 그 이후에도

6-15	Sarafina continued to write the report after a one-hour walk.
6-16	Sarafina continued writing the report until 2 a.m.

지속된다는 의미를 나타낸다. begin이나 start가 갖는 동작의 지속성에 관한 관점은 continue의 경우에도 적용된다. 그래서 6-15처럼 진행되던 동작이 중단되었다가 다시 계속되는 경우에는 to 부정사절을 목적어로 활용하는 것이 자연스럽다. 반면에 6-16처럼 중단 없이 지속되는 상황에는 동명사절을 연결하는 것이 적절한 선택이라 할 수 있다.

6-17 Gary *stopped* to talk about the weather.

    게리는 날씨에 대해 얘기하려고 멈췄다.

6-18 Gary *stopped* talking about the weather.

    게리는 날씨에 대한 얘기를 중단했다.

6-19 *Stop* burying your head in the sand.

    현실을 무시하는 행동은 그만 해!

stop의 뒤에는 to 부정사와 동명사가 모두 올 수 있다고 설명하는 경우가 많은데 사실 그렇지는 않다. stop은 행동의 중단을 의미하기 때문에 그다음에 발생하는 동작이란 있을 수 없다. 결국 이후의 상황을 의미하는 to 부정사가 stop의 목적어로 제시되는 경우는 근본적으로 존재할 수 없는 것이다.

이런 점에서 6-17에서 stopped의 뒤에 있는 to 부정사절은 동사의 목적어가 아니다. 이 부정사절은 동사를 수식하는 부사로 활용된 경우로 stop의 의도 혹은 목적의 의미를 나타내는 표현으로 쓰인 것이다.

반면에 6-18과 6-19에서 stop의 뒤에 있는 동명사는 stop의 목적어로서 그 행동이 중단되었음을 의미하고 있다. discontinue, finish, quit과 같이 중단의 개념을 나타내는 다른 동사들처럼 동명사를 목적어로 하는 전형적인 모습을 보인 것이다.

    stop의 뒤에 동명사가 목적어로 연결되는 구조는 stop의 의미와 동명사의 개념이 긴밀하게 결합된 결과로 이해할 수 있다. 하지만 stop의 뒤에 연결되는 to 부정사는 stop과 특정한 논리 관계를 형성하는 것이 아니다. 동작의 의도를 설명하는 to 부정사의 보편적 결합일 뿐이기 때문이다. 서로의 용도가 분명하게 다름에도 불구하고, 굳이 묶어서 혼동하기 쉬운 경우로 받아들이라고 강요하는 이유는 납득하기 어렵다.

hate, like, love, prefer

    "좋아하다" 혹은 "싫어하다"라는 감정을 나타내는 hate, like, love, prefer 같은 동사들도 동명사와 to 부정사를 모두 목적어로 연결할 수 있다. 특정한 문맥이 형성되지 않는 문장에서는 의미상 큰 차이가 드러나지 않는다. 하지만 이 표현들도 경우에 따라서는 준동사의 개념에 따른 차이를 느낄 수 있다.

7-1 I *like* listening to arias.

    나는 아리아 듣는 것을 좋아한다.

7-2 I *like* to listen to arias in a rainy afternoon.

    나는 비 내리는 오후에 아리아를 듣고 싶다.

<u>좋아하거나 싫어하는 감정을 나타내는 동사들의 뒤에 연결되는 동명사는</u>

| 7-1 | I like listening to arias. |
| 7-2 | I like to listen to arias in a rainy afternoon. |

일반적인 상황을, 반대로 to 부정사는 특정한 상황을 표현한다. 이런 차이도 to 부정사와 동명사가 갖는 시점의 차이라는 본질적 맥락에서 이해할 수 있다. 일반적인 상황에서 어떤 대상을 좋아한다는 진술은 미래의 특정 시점과 상관이 없는 취향을 의미한다. 그래서 말을 하는 시점에도 그 감정이 적용되고, 그 점에서 to 부정사가 아니라 동명사로 연결하는 것이 적절한 표현이 된다.

반면에 to 부정사를 목적어로 하는 경우에는 to가 보여주는 미래성의 어감이 투영된다. 그래서 보편적인 행동이 아니라, 앞으로 발생하기를 원하는 상황에 대한 호감을 나타내고, 이런 점에서 특정한 상황을 좋아한다는 의미가 형성되는 것이다.

7-1에서 like의 목적어로 동명사를 활용함으로써 좋아하는 상황이 일반적이라는 점을 나타낸다. 이때 일반적이라는 말은 특정한 조건이 결합되지 않은 상황이라는 의미를 형성하기도 하고, 특정한 상황을 선호하는 것이 반복적, 일반적 취향이라는 맥락일 때도 있다. 그래서 그 상황을 좋아하는 감정은 말을 하는 시점에도 적용된다는 점에서 동명사와 어울리게 된다.

반면에 7-2처럼 like 뒤에 to 부정사가 연결되는 경우에는 일반적인 상황이 아니라 제한적이고, 특정한 상황을 설정한다.

7-3 I *would like* to spend this summer holiday alone.

   이번 여름 휴가는 혼자 지내고 싶다.

7-4 I *feel like* dancing with you.

   너와 함께 춤을 추고 싶어.

이런 차이는 would like와 feel like라는 표현을 통해서도 명확하게 드러난다. hate, like, love, prefer의 앞에 would가 결합하는 경우에는 일반적인 상황이 아니라, 그 상황이 앞으로 발생할 가능성과 관련해서 표현하는 것이라는 점에서 7-3처럼 to 부정사가 연결된다.

반면에 7-4의 feel like는 말하는 시점의 심리 상태를 나타낸다는 점에서 동시성의 의미로 이해할 수 있다. 그래서 <u>feel like의 뒤에는 미래성을 나타내는 to 부정사가 아니라, 동명사가 연결되는 구조가 만들어진다.</u>

7-5 I *prefer* staying home <u>to</u> going to the shopping center.
  쇼핑 센터에 가는 것보다 집에 있는 게 더 좋다.

7-6 Some war prisoners *preferred* to stay in the concentration camp <u>rather than</u> to be repatriated to their country.
  일부 전쟁 포로들은 고국으로 송환되는 것보다 포로 수용소에 남기를 선호했다.

prefer는 라틴어에서 유래된 동사로 "~을 선호하다"라는 비교의 개념을 내장하고 있다. 그래서 흔히 비교의 대상을 수반해서 쓰이는데, 라틴어에 뿌리를 두고 있으면서 비교의 뜻을 내포한 다른 단어들처럼 to를 통해 비교의 대상을 나타낸다. 이때 to는 전치사이기 때문에 7-5처럼 동명사가 연결되어야 한다.

그런데 7-6처럼 prefer의 다음에 to 부정사를 목적어로 활용하는 경우에는 주의할 점이 있다. 전치사 to의 다음에 to 부정사를 또 연결할 수는 없기 때문이다. 그래서 이렇게 <u>to 부정사를 연결하는 경우에는 to가 아니라 rather than으로 비교 대상을 표현해야 한다.</u> 이때 rather를 생략하고 than만 쓰기도 하고, than의 뒤에 오는 to 부정사에서 to를 생략하기도 한다.

7-7　I *hate* busing the dishes.

　　　난 빈 그릇을 치우는 게 싫다.

7-8　I *hate* to be a wet blanket, but I'm too tired to be here.

　　　분위기를 망치고 싶지는 않아. 하지만 너무 지쳐서 여기 있을 수가 없어.

like의 뒤에 연결되는 to 부정사와 동명사가 서로 다른 의미를 나타내기도 한다는 점은 like의 부정문에도 동일하게 적용된다. 그래서 like의 반대 의미인 hate의 경우에도 동명사와 to 부정사가 모두 목적어로 연결될 수 있다.

advise, allow, forbid, recommend

동명사와 부정사의 용법을 공부할 때 복잡하다고 생각하기 쉬운 경우가 advise 유형의 동사들이다. 이 동사들은 다음에 목적어와 to 부정사가 연결되기도 하지만, 동명사가 곧바로 연결되기도 한다. 동사의 의미는 달라지지 않는데, 다음에 연결되는 준동사의 형태가 달라진다는 점에서 복잡하다고 생각할 수도 있다.

7-9　Some doctors *advise* setting aside at least half an hour a day for walking.

　　　일부 의사들은 하루에 최소한 30분은 걷기를 위해 확보하라고 충고한다.

7-10　Mr. Tate *advised* his son to purchase a used car.

　　　테이트씨는 자기 아들에게 중고차를 사라고 충고했다.

7-9처럼 advise의 대상이 되는 사람 목적어가 없는 경우에는 동명사가 목적어로 곧바로 연결된다. 반면에 7-10과 같이 his son이라는 목적어가 제시되면 다음에 to 부정사가 연결되는 구조를 형성한다. advise의 의미는 달라지지 않기 때문에 결국 목적어로 제시되는 사람 명사의 존재에 따라 준동사의 형태가 달라지는 특성을 보인다고 이해할 수밖에 없다.

  이런 양상을 보이는 동사들로는 advise, allow, forbid, require, recommend 등이 있다. 동명사가 갖고 있는 일반적 행위, 그리고 동시성이라는 관점과 to 부정사가 보여주는 특정한 행위, 그리고 미래성이라는 두 가지 관점을 적용하면 이렇게 구조가 다른 이유를 끌어낼 수 있다.

  일단 동사의 목적어가 없다는 점이 어떤 맥락을 갖는지를 확인하는 것이 실마리가 된다. 즉 7-9에서는 목적어로 동명사가 곧바로 연결되는데, 동명사의 의미상 주어가 없다. 그렇다면 일차적으로는 문장의 주어와 중복되는 경우를 생각할 수 있지만, 이 문장에서는 주어인 some doctors는 충고하는 행위자이므로 충고의 대상으로 설정하는 것은 논리적으로 적절하지 않다. 따라서 동명사의 의미상 주어는 일반적인 사람을 대상으로 하는 것으로 이해해야 한다.

  충고의 대상이 특정하지 않다는 것은 특정인에게 적용되는 것이 아닌 일반적인 행위라는 의미를 갖는다. 그리고 일반적 행위란 그 행위가 발생하는 시점을 미래로 상정하지 않는 것이기도 하다. 그래서 일반적이고, 미래 지향적이지 않은 행위를 의미하는 문법 장치인 동명사가 이 문맥에 어울리는 것이다.

  반면에 목적어가 있는 경우에는 특정한 사람을 대상으로 하는 충고라는 의미가 된다. 이는 곧 구체적인 대상이 앞으로 실행하기를 바라는 특정 행동에 대한 정보가 된다. 이런 구체적 행위와 미래 시점을 담아내는 준동사가 바로 to 부정사인 것이다.

7-11 Many experts *recommend* reducing the amount of daily carbohydrate intake.

> 많은 전문가들이 탄수화물의 1일 섭취량을 줄이라고 권고하고 있다.

7-12 <u>Candidates</u> for the overseas branches *are recommended* to submit their applications no later than 25, October.

> 해외 지점에 지원하는 사람들은 10월 25일 이전에 지원서를 제출하시기 바랍니다.

"권고하다, 권장하다"라는 의미를 갖는 recommend도 이런 특성을 갖는다. 그래서 7-11처럼 특정하지 않은 대상에게 하는 일반적 맥락의 권고를 전달할 때는 동명사가 곧바로 목적어로 제시된다. 반면에 구체적 대상에게 권고하는 특정한 행위를 의미할 때는 to 부정사라는 형태로 그 내용을 전달하는 것이다.

간혹 7-12와 같은 문장을 recommend의 목적어로 to 부정사가 등장하는 구조로 오해하는 경우도 있다. 하지만 이 문장은 수동태 구조가 되면서 목적어의 역할을 하던 사람 명사가 주어 자리로 옮겨진 것이다. 그래서 are recommended라는 수동태의 다음에 to 부정사가 곧바로 연결되는 것처럼 보일 뿐이다.

7-13 Some states of the United States still *forbid* selling marihuana.

> 미국의 일부 주에서는 아직도 마리화나 판매를 금지하고 있다.

7-14 Professor Robert *forbade* <u>Alex</u> *to enter the lab*.

> 로버트 교수는 알렉스가 실험실에 들어가는 것을 금지시켰다.

이런 구조는 권유나 충고를 나타내는 동사에만 해당되는 것이 아니라, forbid처럼 '금지'의 의미를 나타내는 동사의 경우에도 적용된다. 그래서 7-13에서도 forbid의 다음에는 특정한 대상을 나타내는 사람 목적어가 없는 상황에서 동명사가 목적어의 역할을 하고 있다. 그럼으로써 일반적 금지라는 문맥을 나타내고 있는 것이다. 반면에 사람 목적어가 제시된 7-14에서는 to 부정사로 특정인에 대한 구체적 행위를 금지하고 있다는 점을 표현하고 있다.

allow에 부정어가 결합되는 경우는 forbid와 유사하게 행동의 금지라는 의미가 된다. 그래서 allow의 부정문에도 이런 속성이 동일하게 적용된다.

7-15 The company doesn't *allow* leaving the facility with any kind of unauthorized storage.
　　　인가받지 않은 저장매체는 어떤 종류도 회사 외부로 반출할 수 없습니다.

7-16 The school board doesn't *allow* juveniles under 10 to participate in extreme sport contests.
　　　교육 위원회는 10세 미만의 청소년에는 익스트림 스포츠 대회 참가를 허락하지 않고 있다.

forget, regret, remember

forget, regret, remember는 to 부정사와 동명사가 갖는 시점의 의미를 가장 확실하게 보여주는 동사들이다. 이 동사들의 뒤에도 to 부정사와 동명사가 모두 목적어로 연결될 수 있지만 준동사의 선택에 따라 의미하는 시점은 정 반대가 된다.

8-1　I *remembered* to send the revised invoice by email.

　　　나는 수정된 송장을 이메일로 잊지 않고 보냈다.

8-2　I *remembered* sending the revised invoice by email.

　　　나는 수정된 송장을 이메일로 보냈던 것을 기억해냈다.

　　remember가 의미하는 기억의 대상은 과거 시점의 사건일 수도, 미래 시점의 일정일 수도 있다. 그 차이를 드러내는 표지가 준동사의 형태가 된다. 8-1에서는 <u>미래성을 나타내는 to 부정사가 연결됐으므로 기억한 시점보다 이후에 발생하는 상황이라는 관계가 형성된다</u>. 그래서 "(앞으로) 할 일을 기억하다"라는 뜻으로 이해되는 것이다.

　　반면에 8-2처럼 <u>목적어로 동명사가 연결되면 과거 지향적인 동명사의 속성을 반영하므로 동사보다 이전의 상황이라는 의미를 나타낸다</u>. 그래서 "(이전에) ~했던 일을 기억하다"는 의미를 전달한다.

8-3　I *forgot* to download the application to my cell phone before the trip.

　　　잊어버리고 여행가기 전에 이동 전화기에 앱을 다운받지 않았다.

8-4　I will never *forget* trekking on such a beautiful trail with you.

　　　너랑 멋진 등산로를 트레킹했던 일을 절대 잊지 못할 거야.

　　의미상 remember와 반대편에 있는 forget도 역시 동일한 기준을 적용해서 이해할 수 있다. forget의 뒤에 to 부정사가 목적어로 연결된 8-3은 "(앞으로) 할 일을 잊어버리다"라는 의미로 미래 시점을 대상으로 한다. 반대로 8-4처럼 forget의 다음에 동명사가 연결되면 과거 사실을 의미하는 기호라는 점에서 "(이전에) ~했던 일을 잊어버리다"라는 의미가 되는 것이다.

8-5 I *regret* to tell you that John lost his shirt again.
   존이 또 크게 손해를 봤다는 말을 전하려니 유감스럽다.

8-6 I *regret* telling you that John lost his shirt again.
   존이 크게 손해를 봤다는 말을 전했던 일이 후회된다.

단어의 의미를 기준으로 하면 regret을 remember나 forget과 같은 부류로 묶기는 쉽지 않다. 하지만 이 동사도 역시 이전의 사실과 앞으로의 일을 모두 목적어로 수용할 수 있다는 점에서 동일한 양상을 보인다.

그래서 8-5처럼 to 부정사가 목적어가 되면 "(앞으로) 할 일이 유감스럽다"라는 뜻이 된다. 또 8-6처럼 동명사가 연결되면 "(이전에) 했던 일을 후회한다"라는 과거 사실에 대한 유감의 의미가 된다. 이런 의미의 차이를 준동사의 형태로 명확하게 구별함으로써 의미와 형태가 균형을 이루는 것이다.

discourage, dissuade, encourage, persuade

enable, encourage, persuade와 disable, discourage, dissuade는 서로 대칭적인 의미 관계를 형성하고, 이를 전달하는 방식도 대조적이다. 하지만 이 두 부류의 동사들도 to 부정사와 동명사가 담고 있는 개념을 기준으로 이해할 수 있다.

9-1 Tony *persuaded* Avril **to participate in the food truck festival.**
   토니의 설득을 듣고 에이브릴은 푸드트럭 축제에 참가했다.

9-2 Tony *dissuaded* Avril <u>from</u> **participating in the food truck festival.**
   토니의 설득을 듣고 에이브릴은 푸드트럭 축제의 참가를 단념했다.

persuade는 "설득하다"라는 의미인데, 이 행위가 논리적으로 완결된 체계를 갖추기 위해서는 우선 설득의 대상이 필요하다. 설득이란 언어를 통한 정보의 소통이라는 점에서 행위를 하는 주체도, 설득을 당하는 대상도 사람일 수밖에 없다. 그리고 설득이란 대상의 생각에 변화를 줌으로써 어떤 행동을 유도한다는 의미이기 때문에 다음에는 설득의 목적, 혹은 결과에 해당하는 정보가 제시되어야만 한다. 실제로 설득의 문맥에서 중요한 것은 대상이 아니라, 그 대상이 설득을 당한 다음에 보여주는 변화의 모습이기 때문이다.

이런 맥락에서 <u>persuade의 다음에는 사람 목적어와 그 대상이 하는 행위가 to 부정사의 형태로 연결되게 된다</u>. 물론 이 to 부정사는 persuade의 시점보다 나중에 발생하는 동작이라는 점을 의미한다.

9-1에서 보듯이 Tony가 설득하는 일이 먼저 발생하고, 그에게 설득을 당한 Avril이 축제에 참가하는 것은 그다음에 일어나는 결과적 행동이 된다. 그 선후 관계를 to 부정사라는 기호로 나타내는 것이다.

반면 dissuade는 "설득하여 못하게 하다, 단념 시키다"라는 의미를 갖는다. 이 행위도 역시 언어를 매개로 이루어진다는 점에서 동사의 주어도, 대상도 모두 사람 명사가 되어야 한다. 그리고 목적어의 다음에는 그 대상이 단념한 행동에 대한 정보가 제시된다.

persuade는 상대를 설득함으로써 실제로 어떤 행동을 하도록 한다는 점에서 to 부정사가 연결된다. 하지만 dissuade의 뒤에 제시되는 동작은 설득을 당한 순간 단념하는 행위를 의미한다. 그렇다면 이 동작은 실제로 행동으로 이어지는 것이 아니기 때문에 to 부정사로 표현하는 것은 적절하지 않다. 미래성을 담고 있지 않다는 점에서 이 동작은 동명사로 표현해야 한다. persuade와 dissuade의 의미가 다르기 때문에 정보를 연결하는 방식도 다를 수밖에 없는 것이다. 그리고 이 동작의 앞에 from을 활용해서 실현되지 않은 행위라는 의미를 담아낸다.

전치사 from의 기본 개념은 기원이나 출처를 나타내는 것이다. 그래서 주로 be made, buy, change, come, convert, derive, fall, graduate, inherit, obtain, result, stem, switch, transform, turn 등과 같은 동사들의 다음에 from이 연결된다. 그 동사들이 지향하는 의미가 from이 담고 있는 출처에 대한 의미와 통하기 때문이다.

그리고 '출처'를 밝힌다는 것은 이미 출처에서 벗어난 상태라는 점을 드러내는 것이기도 하다. 이런 점에서 from에는 '분리, 차이'라는 의미가 담기기도 한다. 그래서 cut, detach, differ, disconnect, distinguish, divide, remove, separate, tell처럼 '분리, 차이'를 나타내는 동사들과 호응할 수 있는 고리가 만들어진다.

그런데 from의 다음에 행위를 나타내는 동명사가 연결되면 행동의 분리를 의미하게 된다. 사람과 그의 행동을 분리시킨다는 말은 곧 그 행동을 하지 못하게 한다는 금지의 의미로 확장된다. 그래서 abstain, ban, bar, deter, disqualify, hinder, keep, prevent, prohibit, refrain, restrain, stop과 같은 '금지'나 '방해'의 의미를 갖는 동사들의 다음에 이런 구조가 형성되는 것이다.

9-3 My teacher *encouraged* me to volunteer for the victims of the tornado.

선생님의 격려로 나는 토네이도의 희생자들을 위해 자원 봉사를 했다.

9-4 Timothy *discouraged* me <u>from</u> making a visit to the Amazon rainforest.

티모시의 말에 용기를 잃고 나는 아마존 우림에 가는 것을 포기했다.

    형태의 차이는 의미의 차이를 담보하는 표시로 인식해야 한다. encourage와 discourage도 역시 목적어의 다음에 정보를 나열하는 방식이 서로 다르다. 9-3의 encourage는 어떤 대상에게 용기를 주어 어떤 행동을 하도록 한다는 뜻이다. 무생물 명사에게 용기를 부여할 수는 없기 때문에 encourage의 목적어는 사람으로 설정해야 한다. 그리고 목적어의 다음에는 용기를 얻어서 실행하는 행위가 제시돼야 논리적 관계가 형성된다. 이때 이 동작은 의미상 encourage보다 이후에 발생하므로 to 부정사로 시점상의 차이를 표현한다.

    반면 9-4의 discourage는 의욕을 꺾어 어떤 행동을 하지 못하게 한다는 의미로 역시 사람을 대상으로 한다. 그래서 다음에 사람 목적어가 연결된다는 점은 encourage와 동일하다. 그런데 목적어의 뒤에 연결되는 동작은 단념해서 실행되지 않는다는 점에서 dissuade와 같은 맥락이 된다. 따라서 from으로 사람과 그의 행동이 단절된 상황을 표현하는 구조가 된다.

9-5 His early religious experience *enabled* Collins to understand the creeds of Buddhism.

어린 시절의 종교적 경험으로 콜린스는 불교의 교리를 이해할 수 있었다.

9-6 The injury from falling off the horse *disabled* the actor from getting on his feet.

> 낙마 사고로 부상을 당해서 그 배우는 일어설 수가 없었다.

enable과 disable도 이와 같은 맥락에서 이해할 수 있다. enable은 "어떤 대상에게 능력이나 권한을 부여해서 어떤 행동을 할 수 있게 하다"라는 의미를 갖는다. 이 경우에도 목적어는 사람 명사가 되고, 권한이나 능력을 부여받은 뒤에 하는 행동은 목적어 뒤에 to 부정사의 형태를 배치함으로써 그 의미를 표시한다.

반면에 disable은 "어떤 대상에게서 능력을 빼앗다"라는 의미로, 역시 사람 명사가 목적어로 제시되어야 한다. 그리고 능력을 빼앗기는 순간 목적어의 뒤에 연결되는 행동은 실현될 수 없는 동작이 된다. 이런 맥락에서 금지를 의미하는 전치사 from이 연결되고, 전치사의 뒤에 연결될 수 있는 동명사가 등장하게 되는 것이다.

이 동사들의 의미는 다소 다르지만 정보를 전개하는 방식은 유사하기 때문에 그 의미를 전달하는 구조도 유사한 형식을 갖는다. 이런 점에서 단어들이 연결되는 문법적 관계는 개별 단어들에만 적용되는 점이 아니라, 선의 개념으로 이해해야 효율적인 것이다.

동명사의 관용 표현

동명사의 관용 표현에 대한 유감

동명사 표현에서는 관용적이라는 이름으로 소개되는 경우가 많다. 그리고 이 관용 표현들은 대체로 전치사의 다음에 동명사가 연결되는 구조로 형성되곤 한다. 물론 전치사의 다음에 목적어로 연결될 수 있는 준동사는 동명사 밖에 없기 때문에 그 구조를 명백하게 이해할 수 있지만, 바로 그 대목에서 오해가 생기기도 한다.

10-1 Olivie *gets used to* living in the alpine region.
　　　올리비에는 고산지대에서 사는 것이 익숙해졌다.

10-2 Fire fighters *are used to* a variety of dangerous situations.
　　　소방대원들은 여러가지 위험한 상황에 익숙하다.

　　10-1에서는 "~하는 데 익숙해지다"라는 의미를 갖는 get used to라는 표현이 사용되었다. to는 부정사를 표시하는 기호이거나 전치사, 둘 중 하나로 활용된다. to가 부정사를 표시하는 기호라면 다음에는 동사의 원형이 연결되고, 전치사라면 당연히 동명사가 등장해야 한다. 따라서 문장에 쓰인 to의 성격을 정확하게 인식하는 일은 정확하게 표현하고, 이해할 수 있는 토대가 된다.
　　익숙하다는 말의 의미를 생각해보면 미래의 상황에 지금 익숙할 수는 없다. 따라서 이 표현의 to는 미래성을 표현하는 부정사가 아니라, 대상을 나타내는 전치사로 이해하는 것이 마땅하다. 그래서 10-1에서는 동명사가 to의 뒤에 연결되는 것이다. 그런데 10-2에서는 to의 다음에 동명사가 아니라, 명사가 연결되고 있다.

동명사의 관용 표현이라고 규정하기 때문에 be used to처럼 교재에서 소개하는 표현을 오직 동명사만 사용할 수 있는 표현으로 자칫 오해할 가능성도 있는 것이다. 하지만 동명사만을 배타적으로 연결하는 전치사 표현은 거의 없다. 전치사의 다음에는 명사 혹은 동명사가 연결되는 것이 원칙이기 때문이다.

시험에서 자주 출제되는 대목이라는 점에서 전치사 to를 활용한 표현을 예로 들어주는 경우가 특히 많다. 하지만 이 또한 관용 표현이라는 제목으로 소개하는 몇 가지 표현에만 해당되는 것이 아니라, 전치사 to를 활용하는 수 많은 표현들에 보편적으로 적용되는 것이다.

10-3 Deportees always *look forward to* going back to their country.
  추방당한 사람들은 항상 고국으로 돌아가기를 고대한다.

10-4 Baseball fans are *looking forward to* the start of the next season.
  야구 팬들은 다음 시즌이 시작되기를 고대하고 있다.

"~하기를 고대하다, 기대하다"라는 의미를 갖는 look forward to라는 표현의 다음에도 10-3처럼 동명사가 올 수도, 10-4처럼 명사를 사용할 수도 있다.

10-5 The expression of "Morton's fork" is an expression about the nobility who ***objected to*** paying taxes.

    Morton's fork라는 표현은 세금 납부를 반대했던 귀족들에 대한 표현이다.

10-6 Employees ***objected to*** the new regulations on the reimbursement of travel expenses.

    직원들은 출장비 환급에 대한 새로운 규정을 반대했다.

10-7 Parents ***are opposed to*** my going to the rock concert.

    부모님께서는 내가 록 콘서트에 가는 것을 반대하셨다.

10-8 I ***am opposed to*** every kind of violence to women.

    나는 여성에게 가해지는 모든 종류의 폭력을 반대한다.

동명사와 전치사의 생략

대상이 무엇이건 어떤 어구가 생략되었다면, 일단 한 가지 이유를 떠올릴 수 있다. 생략된 어구가 담고 있는 정보의 가치가 낮다는 점이 생략이라는 현상을 가능하게 하는 주된 기제이기 때문이다. 그리고 정보의 가치가 낮은 경우로는 주로 두 가지를 상정할 수 있다. 첫째는 동일한 어구가 반복되는 경우이고, 또 하나는 반복되지는 않지만, 문맥상 그 의미가 명확한 경우다.

일반적으로 전치사는 명사나 동명사를 연결하는 장치이기 때문에 생략되지 않는 것이 기본이다. 전치사의 뒤에 오는 명사는 전치사의 목적어로 전치사와 긴밀한 의미 관계를 형성하고 있기도 하고, 또 전치사를 생략하면 뒤에 연결되던 명사의 역할이 애매해지는 경우도 발생하기 때문이다. 그런데 일부 특정한 표현의 경우에는 동명사의 앞에 있던 전치사가 생략되는 현상이 드물게 발생한다.

11-1 Mark *had a hard time* (in) locating the missing file.
마크는 사라진 파일을 찾느라 힘들었다.

11-2 Todd *has no difficulty* (in) finding a new job.
토드는 조금도 어렵지 않게 새 직장을 구했다.

11-1에서는 have difficulty in doing이라는 표현이 사용되고 있다. "어려움이 있다"라는 의미인 have difficulty의 다음에 그 어려운 행동에 대한 정보를 전치사 in과 동명사를 연결해서 전달하는 표현이다. difficulty 대신 trouble, a hard time, struggle처럼 비슷한 의미를 갖는 명사들로 대신하기도 한다. 그래서 대체로 "힘들게 어떤 행동을 하다"라는 의미를 나타낸다. 때로는 difficulty 대신 fun을 써서 즐거웠던 상황을 표현하기도 한다.

그리고 11-2처럼 이 명사의 앞에 수식어를 덧붙여서 어려움의 정도를 표현할 수 있다. much, a little, little, no와 같은 어구들을 추가해서 매우 어려운 경우부터 전혀 어렵지 않은 경우까지 그 강도를 조절할 수가 있는 것이다.

이 표현들에서 특이한 대목은 바로 전치사 in이 흔히 생략된다는 점이다. 전치사가 생략되는 몇 되지 않는 경우인데, 이 상황에서도 생략의 원리가 작동되는 근거를 찾아보는 일은 충분히 의미가 있다.

먼저 in이라는 전치사는 많은 의미를 담고 있지만 기본 개념은 어떤 공간의 내부를 나타내는 말이다. 그런데 in의 뒤에 물리적 공간이 아니라, 행위를

> 11-1 Mark had a hard time (in) locating the missing file.
> 11-2 Todd has no difficulty (in) finding a new job.

나타내는 명사가 연결되는 경우에는 어떤 행위가 진행되고 있는 중이라는 추상적 의미로 확장된다. in use나 in order처럼 사용 중이고, 작동 중인 상황을 나타내는 표현들을 이해할 수 있는 것도 같은 맥락이다.

앞서 확인했듯이 동명사는 동사와 동일한 시점의 상황을 의미하는 것이 고유한 용법이다. <u>전치사 in이 나타내는 진행 중인 동작이라는 개념과 동명사가 담아내는 동시적 상황이라는 의미는 서로 유사한 맥락을 형성한다.</u>

이렇게 의미를 상호 관계로 이해할 수 있다는 근거에서 개념이 중복되는 전치사 in은 생략되기도 하는 것이다. 어려움을 겪는 시점과 그런 행동을 하는 시점은 동일하다는 점에서 동명사 표현만으로도 적절한 의미 관계를 유지할 수 있기 때문이다. in을 반드시 생략해야 하는 것은 아니지만 생략해서 간결하게 사용하는 쪽으로 진화하고 있다는 점을 고려해야 한다.

그런데 in이 생략되고 나면 전치사의 목적어였던 동명사는 difficulty라는 명사의 뒤에 연결되는 구조가 된다. 명사의 다음에 동명사를 다시 나열할 수 없다는 점에서 이 준동사를 difficulty를 수식하는 분사로 이해하는 의견도 있다.

하지만 difficulty의 다음에 항상 동명사가 연결되는 것은 아니라는 점을 염두에 두어야 한다. 명사가 연결되는 경우에는 표현 방식이 달라지기 때문이다.

11-3 The tribe *has trouble* <u>with</u> the deep-rooted discrimination.
그 부족은 뿌리 깊은 차별로 고난을 겪고 있다.

11-4 Tate *had a hard time* <u>with</u> the relocation of the office for two months.
테이트는 두 달 동안 사무실 이전 문제로 힘든 시간을 보냈다.

11-3에서는 has trouble이라는 표현의 다음에 동명사가 아니라, the deep-rooted discrimination이라는 명사가 제시되고 있다. 그리고 이 명사를 전치사 in이 아니라 with로 연결하고 있다. in을 활용하는 것은 다음에 연결되는 동명사와 동시적인 동작이라는 공통점을 담아내기 때문이다. 하지만 11-3에서 뒤에 오는 명사는 그 같은 행위적 의미가 아니라, 고생하는 상황에 대한 이유를 설명하고 있다. 그런 점에서 '이유'를 나타내는 전치사 with가 연결되는 것이 자연스러운 것이다. 그리고 명사의 의미를 명확하게 설정하기 어렵다는 점에서 이 with는 생략하지 않는다.

11-4에서도 had a hard time의 뒤에 있는 명사는 힘든 시간을 보내는 동시적 상황이 아니라, 그런 상황을 야기한 이유를 서술되는 장치가 된다. 그래서 동시성이 아니라 이유를 나타낸다는 점에서 in이 아니라, with가 사용된 것이다

11-5 Michael is ***busy*** preparing for the speech about the new sales strategies.
   마이클은 새로운 판매 전략에 관한 연설을 준비하느라 바쁘다.

11-6 The chairperson was ***busy*** <u>with</u> a series of difficult decisions on the new project.
   회장은 새로운 프로젝트에 대해 잇달아 어려운 결정을 내리느라 바빴다.

흔히 "~하느라고 바쁘다"라는 관용 표현으로 소개하는 be busy -ing 표현도 이와 유사한 속성을 보인다. 과거나 미래 시점의 행동을 하느라 현재 바쁘다는 말은 논리적으로 성립할 수 없다는 점에서 어떤 행동을 하는 것과 바쁜

> 11-5 Michael is busy preparing for the speech about the new sales strategies.
> 11-6 The chairperson was busy with a series of difficult decisions on the new project.

것은 동시적인 상황으로 이해할 수 있다. 그래서 동시성을 나타내는 기호인 동명사로 이런 시점을 표시하는 것이다. 11-5에서 busy 다음에 preparing으로 시작하는 동명사절이 연결되는 것은 이런 관점이 투영된 결과로 받아들여야 한다. busy와 동명사가 갖는 이런 의미의 긴장 관계 속에서 동명사절의 앞에 있는 전치사 in이 생략되는 현상이 발생하는 것이다.

그런데 11-6에서는 busy의 다음에 연결되는 전치사로 with를 사용했다. 다음에는 동명사가 아니라 명사가 연결되고 있고, 이 명사는 바쁜 상황에 대한 이유를 설명하고 있다. 그리고 그런 문맥에 어울릴 수 있도록 이유를 나타내는 전치사인 with를 사용한 것이다. 기계적으로 표현을 암기할 것이 아니라, 의미를 전달하는 방법을 적극적으로 고민하고 이해해야 하는 이유를 보여주는 사례라고 할 수 있다.

11-7 I *spent ten minutes* cooling my heels while the teacher checked my essay.

　나는 선생님께서 내 에세이를 검토하시는 동안 10분을 기다렸다.

11-8 I *spent so much money* on my new computer.

　나는 새 컴퓨터에 아주 많은 돈을 썼다.

11-7의 spend one's time [money]는 "~하느라고 시간이나 돈을 쓰다"라는 의미로 쓰이는 표현이다. 그런데 이 표현의 의미에서 어떤 행동을 하는 것과 시간이나 돈을 쓰는 것은 동일한 시점에 발생하는 동작들이다. 이 문장에서

10분의 시간을 보낸 상황과 기다리는 상황은 동시에 벌어진 것이다. 따라서 동시성을 나타내는 동명사가 연결되는 것은 자연스럽고, 합당한 선택이다. 이 표현에서도 동작의 진행을 의미하는 동명사의 앞에는 in이 있었지만, 이제는 in을 생략하고 동명사가 곧바로 연결되는 유형으로 쓰이고 있는 것이다.

그런데 이 표현에서도 동명사가 아니라 명사가 연결되면 문맥이 달라진다. spend one's time [money]의 뒤에 명사가 연결되면, 그렇게 시간이나 돈을 투자하는 대상이라는 관계가 설정된다. 그리고 이렇게 의미가 달라지기 때문에 전치사도 그 변화를 반영할 수밖에 없다. 그래서 대상을 의미하는 on을 활용하는 것이고, 이 on은 물론 생략되지 않고 남아서 그 관계를 명확하게 보여주는 것이다.

동명사는 준동사다

1. 동명사의 의미상 주어는 명사나 인칭 대명사의 소유으로 나타내는 것이 원칙이다. 구어체에서는 목적격으로 표현하는 경우도 일반적이다. 하지만 문장의 주어일 때는 반드시 소유격을 써야 한다.

2. 무생물 명사가 의미상 주어일 때는 of 소유격을 쓸 수 없으므로 목적격으로 표시한다. 그리고 all, both, many, this처럼 소유격이 없는 대명사들도 목적격으로 의미상 주어를 표시한다. 또 사람 명사라 하더라도 수식어구가 붙어서 길어진 경우에도 문장 구조상 목적격으로 동명사의 의미상 주어를 표시한다.

3. 목적어로 이미 제시된 정보를 통해 동명사의 의미상 주어를 충분히 파악할 수 있는 상황에서는 흔히 생략된다.

4. 동명사는 부정사보다 명사의 어감이 강한 경향이 있다. 일반적으로는 동명사도 능동과 수동을 명확하게 구별하지만, bear, deserve, need, require, want 같은 동사 다음에는 의미상 수동이지만, 능동으로 표현한다.

동명사, 동사와 명사의 경계에서

1. 동명사는 동사의 원형에 -ing를 붙인 형태로, 명사로만 쓰인다. 그래서 동명사는 문장에서 주어나 보어, 또는 목적어로 활용된다. 하지만 전치사의 목적어로 사용할 수 있다는 점에서 부정사와 다르다. 또 동명사는 셀 수 없는 명사라는 점에서 단수로 간주한다.

2. 동명사도 동작의 의미를 담기 때문에 오직 부사만이 동명사를 수식할 수 있다. 그래서 형용사로 수식하거나, 관사가 결합하거나, 혹은 복수형 어미가 있는 경우에는 이 -ing형은 동명사가 아니라, 완전한 동작 명사로 쓰인 것이다. 또 타동사의 동명사 다음에는 목적어가 곧바로 연결되지만, 동작 명사의 경우에는 전치사로 연결해야 한다.

3. to부정사가 동사의 시점보다 나중의 상황이라는 것을 의미하는 데 비해 동명사는 동사의 시점과 동시에 발생하는 상황을 의미한다. 따라서 동명사와 어울리는 동사들도 대부분은 이렇게 동시적인 성격을 갖는 것들로, finish와 같은 정지 개념, avoid와 같은 회피 개념, imagine과 같은 연상 동사들이 동명사와 주로 어울린다.

4. 동명사는 과거 지향적인 성격을 갖기 때문에 admit, acknowledge, recall 등 회상의 의미를 갖는 동사들이 동명사와 결합한다.

부정사와 동명사, 선택의 기준

1. to 부정사는 실제적 사실이라기보다는 발생할 가능성에 해당하는 상황을 의미한다. 반면에 동명사는 실제적 상황을 전달하는 데 초점을 맞춘다. 이런 구분은 문장의 주어로 쓰이는 경우에도 그대로 이어진다. 그래서 동사가 과거 시제일 때 주어로는 동명사만 가능하다.

2. begin, start 부류의 동사들 뒤에 to 부정사가 오면 의지를 담지 않은 동작을, 동명사가 오면 의지를 담은 동작들이 연결된다.

3. hate, like처럼 감정을 나타내는 동사들의 뒤에 연결되는 동명사는 일반적인 맥락을 의미하지만, to 부정사가 연결되는 경우에는 특정한 상황을 나타낸다.

4. advise, allow, forbid 계열의 동사들은 목적어가 없는 경우에는 동명사가 목적어로 곧바로 연결된다. 이럴 때는 의미상 주어를 특정하지 않은 일반적 상황을 의미한다. 하지만 목적어가 연결되는 경우에는 다음에 to 부정사가 연결되고, 특정한 상황을 의미한다.

5. forget, regret, remember의 목적어로 to 부정사가 연결되는 경우는 앞으로 할 일을 대상으로 하는 것이고, 동명사가 연결되면 이전에 실제 했던 일을 나타내는 것이다.

6. from은 '기원/유래'라는 의미에서 '구분/분리/구별'이라는 뜻으로 확장된다. 그리고 다음에 동명사가 오면 '행동의 분리' 즉 '금지/방해'라는 의미가 된다. 그래서 persuade의 다음에는 사람 명사와 to 부정사가 연결되지만, dissuade의 뒤에는 사람 목적어와 from - ing가 연결된다.

동명사와 관용 표현

1. 동명사의 관용 표현 대부분의 경우에는 전치사 뒤에 동명사뿐만 아니라 명사도 올 수 있다. to가 사용된 표현에서는 to가 전치사인지, 부정사를 표시하는 기호인지 항상 확인해야 한다.

2. have difficulty, 혹은 be busy의 뒤에 동명사가 연결되는 경우에는 전치사 in의 의미가 중복된다는 점에서 흔히 생략된다. 하지만 명사가 연결되는 경우에는 '이유'의 문맥이 되며, 그런 의미를 나타내는 with를 쓴다.

3. spend one's time or money의 뒤에 동명사가 연결되는 경우는 in을 생략한다. 하지만 명사가 연결되는 경우에는 대상의 의미를 나타내는 on을 결합시킨다.

분사, 다양함과 경계

분사절에 대해 276

분사절의 형성 285

분사절의 의미, 접속사의 복원 303

다양한 유형의 분사절 317

분사는 형용사다! 328

분사절에 대해

분사절, 분사구문, 그리고 분사

분사의 용법을 까다롭게 생각하는 이유는 각자의 입장에 따라 다양하게 제시할 수 있을 것이다. 어떤 현상의 원인을 한 두 가지로 특정하는 것 또한 위험한 일이기는 하다. 하지만 분사를 준동사라는 큰 틀에서 이해하지 않는 것, 그리고 분사절과 분사를 명확하게 구별하지 않는 경향이 이런 난맥상을 초래한 중요한 이유일 수도 있다고 조심스럽게 생각해 본다.

분사는 상당히 다양한 방식으로 활용할 수 있는 유용한 표현이다. 그러나 분사가 보여주는 이 다양한 용법에 대해 명확한 이해가 수반되지 않고, 피상적인 정보의 습득에 그치고 마는 경우가 많다. 그러다 보니 현재 분사, 과거 분사, 전치 수식, 후치 수식과 같은 여러 용어들이 자기 자리를 잡지 못하고 서로 충돌할 수밖에 없다. 현상에 대한 명확한 설명과 용법에 대한 명확한 구분이 없이는 그 대상을 정확하게 이해하기 힘든 것이 비단 분사에만 적용되는 말은 아닐 것이다.

분사절이라는 새로운 용어나 기준에 대한 거부감과 부담은 충분히 짐작하고, 이해하지만 우선 분사절과 분사의 경계부터 확고하게 정리할 필요가 있다. 혼란을 야기하는 요소는 거의 어김없이 구성체들 사이의 경계가 명확하지 않은 데서 비롯되기 때문이다. 분사절과 분사는 동일한 배경을 갖고 있는 것이 분명하지만, 문장에서 활용되는 방식은 엄연히 서로 다르다.

<u>분사절이란 앞서 부정사와 동명사에서 익혔듯이 부사절과 형용사절 등의</u>

종속절을 분사의 형태로 압축한 유형의 표현 방식을 지칭한다. 즉 접속사와 주어, 보조동사를 생략하고, 동사의 원형에 −ing라는 어미를 결합함으로써 문장을 줄인 구조라는 자신의 정체성을 표시한 것이다.

부정사절이나 동명사절과 마찬가지로 준동사의 보편 규칙은 분사절에도 동일하게 적용된다. 그래서 목적어, 전치사, 보어처럼 동사와 결합하던 요소들이 분사의 뒤에도 동일하게 연결되는 구조를 보인다. 또한 의미상 주어, 시점, 태와 같은 동사의 특성을 고스란히 유지하고 있다는 점에서 분사절이라고 한다.

흔히 분사구문이라는 명칭으로 통용되기 때문에 분사절이라는 이름은 생소할 수 있다. 하지만 준동사가 갖는 동사의 성격을 담아낸다는 점에서, 그리고 다른 준동사와 일관된 관점을 형성하기 위해서 분사절이라는 용어가 적절한 면이 있다. 물론 분사절과 분사구문이라는 용어는 옳고 그름의 문제가 아니라, 관점의 차이를 나타내는 것이다.

앞서 동명사라는 용어가 명사로 활용되는 준동사라는 속성을 잘 나타내고 있지만, 그것이 동명사에만 특정하게 해당하는 특성으로 오해하게 만들 수도 있다는 점을 지적한 바 있다. 동명사의 속성이 부정사에도 동일하게 적용된다는 점을 간과한다면 총체적으로 이해하기는 어려울 수밖에 없다. 동전의 한 쪽 면만을 인식하는 파편적 사고를 형성할 수도 있다는 점에서 동명사라는 용어는 오히려 경계해야 마땅하다고 지적했던 것이다.

분사구문이라는 용어도 이처럼 통합적 인식을 가로막는 역할을 할 수도 있다는 점을 고려해야 한다. 분사구문에 적용되는 규칙들은 부정사에도, 동명사에도 동일하게 적용되는 준동사의 규칙이기 때문이다. 어떤 대상들이 공통의 속성을 공유하고 있다면, 그를 규정하는 용어도 통일되어야만 일관된 기준으로 대상을 이해할 수 있다. 하지만 분사구문이라는 특정한 호칭을 사용함으로써 분사에만 배타적으로 적용되는 규칙이 있는 것으로 오인하는 결과를 야기할 수도 있는 것이다.

부정사절과 동명사절을 관통하던 준동사의 특성이 분사에도 일관되게 적용되는 것이라는 점에서 분사구문보다는 분사절로 규정하는 것이 종합적인 이해를 이끌어낼 수 있다. 그렇게 함으로써 분사를 고립된 섬과 같은 표현이 아니라, 준동사라는 큰 흐름 속에서 연결된 봉우리로 이해할 수 있을 것이다.

동명사가 동사의 성질을 잃어버리고 동작 명사라는 형용사의 수식을 받을 수 있는 완전한 명사로 '승격'되는 경우도 있다는 점을 확인한 바 있다. 그런데 분사의 용법에서도 이와 비슷한 경우를 발견할 수 있다. 현재 분사 또는 과거 분사가 동사의 성격을 잃어버리고, 즉 뒤에 연결되던 어구와 분리되어서 하나의 단어로 활용되는 경우가 있다. 이렇게 홀로 독립된 분사는 형용사로 활용된다는 점에서 '분사 형용사'라고 부르기도 한다.

분사 형용사로 쓰일 때 분사는 관사의 뒤에 오기도 하고, some이나 many와 같은 한정사와 어울리기도 하고, 뒤에 있는 명사를 수식하기도 하는 등 형용사의 속성을 그대로 반영한다. 이렇게 완전한 형용사로 진화된 준동사를 분사로 규정하기로 하고, -ing가 결합한 형태를 현재 분사, 주로 -ed가 연결된 경우를 과거 분사라고 한다.

결국 분사절은 분사와 그 뒤에 연결되는 정보들까지 포함한 어구를 의미하지만, 분사란 하나의 단어를 지칭하는 개념으로 관계를 설정할 수 있다. 어떤 면에서는 분사를 종속절의 압축된 구조인 분사절이 더 진화한 경우라고 이해할 수도 있다.

일반적인 순서로는 분사를 먼저 소개하고, 그다음에 분사구문, 즉 분사절을 만드는 방법에 대해 설명한다. 하지만 분사절을 먼저 이해하는 것이 분사를 파악하는 데 도움이 된다는 점에서 순서를 달리 하고자 한다. 분사는 준동사의 성격이 사라진 단어이기 때문에 다음에 목적어, 보어, 전치사처럼 연결되던 정보는 없다. 그러나 분사절에 표현되던 능동과 수동이라는 개념은 현재 분사와 과거 분사의 형태로 여전히 살아있게 된다. 따라서 분사절을 통해서 분사로 접근하는 것이 표현의 진화 과정을 더 자연스럽게 이해할 수 있을 것이다.

현재 분사나 과거 분사는 be 동사나 have 동사와 연결해서 수동태, 진행상, 완료상과 같은 문법적인 형태를 구성하기도 한다. 하지만 이런 조합에 사용되는 분사는 준동사의 성격이라기보다는 동사에 태와 상이라는 문법적 개념을 추가하기 위한 부득이한 장치라는 점에서 동사의 용법에서 이해하는 것이 타당하므로 배제하기로 한다.

분사절의 의미상 주어를 표시하기

동사의 앞에는 반드시 동작의 행위자에 대한 정보가 제시되어야 한다. 분사도 준동사의 일종이라는 점에서 동사의 속성을 간직하고 있다. 그래서 <u>분사에도 의미상 주어가 존재하며, 그 위치는 분사의 앞이 된다.</u>

1-1 **Arriving in Venice**, *William* contacted the distinguished chemist.

베니스에 도착하자, 윌리엄은 저명한 화학자에게 연락을 했다.

1-2 **Turning to the right**, *you* will find the post office.

우회전을 하면, 우체국이 보일 겁니다.

1-3 **Trapped in the traffic jam**, *Robert* was not able to get to the airport on time.

교통 정체에 갇히는 바람에 로버트는 제시간에 공항에 도착할 수 없었다.

   1-1에서는 arriving이라는 분사의 앞에 의미상 주어에 해당하는 정보가 제시되지 않는다. 부정사절이나 동명사절과 마찬가지로 이런 경우는 분사의 의미상 주어가 생략되었다는 것이고, 일차적으로는 주절의 주어와 동일한 경우를 생각할 수 있다. 즉 반복되는 정보라는 점에서 드러나지 않는 의미상 주어에 대한 정보를 충분히 추론할 수 있다는 판단이 바탕에 깔려 있는 것이다. 그래서 이 문장에서 arriving의 의미상 주어는 주절의 주어인 William으로 이해할 수 있다. 1-2에서도 turning의 앞에 의미상 주어가 드러나지 않는다. 이 문장에서도 분사절의 의미상 주어는 문장의 주어인 you가 되는 것이다.

   1-3에서는 trapped라는 과거 분사가 제시되고 있다는 점에서 현재 분사가 활용된 1-1이나 1-2와는 약간 다른 형태를 보이고 있다. 이렇게 과거 분사가 등장하는 경우에는 그 앞에 being이라는 분사가 생략된 구조로 이해해야 한다. 'be 동사와 과거 분사'가 결합해서 수동태를 형성하는 문장이 분사절로 줄어든 구조이기 때문이다.

   <u>동사의 앞에 오는 주어가 항상 동작의 행위자를 의미하는 것이 아니듯 분사의 의미상 주어도 곧바로 행위자를 나타내는 것은 아니다.</u> 의미상 주어가

동작의 행위자인지, 동작의 대상인지 그 관계는 다음에 연결되는 분사의 형태로 표시된다. 그래서 이 문장에서 trapped의 의미상 주어는 문장의 주어인 Robert가 되는 것이고, 과거 분사의 형태로 Robert가 행위의 대상이라는 관계를 전달하는 것이다.

1-4 ***The dog*** **barking furiously at him**, the strange person in a trench coat ran away.

<small>개가 사납게 짖자, 트렌치코트를 입은 낯선 사람이 도망갔다.</small>

방금 확인했던 생략의 조건을 역으로 이해하면 분사절의 의미상 주어가 문장의 주어와 동일한 경우가 아니라면 반드시 표시해야 한다는 규칙을 끌어낼 수 있다. 분사절의 의미상 주어를 표시하는 방법은 부정사절이나 동명사절과 달리 매우 간단하다. <u>분사절은 형용사로 활용된다는 점에서 그 의미상 주어는 형용사의 수식을 받는 명사로 표시되기 때문이다.</u>

분사의 의미상 주어는 분사절의 앞에 위치함으로써 주어와 동사라는 자연스러운 논리 관계를 설정하게 된다. 그래서 1-4에서는 분사인 barking의 앞에 있는 the dog이라는 명사가 의미상 주어가 되는 것이다. 의미상 주어가 주절의 주어인 the strange person과 다르다는 점을 정확하게 밝힘으로써 정보 전달의 원칙을 지키는 것이다.

1-5 ***It* being fine,** we took a field trip to the historic site.
　　　날씨가 좋았기 때문에 우리는 역사적 장소로 현장 학습을 갔다.

　　분사의 의미상 주어를 밝히는 과정에서 우리의 언어 감각과 다른 표현 방식을 주의해야 한다. 1-5는 분사 being의 앞에 대명사 it이 자리잡고 있다. 흔히 비인칭 주어라고도 부르는 it은 날씨나 거리, 시간 등의 상황을 나타낼 때 사용되는 표현이다. 문장의 주어는 반드시 존재해야 한다는 규칙을 지키기 위한 형식적인 존재일 뿐, 이 it은 명사를 지칭하는 용도가 아니기 때문에 특정한 의미는 전혀 담고 있지 않다.
　　한국어로 이해하는 과정에서 대명사 it은 의미가 없으므로 자연히 존재 가치를 느낄 수 없다. 따라서 이렇게 불필요해 보이는 단어를 굳이 표시하는 이런 구조가 상당히 낯설 수밖에 없다. 하지만 영어의 관점에서는 it이 엄연히 주어의 역할을 하고, 또 주절의 주어인 we와는 동일하지 않기 때문에 생략하지 말아야 하는 존재가 되는 것이다.

1-6 ***There* being no bus service,** the tourists had to walk all the way to the hotel.
　　　버스가 운행되지 않았기 때문에, 관광객들은 호텔까지 줄곧 걸어야만 했다.

　　being의 앞에 there가 있는 1-6도 같은 관점에서 이해할 수 있다. 이 there는 장소를 가리키는 의미가 아니라, be 동사의 뒤에 제시되는 명사를 유도하기 위한 기능을 수행하고 있다. 이 there도 역시 어떤 특정한 의미를 담고 있는 것은 아니고, 문장의 주어 자리를 충족시키기 위한 문법적인 역할을 하고 있을 뿐이다. 그러나 정보의 가치가 없는 표현이더라도 분사절로 표현하는 과정에서 이 there를 생략하지 말아야 하는 것이다. 1-5에서 it이, 그리고 1-6에서 there가 남아 있는 현상은 동일한 관점이 적용된 것으로 이해할 수 있다.

    이 예문들에서 분사절은 모두 주절의 앞에서 콤마로 분리되어 있다. 이런 경우는 부사절의 전형적인 구조라는 점에서 이 분사절들은 모두 부사절을 압축한 경우에 해당된다.

    형용사절을 분사절로 압축하는 경우에도 의미상 주어를 표시해야 한다는 원칙은 동일하게 적용된다. 다만 주절의 요소인 명사를 설명하는 형용사절의 특성상 부사절과는 다소 다른 양상을 보인다.

1-7   English has ***an alphabet*** consisting of 26 letters.
1-8   English has ***an alphabet*** which consists of 26 letters.
      영어는 26개의 글자로 구성된 문자 체계를 갖고 있다.

1-9   Benito Mussolini, ***the Italian dictator*** called Duce, was shot to death in 1945.
1-10 Benito Mussolini, ***the Italian dictator*** who was called Duce, was shot to death in 1945.
      두체라고 불리던 이탈리아 독재자인 베니토 무솔리니는 1945년에 총살되었다.

    1-7의 분사절은 1-8의 관계 대명사절을 압축한 것이다. 1-8에서 관계대명사 which는 접속사와 대명사가 하나로 결합된 표현일 뿐 구체적인 의미를 담고 있지는 않다. 1-8의 consists라는 동사가 1-7에서 consisting이라는

1-7   English has an alphabet consisting of 26 letters.
1-8   English has an alphabet which consists of 26 letters.
1-9   Benito Mussolini, the Italian dictator called Duce, was shot to death in 1945.
1-10 Benito Mussolini, the Italian dictator who was called Duce, was shot to death in 1945.

분사로 표현되는 과정에서 동사의 주어 역할을 담당하던 which는 생략된다. 그래서 1-7에서는 an alphabet이 consisting of 26 letters라는 분사절의 의미상 주어 역할을 하고 있다.

1-10에서는 관계 대명사 who가 was called Duce의 주어 역할을 맡고 있다. 의미상 중요한 정보를 담고 있지 않은 who와 was가 생략된 1-9에서는 the Italian dictator가 called Duce라는 분사절의 의미상 주어로 쓰이고 있다.

<u>형용사절, 즉 관계 대명사절을 분사절로 줄인 경우에도 의미상 주어는 명사로 표현된다. 분사절이 형용사의 역할을 하는 것은 변함이 없기 때문이다. 그리고 그 의미상 주어는 분사의 앞에 위치한다는 사실도 달라질 이유가 없다.</u>

분사절의 형성

관계절을 분사절로

　분사절을 보통은 부사절이 줄어든 것으로만 이해하는 경우가 많지만, 생략된 접속사를 기준으로 분류한다면 세 가지 유형이 있다. 이때 생략된 접속사의 종류에 따라 문장에서 분사절이 있는 위치도 다르다. 접속사가 이끄는 종속절의 용도, 즉 품사가 다르기 때문이다. 따라서 분사절의 위치만으로도 어떤 역할을 하는지 파악하는 것도 가능해진다.

　분사절을 부사절이 압축된 경우로 국한시켜 규정하는 견해도 있지만 관계 대명사가 연결하는 형용사절을 줄이는 경우도 흔히 있는 일이다. 이때 소위 '분사구문을 만드는 방법'이라고 소개하는 것은 큰 도움이 되지 않는다. 분사절을 형성하는 규칙은 부사절의 경우에만 해당하는 것이 아니고, 또 그 규칙은 분사에만 적용되는 것도 아니다. <u>부사절의 경우이건, 형용사절의 경우이건, 또는 분사의 경우이건 준동사 전반에 걸쳐 적용되는 보편 규칙에 따라 압축되는 것이기 때문이다.</u>

　관계절이 분사절로 압축되는 과정에서 미리 생각할 점은 관계 대명사의 속성이다. 관계 대명사는 접속사와 대명사가 하나로 결합된 장치로, 정보의 가치가 낮은 두 개의 표현을 한 단어로 줄인 것이다. 관계 대명사를 구성하는 요소인 대명사는 반복되는 대상에 대한 표시일 뿐, 독자적으로 어떤 의미를 담아내지는 않는다. 즉 특정한 의미가 없다는 점에서 접속사 and와 결합될 수 있는 것이다. 그래서 관계 대명사는 어떤 구체적인 의미를 나타내지 않고, 문법적인 기능만 수행하는 장치로 이해할 수 있다.

그래서 관계 대명사는 앞서 to 부정사절로 압축되는 과정에서 확인했듯이 일반적으로 생략된다. 그리고 주어 역할을 하던 관계 대명사의 뒤에 있는 동사는 원형에 -ing를 결합시켜 분사절이라는 표시를 하는 것으로 충분하다.

2-1　The hotel, **which lies by the lake**, is famous for its view.
2-2　The hotel, **lying by the lake**, is famous for its view.
　　　그 호텔은 호숫가에 있어서 경치가 좋기로 유명하다.

　　2-1은 the hotel이라는 명사를 관계절이 수식하고 있다. 관계 대명사 which는 문장을 연결하는 접속사와 lies의 주어라는 문법적인 역할만 수행할 뿐 정보의 가치는 없다. 그리고 which를 생략하면 lies는 더 이상 동사로 존재할 수 없으므로, 준동사로 성격을 달리 해야 한다. lies와 is 모두 현재 시점의 상황을 설명하고 있다는 점에서 준동사는 미래성을 나타내는 to가 아니라, -ing 형태를 취하는 것이 적절하다.
　　2-1에서 관계절은 the hotel을 수식하는 형용사의 역할을 수행한다. 따라서 관계절을 압축한 2-2의 분사절도 역시 the hotel을 수식하는 형용사의 역할을 하고, the hotel은 분사절의 의미상 주어가 된다.

2-3　Some of the tourists, **who remembered Victor Choi**, Korean-Russian rock singer, placed flowers at his grave.
2-4　Some of the tourists, **remembering Victor Choi**, Korean-Russian rock singer, placed flowers at his grave.
　　　관광객들 중 일부는 한국계 러시아 록 가수인 빅토르 최를 기억하고 있었기에 그의 묘소에 꽃을 놓았다.

관계 대명사는 선행사인 명사가 사물인 경우에는 2-1처럼 which를 사용하지만, 2-3처럼 사람 명사인 경우에는 who로 표시한다. 하지만 which처럼 who도 특정한 의미를 나타내지 않기 때문에 분사절로 압축되는 과정에서는 역시 생략의 일차적인 대상이 될 뿐이다.

2-1의 lie는 자동사이기 때문에 다음에 목적어에 해당하는 명사가 없다. 반면에 2-3의 remember는 다음에 기억의 대상이 되는 정보가 필요한 타동사의 성격을 갖는다. 그리고 자동사나 타동사가 갖고 있는 문법적 성격은 분사절로 줄어들어도 달라지지 않는다. 그래서 2-2에서는 동사를 설명하는 전치사구가, 2-4에서는 동사의 목적어가 동사일 때와 동일하게 각각 분사의 뒤에 연결되는 것이다.

관계 대명사절은 형용사 역할을 하지만 어구가 길다는 점에서, 이렇게 수식의 대상이 되는 명사의 다음에 배치된다. 이때 수식을 받는 명사가 주어인 경우에는 2-1이나 2-3처럼 관계절은 주어와 동사의 사이에 자리한다. 이때 관계절의 의미에 따라 양쪽으로 콤마로 분리될 수도 있고, 콤마가 없을 수도 있다. 관계 대명사절을 압축한 분사절도 이와 동일한 구조를 갖는다.

2-5 Have you read the news about the man ***who* ran in his birthday suit in the ballpark yesterday**?

2-6 Have you read the news about the man **running in his birthday suit in the ballpark yesterday**?

어제 야구장에서 알몸으로 달렸던 남자에 대한 뉴스를 봤니?

> 2-5 Have you read the news about the man who ran in his birthday suit in the ballpark yesterday?
> 2-6 Have you read the news about the man running in his birthday suit in the ballpark yesterday?

2-5처럼 관계 대명사의 선행사가 되는 명사가 문장의 목적어라면 관계절은 그 명사의 뒤에 위치하게 된다. 이런 경우라면 관계절을 간결하게 줄인 분사절의 위치도 2-6처럼 역시 주절의 뒤가 된다. 2-5처럼 관계절이 콤마로 분리되지 않을 수도 있는데, 그런 성격도 분사절에 그대로 반영된다.

2-7 The salesperson *who* **is talking to John** graduated from Oxford University.

2-8 The salesperson **talking to John** graduated from Oxford University.

존에게 이야기를 하고 있는 영업사원은 옥스포드 대학교를 졸업했다.

관계 대명사 다음에 연결되는 동사가 진행형인 경우도 있다. 하지만 분사절로 변화하는 과정은 동사의 형태와 상관없이 동일한 양상을 보인다. 2-7에서 is talking이라는 진행형은 분사형이 되면 동사 is의 원형인 be에 -ing가 결합해서 being talking이 된다. 그런데 being은 진행형을 만드는 문법적인 역할만 할 뿐 의미가 없으므로 생략된다. 그래서 2-8처럼 be 동사의 뒤에 오던 현재 분사만 남게 되는 것이다. 이런 점에서 <u>현재 분사는 능동이라는 태의 성격과 진행이라는 시제의 의미를 함께 구현하는 것으로 이해할 수 있다</u>.

2-9　The candle, ***which* was lighting up the room**, showed me that my expectations had realized.

2-10　The candle, **lighting up the room**, showed me that my expectations had realized.

<small>촛불이 방을 환하게 밝혀주며 내가 예상했던 일들이 벌어진 것을 보여주었다.</small>

2-11　The string quartet on the stage, ***who* was observing all the audience standing up**, also came to polite attention.

2-12　The string quartet on the stage, **observing all the audience standing up**, also came to polite attention.

<small>무대에 있던 현악 4중주단은 관객이 모두 일어서는 것을 보고 정중하게 자세를 바로 했다.</small>

2-7처럼 관계절이 명사를 한정적 맥락으로 수식하는 경우에는 콤마로 분리되지 않는다. 하지만 2-9처럼 콤마로 관계절이 분리되는 경우는 선행사인 the candle에 대한 부가 설명을 제시하는 용법으로 이해할 수 있다. 물론 분사절로 압축되는 과정은 관계절의 용법에 따른 영향을 받을 이유가 없다.

아무 의미가 없는 관계 대명사 which와 was의 분사형인 being은 아무런 의미를 담고 있지 않기 때문에 분사절의 구조에서는 생략된다. 관계절의 동사 was와 주절의 동사 showed가 모두 과거라는 동일한 시점을 보여주고 있고, 이런 동시성을 나타내는 준동사의 형태가 바로 -ing인 것이다. 물론 이런 과정은 2-11처럼 관계 대명사가 who라고 하더라도 아무 상관이 없다.

동사일 때는 be 동사와 현재 분사가 결합된 형태를 통해 진행 중인 동작을 표현하고 있다는 점을 명확하게 판단할 수 있다. 하지만 분사절로 표현하면 진행형일 때나 그렇지 않을 때나 –ing라는 동일한 형태가 되기 때문에 표면적으로는 그 차이가 확실하게 드러나지 않는다. 따라서 현재 분사를 자동적으로 진행의 의미로 이해할 것이 아니라, 다른 단어와 맺고 있는 논리적인 관계를 충분히 고려해야 한다. 모든 형태의 단축된 표현에서는 세밀하게 구별되던 정보가 일정 부분 희생될 수밖에 없다는 점에서 문맥을 파악하는 노력이 반드시 수반되어야 한다.

2-13 The language *which was spoken in this island* was not Portuguese.

2-14 The language *spoken in this island* was not Portuguese.

이 섬에서 사용되던 언어는 포르투갈어가 아니었다.

2-15 Baroque is the term *which is used to designate the dominant architectural style* in Europe from about 1600 to 1750.

2-16 Baroque is the term **used to designate the dominant architectural style** in Europe from about 1600 to 1750.

바로크는 약 1600년에서 1750년까지 유럽을 지배했던 건축 양식을 지칭하는 데 사용되는 용어이다.

2-17 Abigail, *who was encouraged by her mother*, studied architecture in Berlin.

2-18 Abigail, **encouraged by her mother**, studied architecture in Berlin.

애비게일은 어머니의 격려에 힘입어 베를린에서 건축을 공부했다.

앞에서 확인했듯이 be 동사는 현재 분사와 결합해서 진행형을 표현하고, 과거 분사와 결합하면 수동태를 구성한다. 관계 대명사의 뒤에 수동태 문장이 제시되는 경우에도 분사절로 압축될 수 있다. 물론 그 과정에 적용되는 규칙은 진행형에 적용되던 것과 다르지 않다.

2-13에서 관계 대명사 which의 뒤에 was spoken이라는 수동태 표현이 연결되고 있다. be 동사가 등장한다는 점에서 진행형과 동일한 관점에서 접근할 수 있다. 이 경우에도 which는 생략되고, was는 원형인 be에 -ing가 결합된 being이 된다. 수동태의 경우에도 being은 의미가 없기 때문에 생략되고, 2-14처럼 과거 분사만 남는 문장이 된다. 이런 경우를 <u>수동 분사구문이라고 부르기도 하는데, 수동태의 분사형인 'being + 과거 분사'에서 being이 생략되고 남은 결과로 이해하는 것이 합당하다.</u> 그렇게 해야 과거 분사의 의미를 정확하게 이해할 수 있다.

때로는 이 being이 생략되지 않고 그대로 과거 분사와 함께 남아 있는 경우도 있다. 특이한 유형으로 분류할 것이 아니라, 정보의 가치가 없는 being을 굳이 남겨둔 이유가 무엇인지 생각하면 납득할 수 있다. 불필요한 어구는 가능한 생략해서 간결하게 표현하는 것이 언어의 기본 원칙임에도 불구하고, 의도적으로 길게 표현했다면 그 나름의 의도와 고충이 담겨 있기 때문이다. 그래서 분사절에 being이 남아 있는 경우는 진행 중인 동작이라는 의미를 보다 명확하게 전달하기 위한 의도라고 이해할 수 있다.

2-19　The refugees, **who have fled from the civil war, famine and genocide,** are being protected by a nongovernmental organization.

2-20　The refugees, **having fled from the civil war, famine and genocide,** are being protected by a nongovernmental organization.

<small>내전과 기근, 인종 학살에서 피신한 난민들이 지금 비정부 단체의 보호를 받고 있다.</small>

과거 분사의 앞에 올 수 있는 동사는 두 가지뿐이다. 첫 번째는 수동태를 형성하는 be 동사이고, 두 번째가 완료형을 구성하는 have 동사다. 관계절의 동사가 완료형인 경우도 역시 분사절로 압축되고, 그 과정에 적용되는 규칙도 동일하다.

2-19에서 관계 대명사의 다음에는 have fled라는 현재 완료 시제가 제시되고 있다. 그리고 2-20처럼 분사절로 줄어드는 과정에서 관계 대명사 who는 생략된다. 그리고 2-19의 동사 have fled가 분사형이 되면, have의 원형에 -ing를 결합시킨 having fled가 된다. 분사를 비롯한 모든 준동사는 이렇게 접속사와 주어가 생략되고, 그 변화의 모습을 준동사의 형태로 표시하는 것이기 때문에 동사까지가 변화의 범위가 된다. 따라서 동사의 다음에 연결되던 정보들은 아무 변화를 겪지 않는 것이다.

<u>이렇게 두 동작의 선후관계가 구체적으로 드러나는 경우에는 준동사의 형태로도 그 맥락을 담아내게 된다. 'having + 과거 분사'라는 완료 분사형이 바로 그런 시점의 차이를 나타내기 위한 문법적 장치인 것이다.</u>

2-21　The historic building **which had been burnt down by the arson** was finally restored last month.

2-22 The historic building (**having been**) **burnt down by the arson** was finally restored last month.
<small>방화로 소실된 역사적인 가치가 있는 그 건물이 지난 달에 마침내 복원되었다.</small>

    2-21에서 관계절의 동사는 과거 완료로, 주절의 동사는 과거 시제로 제시되고 있다. 과거 완료는 과거의 특정 시점보다 앞선 시점의 상황을 전달한다는 점에서 두 동작의 시점 차이를 파악할 수 있다. 이렇게 관계절의 동사가 과거 완료인 경우에도 분사절에서는 완료형을 활용한다.

    2-21의 had been burnt down이라는 동사 형태에서 been burnt는 수동의 관점으로 서술되고 있다는 것을 보여주고 있다. 일반적으로 수동 분사 구문에서는 being이 생략되지만, 완료형인 경우에는 been을 생략할 수는 없다. been만 생략하면 had burnt down이라는 능동의 형태가 되기 때문이다. 따라서 완료와 수동이 결합된 분사 형태에서는 having been을 함께 생략하고 과거 분사만 남는 구조가 된다.

2-23 The school, *which* **was founded by a nonprofit organization**, provides educational assistance to children *who* **are living** in economically depressed areas.

2-24 The school, (**having been**) **founded by a nonprofit organization**, provides educational assistance to children **living** in economically depressed areas.
<small>그 학교는 비영리 단체가 설립했으며, 경제적으로 침체된 지역들에 거주하는 아이들에게 교육적인 지원을 하고 있다.</small>

> 2-23 The school, which was founded by a nonprofit organization, provides educational assistance to children who are living in economically depressed areas.
>
> 2-24 The school, (having been) founded by a nonprofit organization, provides educational assistance to children living in economically depressed areas.

완료 분사절은 완료 시제일 때만 적용되는 것은 아니다. 2-23에서 which절은 과거 시제 was로, 주절은 현재 시제 provides로 각각 표현되고 있다. 관계절의 동사가 완료형은 아니지만 이렇게 두 동사의 시점이 다른 경우에도 2-24처럼 완료형 분사를 활용한다. 반면 who 뒤에 연결되는 현재 동사 are living은 단순형 분사 living으로 표현되고 있다.

    관계절의 동사가 진행형이나 완료상, 혹은 수동태라는 차이가 있을 뿐, 관계 대명사가 분사절로 압축된다는 점은 동일하다. 관계절의 동사 형태가 분사절의 형성에 영향을 미치지 않기 때문이다. 또 관계 대명사의 종류나 관계절이 콤마로 분리되는지 등도 역시 분사절의 형성과는 아무 상관이 없다.

and절을 분사절로

    두 개의 문장을 대등한 관계로 연결해주는 등위 접속사 and가 이끄는 문장도 분사절로 압축되는 대상이 되기도 한다.

3-1 James checked the private safe *and* took out a passport and several bundles of bills.

3-2 James checked the private safe, **taking out a passport and several bundles of bills.**

    제임스는 개인 금고를 확인하고는 여권과 지폐 몇 다발을 꺼냈다.

and는 시간의 경과와 함께 이루어지는 동작을 나타낸다. 곧 and의 왼쪽에 있는 동작에 연속해서 and절의 동작이 발생하는 상황이라는 사실을 알려주는 것이다. 따라서 3-1에서 동작을 나열한 순서만으로도 checked가 took out보다 먼저 발생한 동작이라는 것을 알 수 있다.

이렇게 대등절이 나열되는 경우에도 분사절로 압축되는 과정은 동일하다. 동작을 나열할 때는 발생한 순서대로 배열하는 것이 일반적인 규칙이라는 점을 감안하면 and를 통한 동작의 선후 관계는 명확하게 이해할 수 있다. 그런 점에서 분사절로 줄어드는 경우에 and는 당연히 생략하게 된다.

3-1에서 and의 다음에 주어가 없이 곧바로 동사가 연결된다는 것은 took의 주어가 문장의 주어와 동일하다는 뜻이다. 그래서 3-2처럼 and가 생략되고, 동사의 원형에 현재 분사형 어미가 결합하는 것이다.

이렇게 and로 연결되는 문장을 분사절로 압축하는 경우에는 분사의 앞에 콤마가 있는 경우가 많다. 그래서 이렇게 주절 다음에 하나의 콤마로 분리되는 분사구문은 대부분 and로 연결되는 구조의 문장으로, 주절의 주어를 의미상 주어로 이해할 수 있다.

3-3 Yesterday it rained all the afternoon, ***and it* completely ruined our picnic.**

3-4 Yesterday it rained all the afternoon, **completely ruining our picnic.**

어제는 오후 내내 비가 내렸다. 그래서 우리 야유회를 완전히 망쳐버렸다.

and 뒤에 연결되는 정보가 먼저 발생한 상황으로 인한 결과를 나타내는 경우에도 흔히 분사절로 대체되기도 한다. 3-3에서 and절의 주어인 it은 주절

> 3-3 Yesterday it rained all the afternoon, and it completely ruined our picnic.
> 3-4 Yesterday it rained all the afternoon, completely ruining our picnic.

의 주어인 it과는 다른 용도로 쓰이고 있다. 3-3에서 rained의 앞에 있는 it은 시간, 거리, 가격, 날씨 등의 상황을 나타내는 용도로 쓰인 것이다. 주어가 없이 문장이 성립할 수는 없기 때문에 의미가 없지만 it이라는 대명사가 형식적으로 주어의 역할을 하고 있는 것이다. 반면에 and의 뒤에 있는 it은 앞 문장에서 진술된 내용을 받아주는 용법으로 쓰인 대명사 표현이다.

이 경우에도 3-4처럼 접속사 and와 대명사 it을 생략하고, 동사를 분사로 표시해서 간결하게 표현한다. 오후 내내 비가 내렸다는 사실에 따른 결과로 and 다음의 상황이 발생한 것이라는 점을 나타내고 있다.

분사구문을 위한 공식은 없다!

부사절을 분사절로 압축하는 순서를 보통은 '분사구문 만드는 방법'이라는 식으로 정리하고 있다. 보통 이 과정은 세 단계로 설명하는데, 일단 접속사를 생략하고, 둘째로는 주절의 주어와 같으면 주어를 생략한다. 그리고 마지막으로 동사의 원형을 분사로 고친다는 것이다.

하지만 수십 년간 대한민국을 지배한 이 공식은 두 가지 측면에서 고려할 가치가 없다. 우선 분사절을 형성하는 과정이 부사절에만 국한된 것이 아니라는 점이다. 분사절의 모태가 되는 접속사는 부사절, 형용사절, 대등절 등 다양하다. 따라서 부사절의 경우를 통해 얻은 분사절의 형성에 대한 지식은 다른 유형의 문장으로 확산되어야 마땅하다. 하지만 축적된 지식이 부사절의 영역에만 머물면서 총체적인 이해를 가로막는 부정적인 결과가 발생하기도 한다.

둘째로 이 공식은 분사절에만 적용되는 제한적인 규정이 아니라, 분사의 상위 집단인 준동사 전체에 적용되는 포괄적 규정이라는 것이다. 부정사절과 동명사절이 형성되는 경우에도 접속사, 주어, 그리고 동사의 형태가 변화의 대상이라는 사실을 이미 확인했던 바 있다. 그래서 분사구문을 만드는 공식이라는 것이 통합적 사고와 이해를 돕는 것이 아니라, 파편적 이해를 유도할 수도 있다. 어쩌면 축소지향적이고, 이해와 응용을 멀리 하는 문법 교육의 현실을 적나라하게 드러내는 것인지도 모르겠다.

4-1 ***While it* was wagging its tail**, the puppy came up to him.

4-2 **Wagging its tail**, the puppy came up to him.
    꼬리를 흔들면서 강아지가 내게로 왔다.

4-3 ***When he was* frightened by the news**, he turned pale.

4-4 **Frightened by the news**, he turned pale.
    그 소식에 겁을 먹고, 그는 창백해졌다.

4-1은 동시 동작을 나타내는 접속사 while이 이끄는 부사절과 주절로 구성되어 있다. 접속사 while, 그리고 주어인 the puppy와 반복되는 정보인 it은 큰 의미를 갖고 있지 않다. 4-2는 이런 불필요한 정보들을 생략하고 was를 분사형인 being으로 표현함으로써 간결하게 처리한 문장이다. 물론 동사도 아니고, 의미도 없는 being은 생략된다.

4-3에서 부사절의 동사는 수동태의 형식을 취하고 있다. 이런 경우에도 접

속사 when과 대명사 it은 생략되고, 동사는 분사형으로 표현한다. 수동태 형식을 하고 있는 동사의 분사형은 being frightened가 되는데, 진행형의 경우처럼 의미가 없는 being은 생략되고, 4-4처럼 frightened라는 과거 분사만 남게 된다.

4-5 ***Although it* was written in haste**, this book has a lot of merits.
4-6 **(Having been) written in haste**, this book has a lot of merits.
  급하게 쓰였지만 이 책은 장점이 많다.

4-7 ***Because I* have been deceived so often**, I am now on my guard.
4-8 **Having been deceived so often**, I am now on my guard.
  나는 너무나 자주 속았기 때문에, 이제는 경계하고 있다.

　4-5에서 부사절의 동사는 과거 시제인데, 주절은 현재 시제로 두 문장의 시점이 서로 다르다. 이렇게 시점의 차이가 있는 경우에는 그 의미를 정확하게 전달하기 위해서 분사는 4-6처럼 완료형의 모습을 하게 된다. 부정사와 동명사에 적용되던 완료형의 관점이 분사에도 동일하게 적용된 결과로 이해할 수 있다. 이때 having been이 함께 생략되는 경우도 있다.
　4-7에서 부사절을 이끄는 접속사는 이유를 나타내는 because가 쓰이고 있다. 하지만 부사절의 접속사가 갖는 의미는 분사절로 압축되는 과정에서 아무런 영향도 미치지 않으므로 접속사는 역시 생략된다. 부사절의 동사는 현재완료인데, 주절의 동사는 현재로 제시되고 있다. 이렇게 부사절에 완료 시제가 쓰인 경우에도 분사절에서는 4-8처럼 완료형을 활용한다.

4-9   Jim hurt his arm *while he* was playing tennis.

4-10 Jim hurt his arm **playing tennis**.

짐은 테니스를 치다가 팔을 다쳤다.

부사절은 보통 주절의 앞에 위치하고, 이럴 경우에는 콤마로 주절과 분리시킨다. 그런 경우에는 분사절도 역시 주절의 앞에 콤마로 분리된다. 간혹 부사절이 주절의 뒤에 오는 경우도 있는데, 그럴 때는 콤마로 분리되지 않는 것이 일반적이다. 이런 위치의 부사절을 줄인 분사절도 역시 콤마 없이 같은 위치에 자리잡는다.

4-11 **Sure of his honesty**, we entrusted the investigation to his care.

4-12 ***Because we were* sure of his honesty**, we entrusted the investigation to his care.

그가 정직하다는 것을 확신하기 때문에 우리는 그 조사를 그가 감독하도록 맡겼다.

4-13 **Impatient of the hectic life of the city**, my sister moved to the country.

4-14 ***Since she was* impatient of the hectic life of the city**, my sister moved to the country.

정신 없는 도시 생활을 참을 수 없어서, 내 누이는 시골로 이사했다.

4-11에서는 주절의 왼쪽에 분사가 아니라 형용사가 제시되고 있기 때문에 분사절이라고 생각하기는 쉽지 않다. 그런데 이렇게 주절의 앞에서 콤마로

분사 299

> 4-11 Sure of his honesty, we entrusted the investigation to his care.
> 4-12 Because we were sure of his honesty, we entrusted the investigation to his care.
> 4-13 Impatient of the hectic life of the city, my sister moved to the country.
> 4-14 Since she was impatient of the hectic life of the city, my sister moved to the country.

분리되는 어구는 오직 부사어구 밖에 없다. 즉 이 자리에 오는 어구는 그것이 단어이건, 전치사구와 같은 구의 형식이건, 준동사이건, 혹은 종속절이건 모두 부사로 이해해야 하는 것이다. 따라서 4-11처럼 형용사가 온 경우도 그 원칙을 기본으로 접근해야 정확하게 문맥을 파악할 수 있다.

형용사로 시작한 어구가 부사의 역할을 한다면 그 앞에 being이 생략되었을 가능성을 생각할 수 있다. 그래서 4-11은 형용사 sure의 앞에 being이 생략된 분사절로 이해해야 한다. 또 그렇게 접근해야 생략된 접속사를 복원해서 문맥을 올바르게 파악할 가능성이 열리게 된다.

이런 관계는 4-12처럼 온전하게 동사를 활용하는 부사절의 구조와 비교하면 확연하게 드러난다. 바로 이유를 나타내는 접속사 because와 대명사 주어 we, 그리고 주어를 설명하는 형용사를 연결하는 were가 사용된 부사절이 분사절로 축약된 구조라는 점을 명백하게 보여준다.

4-13에서도 분사는 없고, 형용사 impatient로 정보가 시작하고 있다. 그런데 콤마로 분리되어 있다는 점에서 역시 being이 생략된 분사절이라는 점을 추론할 수 있다. 이렇게 형용사로 시작하는 분사절을 being이 생략된 분사절로 파악해야만 하는 이유는 그렇게 해야 문맥을 정확하게 파악할 수 있기 때문이다. 즉 분사절이라는 것은 논리 관계를 밝혀주는 부사절의 접속사가 생략된 구조이므로 문맥을 고려해야 할 필요가 있다. 그럼으로써 도시 생활을 참을 수 없다는 정보와 시골로 이사했다는 정보는 서로 원인과 결과 관계를 형성하고 있다는 점을 끌어낼 수 있는 것이다.

4-15 **Anita Newcomb McGee**, *a physician*, founded the Army Nurse Corps in 1901.

4-16 **Anita Newcomb McGee**, *who was a physician*, founded the Army Nurse Corps in 1901.

<small>의사였던 Anita Newcomb McGee은 1901년에 Army Nurse Corps를 창설했다.</small>

4-17 **An experienced speaker**, he knows how to influence an audience.

4-18 ***Because he is*** **an experienced speaker**, he knows how to influence an audience.

<small>노련한 연사이기 때문에, 그는 청중에게 영향을 주는 방법을 알고 있다.</small>

형용사도 그렇지만, 특히 명사가 이렇게 주절의 앞에 나오게 되면 동격으로 혼동하는 경우가 많기 때문에 주의해야 한다. 4-15에서는 Anita Newcomb McGee라는 고유 명사가 등장하고, 콤마로 분리되어 있다. 이 문장이 being이 생략된 분사절이라면 a physician이라는 명사는 founded라는 동사의 주어가 되어야 한다.

하지만 a physician이 founded의 주어가 될 가능성은 전혀 없다. a physician의 다음에도 콤마가 있기 때문이다. <u>주어와 동사는 그 사이에 어떤 어구가 삽입된 경우가 아니라면 콤마로 분리되지 않는다</u>. 즉 a physician의 뒤에 있는 콤마는 그 앞에 있는 콤마와 호응하여 a physician이 삽입된 정보라는 것을 알려주는 장치로 활용된 것이다.

그래서 founded의 주어는 a physician이 아니라, Anita Newcomb McGee가 된다. 이 문장을 관계 대명사로 표현한 4-16을 보면 그 관계를 확연

> 4-17 An experienced speaker, he knows how to influence an audience.
> 4-18 Because he is an experienced speaker, he knows how to influence an audience.

하게 구별할 수 있다.

 4-17에서도 an experienced speaker라는 명사가 먼저 제시되고 있고, 다음에는 he라는 대명사가 연결되고 있다. 대명사는 독립된 의미를 담고 있지 않기 때문에 명사에 대한 추가 정보, 즉 동격으로 사용되지 않는다는 근본적인 한계도 있다. 하지만 he의 다음에 콤마가 없다는 점에서 동격 표현으로 이해할 수 없다.

 그래서 이 문장도 역시 being이 생략되고, 보어인 명사만 남아 있는 구조로 이해해야 한다. 그럼으로써 노련한 연사라는 분사절의 내용과 방법을 알고 있다는 주절의 내용이 서로 인과의 문맥을 형성하고 있다는 관계를 파악할 수 있는 것이다.

분사절의 의미, 접속사의 복원

분사절의 논리성, 시점의 복원

'분사절의 논리성'이라는 말은 사실 새로운 것도, 복잡한 것도 아니다. 분사절의 의미를 이해하는 일은 앞서 to 부정사의 부사적 용법을 이해하는 관점의 연장선상에 있기 때문이다. 부사절을 연결하는 접속사는 주절과 맺고 있는 논리적인 연결 관계를 드러내는 중요한 성분이다. 그런데 준동사 표현은 접속사라는 논리적 표지를 생략하는 구조라는 점에서 드러나지 않는 문맥을 이해하는 일이 중요할 수밖에 없다. 이런 관점이 부정사절에도, 분사절에도 동일하게 적용되는 것이다.

<u>결국 분사절의 논리란 생략된 접속사라는 논리 장치를 복원함으로써 두 개의 문장이 연결되는 관계를 정확하게 이해하려는 노력을 의미한다.</u> 이런 노력이 수반되어야 정보를 올바르게 주고받는 일도 가능할 수 있다는 점에서 면밀하게 검토할 가치가 있다.

생략된 접속사를 올바르게 복원하기 위해서는 일단 문맥에 대한 이해가 바탕에 깔려야 한다. 물론 차분하게 경험을 축적하면 되는 일이지만, 수시로 평가받아야만 하는 학습 환경에서는 시행착오에 대한 부담으로 불필요한 긴장감을 갖게 된다. 그러다 보니 해석 유형을 몇 가지로 규정하고, 분사절의 예문들을 그 틀에 우겨 넣는 정형화된 공부가 주류를 형성하고 있다.

흔히 분사절의 다음에 등호 표시로 함께 주어지는 부사절 문장은 접속사가 생략된 문장의 의미를 영어로 설명한 것일 뿐, 그런 식으로 문장을 변환시키라는 지시 사항이 아니다. 물론 외국인인 우리 입장에서 접속사를 활용한 형태로 표현했을 때와 차이점을 비교하고, 이해하는 훈련의 효과도 있을 수 있다. 하지만 수동태와 가정법, 부정사, 관계 대명사, 분사절 등 영어 문법 전반에 걸친 문장 변환은 본래의 목적을 상실한 채 측정을 위한 도구가 되어, 오히려 자연스러운 공부를 옥죄는 경향이 있다.

그런 관점에서 분사절로 쓰인 예문만 보여주고, 부사절로 표현한 문장은 배제하고자 한다. 일반적으로 문법책들을 보면 문법 규정이나 항목을 먼저 밝혀주고, 그런 다음에 예문을 보여준다. 즉 개념을 먼저 얘기하고, 그다음에 예문이라는 증거를 들이대는 구조를 전형적으로 취하고 있다는 말이다. 그러면 자연히 문법 조항이 규정하는 방향에 맞춰서 문장을 이해하려는 선입견을 갖기 쉽다. 문장의 의미를 객관적으로 파악하려고 시도하기보다는 어떤 방향성을 갖고 접근하기 쉽기 때문에 실제 언어 환경에서 마주치는 문장들을 이해하는 능력은 노력한 만큼 축적되지 않기도 하다.

또한 분사절의 논리성을 다루는 대목에서는 예문의 해석도 곧바로 제공하지 않으려 한다. 각자의 소중한 사고를 하기보다는 우리말 해석을 통해 역시 생각의 방향을 정해버리기 쉽기 때문이다. 그래서 편하고, 익숙한 방법을 마다하고 굳이 생소하고, 불친절한 형식을 선택하기로 한다.

5-1 **Standing up**, Kenny *stretched* and yawned.
5-2 **Opening the lid**, Vladimir *poured* the grape juice for Anton.

5-1에서 분사절에서는 "일어섰다"는 정보가 제시되고, 주절에는 "몸을 쭉 뻗으며 하품을 했다"는 내용이 있다. 일어서는 동작과 몸을 뻗는 행동 사이에서

원인과 결과라는 논리적 관계의 흔적을 찾을 수는 없다. 또 과거 동사를 통해 실제 발생한 동작이라는 점을 알 수 있기 때문에 조건의 문맥도 성립하지 않는다.

일반적으로 동작이 발생하는 순서대로 서술한다는 점을 감안하면 stand up이 있고 난 다음에 stretched의 상황이 발생했다는 선후 관계를 끌어낼 수 있다. 그래서 이 분사절에서는 after 혹은 when에 해당하는 접속사가 생략되고 간결하게 표현된 것으로 짐작할 수 있다.

5-2에서는 분사절에서는 "뚜껑을 연다"는 정보가, 주절에는 "안톤에게 포도 주스를 따라주었다"는 정보가 각각 제시되고 있다. 이 경우에도 역시 두 동작 사이에는 원인과 결과, 혹은 대조적인 논리 관계를 투영할 수 없다. 병을 열지 않고 내용물을 따라주는 것은 불가능하다는 점에서 분사절의 동작이 먼저 발생한 것이라는 사실을 추론할 수 있다. 그래서 이 문장도 역시 after나 when처럼 동작의 발생 순서를 나타내는 접속사의 의미를 복원해서 이해하는 것이 타당하다.

보통은 이런 맥락의 분사절을 '시간'의 의미로 분류한다. 틀린 말은 분명 아니지만, 시간이라는 말로 포괄할 수 있는 의미의 대역이 다소 넓다는 점을 감안해야 한다. 두 개의 동작이 시간의 관계로 연결되는 경우에는 선후 관계나 동시성 등 다양한 맥락을 형성할 수 있기 때문에 그 모두를 시간의 테두리에 넣는 것은 명확하게 이해하는 데 걸림돌이 될 수도 있다.

그래서 좀 더 구체적인 유형으로 세분해서 이해하는 것이 바람직하다. <u>일차적으로는 '연속 동작'이라는 기준을 설정할 수 있다. 두 개의 동작이 발생 순서라는 관계로 연결되는 경우가 많기 때문이다.</u> 이른바 시간의 집단에 속하는 after, before, since, until 등과 같은 접속사들도 동작의 선후 관계를 기반으로 서술하는 의미들로 이해할 수 있는 것이다.

5-3 **Having repaired the calculator**, Gromit *returned* it to Wallace.

　연속 동작의 문맥을 형성하는 경우에는 정보의 배열 순서나 동작 상호간의 의미로 선후 관계가 드러나기도 한다. 그리고 5-3의 having repaired처럼 완료형 분사절을 사용하는 적극적인 경우도 있다. <u>완료형으로 표현한 경우는 분사절의 동작이 먼저 발생한 것이라는 사실을 분명하게 전달하려는 의도로 이해할 수 있다.</u> 그래서 이 문장은 "수리를 마치고 나서, 그로밋은 월레스에게 계산기를 돌려주었다"라는 의미로 정확하게 전달될 수 있는 것이다.

　이때 having repaired라는 완료형이 아니라, repairing이라는 단순형으로 표현하는 것도 문법적으로는 아무 문제가 없다. 그렇게 표현해도 수리하는 동작과 돌려주는 동작의 선후 관계에 대한 판단은 달라지지 않기 때문이다. 다만 완료형으로 표현했을 때는 완료된 동작의 어감과 명확한 선후 관계를 담아내려는 의도라고 이해할 수 있다.

5-4 We had to **stand in line** waiting for the game to kick-off.
5-5 **Jogging in the park**, I *encountered* a friend of mine.
5-6 Humming RATM's *Wake Up*, Milan **staggered out of my room**.

　<u>연속 동작과 함께 시간 개념을 구성하는 또 하나의 중요한 축이 바로 동시성이다.</u> 흔히 '동시 동작'이라고 하는데, 때로는 '부대상황'이라는 낯선 용어로 설명하기도 하는 유형이다. 이 의미 관계는 내용에 따라 두 가지로 조금 더 잘게 나눌 수도 있다.

5-4에서 "줄을 서 있어야만 했다"와 "시합이 시작되기를 기다렸다"는 두 가지 상황이 제시되고 있는데, 이 상황들 사이에서 시차를 느낄 수는 없다. 줄을 서 있는 상황이란 곧 기다리는 일이 실현되지 않은 상태라는 뜻이기 때문에 이 두 개의 동작은 동시에 발생하는 것으로 이해할 수 있다.

5-5의 경우에도 "공원에서 조깅을 했다"는 동작과 "친구를 우연히 만났다"는 상황 사이에서는 어떤 인과성도, 대조적인 맥락도 발견할 수 없다. 또 조깅을 끝낸 다음에 친구를 우연히 만났다고 하기에는 논리적인 연관성도 없다는 점에서 선후 관계로 이해하기도 어렵다.

5-5의 상황이 동일한 시점에 교차되는 두 개의 동작이라는 점에서 동시성을 의미하는 것은 맞지만, 5-4와는 약간 다른 맥락을 갖는다. 즉 5-5에서 제시하는 상황은 두 개의 동작이 동시에 진행된다기보다는, 어떤 동작이 진행되는 과정에서 다른 상황이 발생한다는 의미를 갖기 때문이다. 그래서 '동시 동작'의 두 번째 경우는 바로 이렇게 하나의 동작이 진행되고 있는 상황에서 또 다른 동작이 연결되는 맥락이다.

5-6의 경우에도 역시 "RATM의 'Wake Up'을 흥얼거렸다"는 행동과 "밀란은 내 방에서 비틀거리면서 나갔다"는 동작은 동시에 발생하는 것으로 이해할 수 있다. 5-5와 마찬가지로 분사로 표현되는 정보가 지속적으로 진행되는 동작이 되고, 주절에서 제시하는 정보는 그 과정에서 일회적으로 이루어지는 상황이라는 문맥을 형성하는 것이다.

그런데 5-6의 경우에는 분사절의 내용을 먼저 발생한 동작으로 해석해도 의미가 성립할 수 있다. 즉 흥얼거리고 나서 방에서 나갔다는 맥락으로 이해할 가능성도 있다는 것이다. 5-4나 5-5에서는 제시된 두 개의 동작이 동시적으로 발생한 것이 아니면 의미가 성립되기 어렵다. 하지만 5-6은 노래를 흥얼거리는 행동이 완료되고 난 다음에 방에서 나가는 상황이 발생하는 것도 가능하다는 점에 다르게 이해할 여지도 있는 것이다.

시점 개념의 접속사들은 이렇게 다양한 의미를 형성하기 때문에, 시점의 부사절을 줄인 분사절도 다양한 가능성을 열어두어야 한다. 어떤 경우이건 문장에 제시된 어떤 표현을 생략하면 어느 정도 의미가 손실되는 것은 피할 수 없다는 점을 고려해야 하는 것이다.

특히 분사절에서는 논리 관계를 보여주는 접속사를 비롯해 동사의 시제와 같은 세밀한 의미 장치들이 사라진다는 점에서 문맥을 잘 살피는 것이 중요하다. 하나의 문장으로는 논리성이 충분히 확보되지 않을 수도 있기 때문이다. 하지만 책에 제시되는 예문은 대부분이 한 문장으로 구성되기 때문에 조급하고, 단정적으로 결론을 내리려는 습관이 형성되지 않도록 주의해야 한다.

분사절의 논리성, 원인과 양보의 밀접함

분사절의 논리성을 말할 때 서로 밀접한 관계를 형성하는 것이 원인과 결과, 그리고 상반성의 개념이다. 물론 분사절의 논리라기보다는 부사절의 접속사가 보여주는 논리 관계라고 말하는 것이 더 정확할 것이다.

5-7 **Lost in thought**, Ian did *not notice* me.
5-8 **Overcome with surprise**, Damiano was *unable to speak*.
5-9 **Having nothing to do**, Sam *hung out* with his friends at the square.

5-7에서 분사절에서 제시된 정보는 "생각에 잠겨 있었다"는 상황이다. 그리고 주절에는 "이안은 나의 존재를 알아차리지 못했다"는 정보가 등장한다. 이 두 가지 상황을 연결하는 논리적 고리는 인과성이다. 즉 분사절의 내용은 그가 왜 나의 존재를 알아차리지 못했는지 그 이유에 대한 정보를 제공하는 것이다. 그래서 이 분사절은 원인 혹은 이유를, 주절은 그로 인한 결과를 나타내고 있다.

5-8의 분사절에서는 "너무 놀랐다"는 상황이 등장한다. 그리고 "다미아노는 말문이 막혔다"는 정보가 주절에 제시되고 있다. 이 두 가지 상황도 서로 원인과 결과의 관계를 형성한다. being이 생략되고 과거 분사 overcome으로 시작되는 분사절이 말문이 막힌 상황에 대한 이유를 설명하고 있다.

5-9에서는 "할 일이 없었다"는 정보와 "샘은 광장에서 친구들과 어울렸다"는 정보가 분사절과 주절에 각각 제시되고 있다. 이 경우에도 할 일이 없다는, 즉 시간의 여유가 있다는 상황은 친구들과 어울리며 시간을 보낼 수 있는 타당한 근거가 된다는 점에서 원인과 결과의 논리 관계를 형성하고 있다. 그래서 분사절은 주절의 행동에 대한 이유를 설명한다고 할 수 있다.

그런데 분사절에 있는 nothing을 something으로 대체하면 이 두 상황의 논리 관계는 달라진다. 할 일이 있는 상황에서는 친구들과 어울리는 여유를 갖기 어렵다고 판단하는 것이 일반적이기 때문이다. 이렇게 서로 상반되는 논리 관계가 되는 경우를 흔히 양보라고 한다.

5-10 **Admitting your plan to be good**, I still think it *hard to put it into practice*.

5-11 **Born of the same parents**, Bill and Ollie *don't resemble* each other.

5-12 **Granting his honesty**, we *can't employ him*.

　　5-10에서 분사절에 제시된 정보는 "당신의 계획이 좋다는 점은 인정한다"는 긍정적인 반응이다. 그런데 주절에는 "실행에 옮기기는 어렵다고 생각합니다"라는 부정적인 맥락의 정보가 연결되고 있다. 주절의 내용도 마찬가지로 긍정적이었다면 인과 관계가 성립할 수 있을 것이다. 하지만 긍정적인 반응에 대해 부정적 결과를 제시한다는 점에서 서로 대조적인 긴장 관계를 형성한다. 그래서 5-10의 분사절은 양보의 의미로 이해할 수 있는 것이다.

　　5-11에서 제시되는 논리 구조도 유사하다. 즉 분사절에서는 "같은 부모에게서 태어났다"라고 했지만, 주절에서는 "빌과 올리는 서로 닮지 않았다"라는 의미로 분사절의 정보와 대조되는 내용을 제시하고 있기 때문이다. 물론 이 경우에도 주절의 내용에서 don't를 빼서 긍정의 내용으로 표현했다면 양보가 아니라, 원인과 결과의 문맥으로 이해할 수 있었을 것이다. '양보'와 '인과'는 이렇게 긍정과 부정을 사이에 두고 관계가 전환될 수 있기 때문에 문맥을 주의 깊게 살펴야 한다.

　　5-12도 분사절에서는 "그가 정직하다는 것은 인정한다"는 긍정적인 내용이 제시되는 반면, 주절에서는 "그를 채용할 수 없다"는 부정적인 내용이 전개됨으로써 분사절의 내용과 상반된 결과를 제시하고 있다.

　　그런데 이렇게 상반된 논리 전개를 흔히 '양보'라고 하지만, 이 용어와 친해지기는 그리 쉽지 않다. 일반적으로 활용되는 '양보'라는 단어의 의미와 다르기 때문이다. 일반적으로 이해하는 개념과 동떨어진 문법 용어를 활용하는 것이 과연 타당한지에 대해서는 따로 논의할 필요가 있다. 어떤 개념을 규정하는 용어가 사용자들의 인식 범위에 있는 것과 다른 의미로 사용된다면 사용자들이 겪는 불통, 혹은 어려움이 어디에서 비롯된 것인지 면밀하게 검토해야 하기 때문이다. 그래서 양보라는 용어를 굳이 고집할 것이 아니라, 상반되는 또는 대조라는 명확한 표현으로 이해하는 것도 좋을 것이다.

분사절의 논리성, 조건의 복원

부사절의 논리 구조 가운데 중요한 또 한 가지 경우는 '조건'의 문맥이다. if와 같은 조건의 의미를 갖는 접속사가 제시하는 조건절도 분사절로 흔히 압축된다. 따라서 때로는 생략된 조건의 접속사를 복원해서 분사절의 문맥을 이해할 필요가 있다.

5-13 **Turning to the left**, you **will find the house** you are looking for.
5-14 **Seen at a distance**, Maggie **may pass for** a woman of thirty.
5-15 The poison, **used in a small quantity**, **will be a medicine**.

'조건'의 문맥이란 분사절이 제시하는 정보가 충족되는 경우에 주절에서 제시하는 결과가 발생하는 관계를 의미한다. 이때 주절에 등장하는 상황은 조건이 성립되는 경우에만 가능하다는 점에서 실제 사실이 아닌 추측의 의미를 형성하게 된다. 그래서 이런 불확실성을 나타내는 조동사가 주절에 함께 나타나는 경우가 많다.

> 5-13 Turning to the left, you will find the house you are looking for.
> 5-14 Seen at a distance, Maggie may pass for a woman of thirty.
> 5-15 The poison, used in a small quantity, will be a medicine.

5-13의 경우에 분사절에서는 "왼쪽으로 돌라"는 정보가 제시된다. 그리고 주절에는 "당신이 찾고 있는 집이 나올 것이다"라는 내용이 언급되는데, will이라는 조동사를 통해 그런 상황이 발생할 가능성이 있다는 추정을 하고 있다. 따라서 이 두 개의 정보 사이에는 조건과 그로 인한 결과라는 관계가 성립하게 된다.

5-14에서도 "매기는 서른 살처럼 보일 수도 있다"는 주절의 정보는 "멀리서 본다"는 분사절의 상황에서만 가능한 상황이다. 분사절의 내용과 달리 만일 가까이에서 본다면, 즉 분사절의 조건이 충족되지 않는다면, 주절에서 제시한 결과는 발생하지 않게 되는 것이다. 이렇게 어떤 상황이 발생하거나, 발생하지 않도록 하기 위해 갖추어야 하는 상태나 요소를 설명하는 정보를 조건이라고 한다.

5-13과 5-14에서는 분사절이 주절의 앞에 위치하고, 콤마로 분리되어 있다. 이렇게 주절 앞에서 comma로 분리될 수 있는 어구는 부사 밖에 없다. 따라서 부사절도, 부사절을 압축한 분사절도 역시 주절의 앞에서 콤마로 분리되는 부사절의 전형적인 모습을 보이는 것이다.

그런데 분사절이 때로는 주절의 안에 삽입되는 경우도 있다. 이런 경우에는 분사절의 영역을 두 개의 콤마로 구분하는 것이 원칙이다. 부사절을 압축한 분사절도 물론 이와 동일한 구조를 유지한다. 그래서 5-15에서 used in a small quantity라는 분사절의 앞뒤로 배치된 두 개의 콤마는 부사절을 줄인 것이라는 성격을 명확하게 드러내는 장치다.

이 두 개의 콤마는 단지 구조적인 역할만이 아니라, 분사절의 의미 단위를 구분해주는 기능까지 하고 있다. 5-15는 "적게 사용한다"는 분사절의 내용이 충족되는 경우에 한해서 그 결과로 "그 독은 약이 될 것이다"라는 주절의 상황이 발생한다는 점에서 조건의 관계로 이해할 수 있다.

접속사가 남아 있는 분사절

부사절의 논리적 관계를 보여주는 접속사라는 안전 장치가 생략된다는 점에서, 분사절에서는 그 의미 관계를 복원하는 것이 관건이라는 점을 확인했다. 분사절은 완전한 문장이 아니기 때문에 분사절로만 문장이 성립될 수는 없다. 결국 분사절은 다른 요소들과 어우러져야만 문장을 구성할 수 있는 것이고, 자신 이외의 존재들과 관계를 형성하게 된다. 분사절에서 접속사가 생략되는 것에는 이런 문맥을 통해 의미를 추론하는 것이 가능하다는 근거가 바탕에 깔려 있는 것이다.

그런데 이 관점을 역으로 이해하면 의미의 전달이 원활하지 않은 경우라면 접속사를 생략하는 것이 문제가 될 수도 있다는 명제가 성립하게 된다. 문장을 경제적으로 표현하는 행위가 의미 전달이라는 언어의 존재 의미를 뛰어넘을 수는 없기 때문이다.

6-1 **Left to herself**, Paula began to weep.

6-1은 수동태를 나타내던 Being이 생략되고 과거 분사만 남은 구조의 분사절이다. 주어도, 동사도 없기 때문에 접속사도 존재할 이유도 당연히 없다. 준동사라는 구조적 차원에서 접속사가 없는 것은 지극히 당연한 결과지만, 논리적 차원에서는 문제가 발생할 수도 있다.

6-2 ***When*** she was left to herself, Paula began to weep.

    혼자 남게 되자, 폴라는 흐느끼기 시작했다.

6-3 ***As soon as*** she was left to herself, Paula began to weep.

    혼자 남자마자, 폴라는 흐느끼기 시작했다.

6-4 ***Because*** she was left to herself, Paula began to weep.

    혼자 남았기 때문에, 폴라는 흐느끼기 시작했다.

<u>분사절의 의미를 이해하는 것은 곧 사라진 접속사의 의미를 복원하는 과정이다.</u> 그런데 문제는 6-1의 경우에는 그 접속사를 복원하는 과정이 한 가지 모습이지 않다는 것이다. 6-2처럼 시점을 나타내는 when으로 이해해도, 6-3처럼 즉각적인 시점을 강조하는 as soon as로 복원해도, 6-4처럼 주절의 내용에 대한 이유로 생각해도 문맥이 성립하기 때문이다. 그렇다면 6-1의 분사절은 애초에 어떤 의미를 전달하려던 것인지 그 의도를 정확하게 이해할 수 없다는 문제가 발생한다.

    물론 문맥이란 하나의 문장 안에서만 적용되는 것이 아니라, 문장과 문장, 단락과 단락 사이에도 형성되는 관계라는 점에서 다음에 연결되는 문장을 보면 분사절의 의미를 정확하게 파악할 수도 있다. 그런 면에서는 6-1에서 분사절의 의미가 명확하지 않다는 지적은 타당하지 않다고 생각할 여지도 있다. 그래서 주로 하나의 문장을 대상으로 설명할 수밖에 없는 문법 교재의 한계지만, 독립된 문장이 보여주는 의미의 완결성이라는 차원에서 접근하도록 한다.

    사회 체제가 유지되기 위해서는 정보를 정확하게 주고받는 것이 무엇보다 필요하고, 그 소통을 위한 도구가 언어라는 약속 체계가 된다. 그리고 정보를 안전하게 전달하는 경로를 확보하기 위해 구조적으로 통일된 규칙을 설정하고, 그것을 문법이라고 한다. 그런데 준동사에는 접속사가 없어야 한다는 규칙을 준수했더니, 소통이 되지 않는 상황이 발생하는 것이다.

<u>이렇게 모호한 상황을 피하기 위한 방법으로 부득이하게 접속사를 그대로 분사절에 남겨두는 경우도 있다.</u> 물론 분사는 동사가 아니기 때문에 접속사의 다음에 연결될 수 없다는 점에서 이런 결합은 원칙적으로 적절하지 않다. 하지만 문장의 구성이라는 구조에 대한 규칙에 맞춰 접속사를 생략하면 의미가 명확하게 전달되지 않는다는 다른 차원의 문제와 마주하게 된다.

이렇게 두 가지 규칙이 서로 충돌하는 경우에는 더 중요한 가치를 우선 적용할 수밖에 없다. 큰 원칙을 지키기 위해서 하위 규칙이 희생되는 불가피한 상황이 언어 현상에서도 발생하는 것이다. 의미 전달이라는 언어에서 가장 중요한 가치를 지키기 위해 분사의 앞에 접속사가 남아 있는 문장이 만들어진다. <u>접속사의 존재가 구조 규칙에는 어긋나지만 정확한 의미 전달이라는 문법의 목적을 충족시키기 때문이다.</u>

이런 경우가 비단 분사절에만 적용되는 것은 아니다. 이전에 부정사에서 설명했던 '의문사 + to 부정사'도 바로 이런 규칙의 충돌과 선택의 경우에 해당된다. 준동사인 to 부정사의 앞에도 접속사가 존재할 수 없지만 의문사는 특정한 의미가 있기 때문에 to 부정사절에서도 생략할 수 없는 존재였던 것이다.

규칙에서 어긋나는 경우라고 해서 일단 예외적인 경우로 규정하거나, 이상하다고 단정지을 것이 아니라 그런 현상이 발생하게 된 배경을 면밀하게 살펴보면 이해할 수 있다. <u>굳이 원칙을 어기면서까지 분사의 앞에 접속사를 배치한 이유가 무엇인지 생각해보는 여유를 가져봄으로써 의미를 찾아 보자는 것이</u>다. 그런 일탈적인 구조를 통해서라도 정보를 정확하게 전달하려는 의도와 고민을 읽어낸다면 특이한 표현이 아니라, 친절한 표지판으로 이해될 것이다.

6-5 ***While*** **reading several reports about the case, James got an idea.**

그 사례에 대한 여러 보고서를 읽다가, 제임스는 뭔가 생각이 떠올랐다.

6-6 ***After*** **leafing through the magazine, Charles suddenly had a sense of déjà vu.**

그 잡지를 쭉 훑어보고 나서, 찰스는 갑자기 기시감을 느꼈다.

6-7 ***While*** **fighting in Vietnam, Kurt was taken prisoner.**

베트남에서 전투를 하던 도중에, 커트는 포로로 잡혔다.

6-8 ***Though*** **knowing the danger, they continued their expedition.**

위험을 알고 있었지만, 그들은 탐험을 계속했다.

일반적으로 묘사를 위한 수사적 표현이 아니라면, 언어는 좀 더 간결하게 정보를 전달하는 방향으로 진화한다. 그렇기 때문에 <u>어떤 표현 장치가 추가된다면 그것은 그 나름대로의 의도가 있는 것으로 이해하는 것이 마땅하다. 이때 그 의도는 주로 의미의 혼선을 막기 위한 것이거나, 특정한 정보를 강조하기 위한 것이 대부분이다.</u>

마찬가지로 분사의 앞에 접속사가 남아 있는 표현도 분사절의 논리 관계를 혼동하지 않게 하려는 안전 장치의 역할을 하기도 하지만, 특정한 논리 관계를 강조하기 위해 의도적으로 남겨두는 경우도 있다.

다양한 유형의 분사절

with 분사절이란?

전치사 with의 다음에 분사절이 연결되는 구조의 문장을 with 분사절이라고 한다. with 분사절이라는 명칭 때문에 with의 다음에 분사가 곧바로 연결되는 것으로 생각하기 쉽다. 하지만 전치사 with는 의미상 동명사를 목적어로 연결하지 않는 것이 일반적인 규칙이다. 따라서 with의 바로 다음에 준동사가 아니라 명사가 연결될 수밖에 없다. 그래서 with 분사절의 기본 구조는 'with + 명사 + 분사'가 된다.

7-1 Raphael sat by the fire, ***with his elbows*** resting on his knees.
7-2 Raphael sat by the fire, ***while his elbows*** were resting on his knees.
    라파엘은 무릎에 팔꿈치를 기댄 채, 난로 옆에 앉아 있었다.

7-1에서는 with의 다음에 전치사의 목적어가 되는 his elbows라는 명사가 있고, 그다음에 resting on his knees라는 분사절이 연결되고 있다. 분사절의 의미상 주어가 주절의 주어와 다를 경우에는 반드시 밝혀야 하고, 의미상 주어의 품사는 명사가 된다는 점을 확인한 바 있다. with 분사절에서 with의 다음에 명사가 있다는 것은 바로 분사절의 의미상 주어가 주절의 주어와 다르다는 사실을 의미한다. 이런 점에서 7-1에서 his elbows가 resting on his knees의 의미상 주어가 되는 것이다.

> 7-1 Raphael sat by the fire, with his elbows resting on his knees.
> 7-2 Raphael sat by the fire, while his elbows were resting on his knees.

결국 with 분사절은 부사절의 주어가 주절의 주어가 다른 경우에 활용되는 표현 방식이다. 그리고 with라는 전치사가 동반, 일치, 휴대와 같은 의미를 주로 나타낸다는 점에서 동시 동작을 의미하는 상황에서 많이 쓰인다.

with 분사절이 갖는 이런 맥락은 부사절로 표현한 7-2를 통해 명확하게 확인할 수 있다. 이 문장에서 주절의 주어는 Raphael이고, 부사절의 주어는 his elbows로 서로 다르다는 점을 알 수 있다. 그리고 부사절의 접속사인 while은 with로, 동사는 분사로 표현하는 것이 with 분사절의 기본 구조를 이룬다.

7-3 Sylvia stood in the backyard, ***with her pink scarf*** waving in the wind.
실비아는 바람에 분홍색 스카프를 날리면서, 뒷마당에 서 있었다.

7-4 Blanche was gazing at me in the dark, ***with her arms folded***.
블랑쉬는 팔짱을 낀 채로 어둠 속에서 나를 응시하고 있었다.

동시 동작의 상황을 전해주는 with가 있고, 의미상 주어를 구체적으로 밝힌다는 특징을 제외하면, with 분사절 역시 분사절의 속성에서 벗어나는 점은 없다. 7-3에서 wave는 자동사이기 때문에 분사로 표현한 waving의 다음에도 목적어가 아니라 전치사구가 연결되고 있다.

또 7-4의 경우에 fold는 타동사로 쓰이고 있는데 의미상 주어인 her arms는 행위자가 아니라, 동작의 대상이라는 점에서 수동의 관점이 형성된다. 그래서 수동을 나타내는 구조에서 being이 생략되고 과거 분사인 folded만 남아 있는 것이다.

　with 분사절은 묘사의 성격이 강한 문어적인 표현이다. with와 명사의 다음에 현재 분사나 과거 분사가 쓰이는 경우보다는 부사나 전치사구가 연결되는 표현 방식이 일상적으로 활용 빈도가 더 높다.

7-5　Don't speak *with your mouth* full.
　　　입에 음식을 물고 말하지 마라.

7-6　Gunter lay on the floor *with his eyes* closed, feeling the lazy breeze touching his face.
　　　군터는 눈을 감은 채로 바닥에 누워서 나른한 산들바람이 얼굴을 스치는 것을 느꼈다.

　7-5에서 with의 다음에 명사는 있지만, 분사는 등장하지 않는다. 이런 경우도 역시 with 분사절로 이해해야 한다. 이렇게 with와 목적어인 명사의 다음에 분사가 없이 형용사가 제시되는 경우에는 being이 생략된 것이기 때문이다. 그래서 이 문장은 while your mouth is full이라는 부사절을 압축한 것으로 이해할 수 있다.

　7-6에도 with his eyes의 다음에는 분사가 없이 closed라는 형용사가 연결되고 있다. 이 문장도 역시 closed의 앞에 being이 생략된 분사절로 이해해야 한다. lay의 주어는 Gunter지만, 분사절의 의미상 주어는 his eyes라는 점을 구체적으로 밝히고 있는 것이다. 반면 콤마 다음에 제시되는 분사 feeling의 의미상 주어는 생략되어 있으므로 문장의 주어인 Gunter가 된다.

7-7 Stay here **with your cell phone** on.

　　　이동 전화기를 켜놓고 여기에 대기해라.

7-8 He always sits **with his back** against the wall.

　　　그는 항상 등을 벽에 기대고 앉는다.

7-9 **With Christmas** around the corner, Jake started to ponder over the Christmas presents for his kids.

　　　크리스마스가 다가오자 제이크는 아이들 크리스마스 선물을 고심하기 시작했다.

　　with 분사절에서 이렇게 being이 생략된 다음에 형용사만 연결할 수 있는 것은 아니다. <u>부사나 전치사구를 활용하는 경우도 흔히 등장한다. 물론 이 경우에도 부사나 전치사구의 앞에는 being이 생략된 것이고, with의 뒤에 있는 명사가 의미상 주어가 된다.</u>

　　7-7은 with의 목적어인 your cell phone과 부사인 on의 사이에는 being이 생략된 분사절로 이해해야 한다. 또한 7-8의 전치사 against, 그리고 7-9의 전치사 around의 앞에도 역시 being이 생략되어 있다.

　　with 분사절이 그렇게 까다롭거나, 복잡하게 생각할 표현은 아니다. 어떤 대상이 어렵다는 말은 그 대상을 온전하게 이해하지 못했다는 말과 다를 바 없다. 하지만 이해의 부족이 온전히 자신의 능력에만 기인한 것으로 단정할 수는 없다. 때로는 주위 환경이 그런 결과를 만들기도 하기 때문이다. with 분사절도 역시 표현 자체가 어렵다기보다는 구체적인 설명은 하지 않고 공식과 예문, 해석, 그리고 부사절 문장을 소개하는 것에 그치는 교재들에도 일정 부분 책임이 있는 것은 아닐까?

독립 분사절에 대해

　어떤 용어나 정의가 사유의 방향을 제시하는 긍정적인 면도 있지만, 때로는 사유를 오히려 방해하는 부정적인 영향을 미치는 경우도 있다. 언어 현상을 규정하는 문법 용어도 이런 위험에서 자유롭지 않다는 점을 항상 경계해야 한다. 어떤 개별적인 현상을 적절한 용어로 규정하는 것이 학자들의 본분이겠지만 일반 사용자들의 입장을 배려하지 않은 자신들만의 용어에 그치는 경우도 있다. 특히 영어의 문법 용어들을 한국어로, 정확하게는 한자어로 설명한 표현들에서 그런 사례를 발견하기 쉽다.

　독립 분사절, 혹은 독립 분사구문이라는 이 용어도 그 이름만으로는 어떤 현상을 지칭하는지, 또 분사의 어떤 측면을 언급하는 것인지 짐작하기 어렵다. 명칭을 통해 대상의 속성을 짐작하기 어렵다는 것이 곧 그 대상을 이해하기 어렵다는 말과 동의어는 분명 아니지만, 그 실체에 쉽게 다가서기 힘든 벽을 설정하게 되는 것도 사실이다.

　앞서 with 분사절의 표현에서도 언급했듯이 분사절의 의미상 주어가 주절의 주어와 다른 경우에는 정확하게 밝혀주는 것이 원칙이다. 이렇게 <u>분사절의 의미상 주어가 주절의 주어와 달리 '독립적으로' 존재하는 경우를 바로 독립 분사절이라고 한다</u>.

　의미상 주어가 주절의 주어와 다른 경우에는 구체적으로 밝혀주어야 하는 것이 준동사의 일반적인 규칙이다. 하지만 이렇게 의미상 주어를 표시할 때 부정사절이나 동명사절의 경우는 특정한 용어로 규정하지 않지만, 분사절은 독립 분사절이라는 별도의 이름으로 정의하고 있다. 이런 일관되지 않은 태도가 어떤 근거를 갖는 것인지 검토할 필요도 있다.

8-1 ***The conference* being over**, we went to the reception party.

　　회의가 끝나고, 우리는 리셉션 파티가 열리는 곳으로 갔다.

　　8-1에서 being over라는 분사절의 앞에 the conference라는 명사가 있다. 이 명사가 분사절의 의미상 주어로, 리셉션 파티가 열리는 곳으로 갔던 행위자인 we와 다른 대상이라는 점을 분명하게 밝히는 역할을 하고 있다. 접속사가 분사절의 앞에 남아 있는 경우처럼, 이 역시 문장의 의미를 정확하게 전달하려는 맥락에서 이해할 수 있다.

8-2 ***All preparations* completed**, the guest began to arrive in large numbers.

　　모든 준비가 완료되었을 때, 많은 손님들이 도착하기 시작했다.

　　<u>독립 분사절은 부사절이 분사절로 압축된 경우에 전형적으로 나타난다. 따라서 독립 분사절에서는 생략된 부사절의 접속사를 복원해서 문맥을 이해할 수 있도록 주의해야 한다.</u> 8-2의 경우에도 being이 생략된 분사절 completed의 의미상 주어는 all preparations이지만, began의 주어는 the guest로 서로 다르다는 점을 알 수 있다. 주절의 주어와 '독립적으로' 분사절의 의미상 주어가 존재하는 것이다.

　　제시된 하나의 문장만으로 논리적으로 완결된 체계를 갖추는 경우도 있다. 하지만 하나의 문장만으로는 논리적으로 충족되지 않을 수도 있다. 즉 다른 각도에서 이해할 여지도 있다는 점을 감안해서 앞뒤의 문장까지 논리의 흐름을 정확하게 판단하려는 노력을 게을리하지 말아야 한다. 결국 언어란 해석의 문

제이기도 하기 때문이다.

　이 문장의 경우에 일차적인 논리 관계는 동작의 선후 관계로 이해해서 after라는 접속사의 문맥으로 이해할 수 있다. 하지만 그와 반대로 before의 의미로 이해하는 것도 가능할 수 있다. 둘 중 어느 의미가 적절한 것인지는 다른 문장과 맺고 있는 논리적 관계를 통해서 확인할 수 있을 것이다.

8-3　***The book* written in Russian**, Anastasia had little difficulty reading the book.
　　그 책은 러시아어로 쓰였기 때문에, 아나스타샤는 별 어려움 없이 읽었다.

8-4　***There* being no one to help him**, Jason had to do the task all alone.
　　자신을 도와줄 사람이 아무도 없었기 때문에 제이슨은 그 과제를 혼자 해야만 했다.

　8-3에서 분사절에서는 written이라는 수동의 과거 분사가 제시되었다는 점에서 의미상 주어는 사물이 되어야 한다. 반면에 주절에는 책을 읽는다는 동작이 제시되므로 사람 명사가 행위자가 된다. 따라서 분사절과 주절의 행위자는 서로 다른 존재일 수밖에 없고, 그 점을 the book과 Anastasia라는 두 개의 주어를 통해 보여주고 있다.

　Anastasia라는 대상이 러시아어에 대한 지식을 어느 정도 갖추고 있는지, 또 국적이 어디인지 등 상황에 따라 분사절의 내용은 주절의 상황에 대한 이유일 수도 있고, 상반된 상황을 진술하는 것일 수도 있다. 이 문장 하나로 제시되는 단편적인 정보만으로는 여러 가지로 해석할 가능성이 열려 있는 것이다. 하지만 이러한 의미의 혼선은 Anastasia에 대한 추가 정보를 통해서 구체적으로 확인할 수 있으므로 문맥을 고려해야 한다.

> 8-4 There being no one to help him, Jason had to do the task all alone.

8-4의 경우에도 주절의 주어는 Jason이지만, 분사절의 의미상 주어는 there가 된다. there는 아무 의미가 없지만 분사절 표현에서 생략하지 않는 것이 원칙이다.

이 문장에서 자기를 도와줄 사람이 없다는 분사절의 내용은 과제를 혼자 해야만 했다는 주절의 내용에 대한 근거를 제시하고 있다. 다른 논리 관계를 설정하기 어렵다는 점에서 이 문장은 다른 해석의 가능성이 닫힌 경우라고 할 수 있다.

8-5 ***Other conditions** being equal*, this principle holds good.
다른 조건들이 동일하다면, 이 원칙이 유효하다.

8-6 ***Weather** permitting*, I shall start tomorrow.
날씨가 허락한다면, 내일 출발할 거야.

독립 분사절이란 이렇게 분사절의 의미상 주어가 주절의 주어와 다르다는 점을 적극적으로 표시하는 유형의 분사절을 가리키는 것이다. 결국 독립 분사절도 의미상 혼선을 막기 위한 노력의 일환으로 이해할 수 있다. <u>독립 분사절이라는 용어를 기억하는 것도 좋지만, 문법 용어 자체가 아니라, 그 용어로 담아내고자 하는 관점이 무엇인지를 이해하는 것이 훨씬 더 중요한 일이다.</u>

비인칭 독립 분사절이란?

'비인칭 독립 분사절'은 독립 분사절과 비슷한 이름이지만 다른 용법으로 쓰이는 표현이다. 어떤 현상의 특징을 정확하게 담아내지 못하는 용어는 언어 현상에 대한 이해를 돕기보다는 용어를 위한 문법 공부로 변질되는 경향을 유발하기 쉽다.

원칙적으로 분사절의 의미상 주어가 주절의 주어와 다른 경우에는 밝혀야 한다는 점을 이미 확인했다. 그렇게 의미를 명료하게 전달하기 위해 적극적으로 표현하는 방식을 독립 분사절이라는 용어로 규정했던 것은 그런 원칙이 중요하다는 점을 입증하는 것이다.

그런데 그런 원칙을 깨고, 주절의 주어와 다름에도 불구하고 분사절의 의미상 주어를 생략하는 경우가 있다. 물론 생략되는 모든 표현이 그러하듯 이 의미상 주어도 정보의 가치가 없을 것이라는 점은 쉽게 짐작할 수 있다. 구체적으로 분사절의 의미상 주어가 we, they, you, people 등과 같이 일반적인 사람이거나, 문장을 진술하는 사람인 경우에는 주절의 주어와 다르더라도 흔히 생략되는 현상이 발생한다.

8-7 ***If I* speak frankly**, you are too easy-going.

8-8 **Frankly speaking**, you are too easy-going.

8-9 **To speak frankly**, you are too easy-going.

솔직히 말하면 넌 너무 느긋해.

접속사를 통해 표현한 8-7에서 알 수 있듯이 부사절의 주어는 주절의 주어와 다르다. 따라서 이런 부사절을 분사절로 압축하려면 의미상 주어를 밝혀주어야 한다. 솔직하게 말한다는 조건을 제시하는 분사절의 의미상 주어가 주절의 주어인 you와 동일하다면 논리적 관계는 성립할 수 없다.

> 8-7　If I speak frankly, you are too easy-going.
> 8-8　Frankly speaking, you are too easy-going.
> 8-9　To speak frankly, you are too easy-going.

그런데 이 문장처럼 <u>부사절의 의미가 주절의 내용에 대해 진술하는 사람의 태도나 입장, 관점 등을 밝히는 문맥인 경우에는 그 의미상 주어를 생략하는 것이 가능해진다.</u> 그래서 8-8처럼 frankly speaking의 의미상 주어를 표시하지 않고 생략시킨 문장이 생성되는 것이다. <u>비인칭 독립 분사절이란 바로 이런 유형의 분사절을 가리키는 이름이다.</u>

8-9처럼 to 부정사로도 이와 유사한 의미를 전달하는 표현들이 있는데, 앞에서 독립 부정사라고 설명했던 것들이다. 비인칭 독립 분사절 표현과 독립 부정사 표현에서 적용된 관점과 원칙은 서로 다를 바 없다. 다만 준동사를 수식하는 부사가 있는 경우에는 부사의 위치가 다르다. 분사를 수식하는 부사는 frankly speaking처럼 앞에 오지만, to 부정사를 수식할 때는 8-9의 to speak frankly처럼 뒤에 위치하게 된다.

8-10　**Talking of** operas, what aria do you like most?

　　　오페라 얘기가 나왔으니 말인데, 제일 좋아하는 아리아가 뭐야?

8-11　**Strictly speaking**, this sentence is not grammatical.

　　　엄밀히 말하자면, 이 문장은 문법적으로 옳지 않아.

8-12　**Granting that** he is poor, we cannot excuse him the tax.

　　　그가 가난하다는 것은 인정하지만, 세금을 면제해 줄 수는 없다.

8-13　**Comparatively speaking**, the quality of living of Seoul is not better than that of Hong Kong.

　　　비교해서 말하자면 서울의 삶의 질은 홍콩보다 좋지 않다.

이 밖에도 자주 활용되는 비인칭 독립 분사절 표현들로는 roughly speaking$^{대강\ 말하자면}$, taking all things into consideration$^{모든\ 것을\ 고려하면}$, generally speaking$^{일반적으로\ 말하자면}$, judging from$^{\sim으로\ 판단하면}$, seeing (that)$^{\sim이니까}$, providing, supposing$^{만일\ \sim이면}$ 등이 있다.

비인칭 독립 분사절을 부르는 명칭은 다양하다. '무인칭 독립 분사절'이라고 하는 사람도 있고, '관용적 비인칭 독립 분사구문'이나 '비연관 분사절' 또는 '유리 분사절'이라는 정의하는 경우도 있다. 학자마다 저마다의 관점이 있고, 그에 따라 현상을 설명하는 방식도, 규정하는 용어도 다를 수 있다. 하지만 일반 사용자가 그들의 사정을 모두 이해해야 할 필요는 없다.

분사는 형용사다!

분사와 서술적 용법

분사절이란 형용사절이나 부사절을 압축하고, 동사에 -ing라는 어미를 결합시킨 준동사 표현을 일컫는 용어라는 점을 확인했다. 준동사의 성격을 가지고 있다는 점에서 분사의 다음에는 목적어나 전치사구 등 동사의 특성에 어울리는 정보들이 연결되는 구조를 갖는다.

9-1 The last night's game **disappointed** *all the fans at the stadium*.
어제 밤의 시합은 경기장에 있던 모든 팬을 실망시켰다.

9-2 Last night The Panthers lost the game again, **disappointing** *all the fans at the stadium*.
어제 밤 시합에서 팬더스는 또 졌고, 경기장에 있던 모든 팬을 실망시켰다.

"실망시키다"라는 의미인 disappoint는 amuse, confuse, disappoint, embarrass, excite, frighten, interest, please, satisfy, shock, worry 등과 함께 이른바 감정 동사라고 부르기도 한다. 이런 동사들은 전형적으로 "어떤 대상에게 특정한 감정을 갖게 하다"라는 의미이므로 감정을 느끼는 대상을 필요로 하는 타동사라는 특징을 갖는다. 그리고 어떤 감정이 자연스럽게 발생하는 경우는 없다는 점에서 감정의 원인에 대한 정보가 주어로 제시되게 된다. 물론 감정의 원인은 사람일 수도, 외적 환경과 같은 사물의 개념일 수도 있지만 감정의 대상이 되는 목적어는 사람 명사가 된다.

흔히 사람 명사를 감정의 행위자로 설정해야 옳다고 생각하는데, 그것은 감정을 느끼는 존재가 사람이라는 점에 집중하기 때문이다. 이런 오해를 피하기 위해서는 감정을 야기하는 원인과 결과의 관계에서 접근하는 것이 타당하다. 이런 맥락에서 9-1에서 주어인 the last night's game은 실망이라는 감정을 야기하는 원인에 해당하는 정보가 된다. 그리고 all the fans at the stadium은 disappoint의 목적어 역할을 하고 있다.

그리고 disappoint가 갖고 있는 타동사로서의 정체성은 9-2에서 분사형인 disappointing의 다음에 목적어에 해당하는 명사가 제시됨으로써 유지되고 있는 것이다. 이렇게 동사일 때의 성격을 유지하고 있는 것이 준동사의 기본 원칙이다.

반면에 <u>준동사의 성격을 잃어버리고 현재 분사 혹은 과거 분사만 활용되는 경우를 분사 혹은 분사 형용사라고 한다.</u>

9-3　The last night's game was **disappointing**.
　　　어제 밤의 시합은 실망스러웠다.

9-4　All the fans at the stadium were **disappointed**.
　　　경기장의 모든 팬들은 실망했다.

9-3에서 disappointing의 다음에는 목적어에 해당하는 명사가 없다. 이 문장의 현재 분사 disappointing은 타동사의 성격을 유지하고 있는 준동사가 아니라, 완전히 형용사로 '승격'된 경우이기 때문이다. 이렇게 <u>형용사로 전환된 분사는 능동과 수동의 관점만 유지하고, 동사의 특성은 모두 상실하게 된다.</u> 그

> 9-3 The last night's game was disappointing.
> 9-4 All the fans at the stadium were disappointed.

래서 감정의 원인에 해당하는 사물 명사가 제시되었다는 점에서 능동의 관점을 담은 현재 분사가 사용된 것이다. 물론 준동사 표현이 아니므로 다음에 목적어가 연결되어야 한다는 의무에서도 자유로워진다.

수동태 구조에서는 과거 분사의 다음에 전치사 by로 행위자를 나타내는 정보를 제시하는 것이 일반적인 방식이다. 그런데 감정 동사가 수동태로 사용되는 경우에는 by보다는 감정에 어울리는 전치사가 연결되는 특징을 보인다. 그래서 disappointed의 경우에는 다음에 at, about, with 등과 같은 전치사와 함께 쓰이게 된다.

하지만 9-4의 경우에는 과거 분사 disappointed의 다음에는 감정의 원인을 나타내는 전치사가 연결되고 있지 않다. 이런 점에서 역시 동사의 특성을 상실한 것으로 이해할 수 있다. 그래서 이 문장의 과거 분사는 준동사가 아니라, 완전한 형용사로 분류하는 것이 일반적인 판단이다.

앞서 동명사가 준동사의 속성을 잃어버리고, 형용사의 수식을 받을 수 있는 완전한 명사로 '승격'되는 경우를 설명한 적이 있다. 현재 분사나 과거 분사의 경우에도 이와 비슷하게 동사의 특성을 잃어버리고 형용사로 활용되는 표현 방식이 존재한다.

형용사가 문장에서 활용되는 방식은 서술적 용법과 한정적 용법, 두 가지로 구분할 수 있다. 서술적 용법은 동사의 뒤에서 앞에 있는 주어나 목적어에 대한 추가 정보를 제공하는 보어의 역할을 하는 경우를 말한다. 반면 형용사가 명사를 앞에서 수식하면서 명사의 의미를 제한해주는 방식의 표현을 한정적 용법이라고 한다.

어떤 현상들이 공통의 양상을 보일 때, 그것들은 동일한 범주로 분류되게 된다. 따라서 형용사뿐만 아니라 to 부정사, 분사, 전치사구, 관계절처럼 형용사의 역할을 한다고 규정하는 표현들은 모두 이런 속성을 갖는다. <u>형용사로 전환된 분사도 역시 형용사 집단에 속한다는 점에서 서술적 용법과 한정적 용법이라는 형용사의 보편적 속성을 담아낸다.</u>

9-5 The ending of Alfred Hitchcock's *The Psycho* **was** shocking.
  알프레드 히치코크 감독의 "사이코"의 결말은 충격적이었다.

9-6 The story of the Siamese twins *was* so **touching** that many people pledged to subscribe to them.
  샴쌍둥이의 이야기는 너무나 감동적이어서 많은 사람들이 기부하겠다고 약속했다.

"충격을 주다"라는 의미인 shock은 타동사로 다음에 목적어가 필요하다. 하지만 9-5에서는 목적어에 해당하는 정보가 없다는 점에서 shocking은 준동사로 이해할 수 없다. 형용사로 전환된 shocking은 was의 뒤에서 주어에 대한 보어의 역할을 하고 있다. 그리고 9-6의 touching도 역시 "감동을 주다"라는 뜻인 touch의 현재 분사형이다. 이 경우에도 목적어가 없다는 점에서 준동사의 특성을 상실한 것이고, 따라서 형용사로 이해해야 한다.

9-5의 shocking과 9-6의 touching의 현재 분사형은 모두 주어에 해당하는 명사가 행위자의 입장임을 밝히는 기호가 된다. 동사적 성질은 잃어버렸지만, 현재 분사는 능동과 진행의 의미를 여전히 간직하고 있기 때문이다.

9-7　When she heard about the result of the check-up, Alanis *looked* **depressed**.

　　　검진 결과에 대해 얘기를 듣자, 알라니스는 우울해 보였다.

9-8　The programmer from India *remained* **unaccustomed** to a wholly different work environment.

　　　인도에서 온 프로그래머는 완전히 새로운 근무 환경에 여전히 익숙하지 않았다.

　　분사 형용사가 주격 보어로 활용되는 것은 비단 현재 분사에만 해당되는 것은 아니다. 수동의 의미를 담아낸다는 차이만 있을 뿐, 과거 분사도 역시 보어로 활용될 수 있다. 9-7에서 depressed는 주어인 사람 명사에 대해 설명하는 주격 보어의 역할을 하고 있다.

　　감정 동사인 depress는 사람 명사를 목적어로 하기 때문에, 수동태 구조에서는 사람 명사가 주어의 자리에 오게 된다. depressed라는 과거 분사 형태는 바로 이런 수동의 관점을 보여주는 기호가 된다. 그렇게 함으로써 감정의 대상이 되는 사람 명사에게 적용되고 있다는 점을 나타내고 있는 것이다.

　　be 동사뿐만 아니라, become, feel, look, remain, stay 등 다양한 동사가 주격 보어를 필요로 한다. 9-8에서는 remain의 다음에 있는 unaccustomed라는 과거 분사가 주어인 the programmer가 어떤 상태인지를 설명하는 정보를 제공하고 있다.

9-9　Many people find **Charlie Chaplin's films** more than **amusing**.

　　　많은 사람들이 찰리 채플린의 영화에는 재미 이상의 무언가가 있다고 생각한다.

9-10　The judges considered **the last contestant** most **outstanding**.

　　　심사위원들은 마지막 참가자가 가장 탁월하다고 생각했다.

형용사로 진화한 분사는 주격 보어뿐만 아니라, 목적 보어로도 활용된다. 9-9에서 amusing이라는 분사 형용사는 Charlie Chaplin's films라는 목적어의 다음에서 목적어에 대한 추가 정보를 제공하고 있다. 또 9-10의 outstanding이라는 분사도 역시 the last contestant라는 목적어에 대한 판단의 정보를 나타내는 목적 보어의 역할을 하고 있다.

분사의 한정적 용법

형용사는 보어로 쓰이는 경우가 아니면 명사의 의미를 한정하는 기능으로 활용된다. 수식의 흐름으로 볼 때 이런 경우에 형용사는 명사의 앞에 위치하는 것이 일반적이다.

10-1 The middle-aged man **visiting** *his hometown* was injured in a car crash.
고향을 방문한 중년 남자가 자동차 추돌 사고로 부상당했다.

10-2 Dragonflies have compound eyes **composed** *of hundreds of lenses joined together*.
잠자리는 붙어 있는 수 백 개의 렌즈로 구성된 겹눈을 갖고 있다.

일반적으로 한정적 용법으로 쓰인 분사를 설명하면서 전치 수식 혹은 후치 수식이라는 용어를 사용한다. 이는 명사를 수식하는 분사의 위치를 기준으로 한 표현인데, 명사를 수식하는 분사가 명사의 뒤에 위치하는 경우를 후치 수식이라고 한다.

> 10-1 The middle-aged man visiting his hometown was injured in a car crash.
> 10-2 Dragonflies have compound eyes composed of hundreds of lenses joined together.

10-1에서 visiting이라는 현재 분사는 타동사인 visit에 -ing라는 어미가 결합된 형태를 이루고 있다. 타동사의 다음에는 목적어가 연결된다는 특징은 visiting이라는 분사가 되어도 달라지지 않는다. 그래서 다음에 있는 his hometown이라는 목적어까지가 분사절의 영역이 된다. 그래서 이 분사절이 the middle-aged man이라는 명사를 뒤에서 수식하고 있는 것이다.

또 10-2에서 composed는 과거 분사로 다음에 전형적으로 구성을 나타내는 전치사 of와 함께 구성 요소에 대한 정보를 제공하는 구조를 갖는다. 이 또한 which are composed라는 관계절이 압축되면서 그다음에 연결되던 정보가 그대로 유지된 결과로 이해할 수 있다. 이 문장에서도 composed로 시작하는 분사절은 compound eyes라는 명사의 의미를 한정하는 형용사의 역할을 하고 있는 것이다.

그런데 몇 가지 특정한 표현을 제외하면 명사의 뒤에 분사가 위치하는 경우는 관계 대명사절을 압축한 준동사 표현이다. 즉 분사가 아니라, 분사절로 분류해야 타당한 것이다. 그래서 형용사로 승격한 분사의 용법은 이와 다른 각도에서 이해해야 한다.

그런 점에서 분사의 한정적 용법은 명사의 앞이라는 형용사의 전형적인 위치에 있는 경우를 말하는 것으로 대상을 좁혀서 접근해야 일관된 관점을 형성할 수 있다. 명사의 앞에서 수식하는 분사는 준동사의 특성을 잃어버리고, 독립된 형용사로 쓰이는 표현이기 때문이다. 또 준동사가 아니라 형용사라는 점에서, 분사의 앞에는 관사를 비롯한 한정사가 연결되는 표현도 가능해진다.

이때 현재 분사와 과거 분사를 결정하는 기준으로는 수식을 받는 명사만을 고려해야 한다. 형용사가 명사를 수식한다는 말은 형용사와 명사가 밀접한 논리적 관계를 형성하고 있다는 뜻이다. 따라서 형용사를 이해하기 위해서는 명사와 연결해서 판단해야 하는 것이 기본이다. 이런 점에서 수식을 받는 명사만이 적절한 분사 형태에 관한 정보를 담고 있다고 할 수 있다. 그래서 분사의 형태를 선택하는 일은 오직 뒤에 있는, 즉 수식을 받는 명사와 어떤 논리적 관계를 맺는가에 따라 결정된다.

<u>수식을 받는 명사가 그 분사가 의미하는 동작을 하는 행위자라면 능동의 관점에서 현재 분사를 사용한다. 반면에 그 명사가 동작을 받는 대상이라면 수동 관계를 나타내는 과거 분사로 표시한다.</u> 한정적 용법으로 쓰인 분사도 동사의 성격은 상실되고, 능동과 수동의 관점만 표시되는 것이다.

10-3 I tried not to disturb *the child* who was sleeping.
10-4 I tried not to disturb *the* sleeping *child*.
　　　나는 자고 있는 아이를 깨우지 않으려고 애를 썼다.

10-3에서 who의 선행사인 the child는 sleep의 행위자라는 점에서 능동의 관계가 성립한다. 이 분사가 child의 앞에서 수식하는 용도로 바뀐다고 하더라도, 둘 사이의 의미 관계가 변하는 것은 아니다. 그렇다면 두 단어가 맺고 있는 문법적인 관계도 변하는 것이 아니라는 점에서 10-4에서도 능동을 표시하는 sleeping이 된 것이다.

분사의 한정적 용법도 결국 명사를 수식하는 기능이라는 점에서 10-3과 같은 관계절로 그 흔적을 찾을 수 있다. 하지만 분사절과 달리 한정적 용법에서는 불필요한 부분들은 모두 생략되고 분사만 명사의 앞으로 이동한다는 차이가 있다. 또한 분사절은 형용사의 수식을 받을 수 없지만, 분사는 형용사라는 점에서 10-4처럼 앞에 정관사가 결합되는 것도 가능하다.

10-5 The night wind blew in through *the window* **which was broken**.
10-6 The night wind blew in through **the broken** *window*.
  깨진 창문으로 밤바람이 불어왔다.

10-5에서 window와 break라는 동사가 맺고 있는 수동 관계는 was broken이라는 형태로 표시되고 있다. 10-6은 정보의 가치가 낮은 요소들인 which와 was가 생략되면서 broken만 명사의 앞으로 이동한 문장이다. 위치는 달라졌지만 명사와 분사가 맺고 있던 논리 관계에는 어떤 근본적인 변화도 없다. 그래서 여전히 유지되고 있는 수동 관계를 온전히 나타내기 위해 broken이라는 과거 분사를 활용한 것이다.

따라서 <u>명사의 앞에 있는 과거 분사는 다음에 있는 명사가 그 동작을 하는 행위자가 아니라, 동작을 당하는 대상이라는 것, 즉 수동의 관계를 나타내는 표시인 것이다.</u>

10-7 The residents along this street receive their mail in **these** gray painted *mailboxes*.
  이 거리의 주민들은 우편물을 회색으로 칠해진 우편함에서 받는다.

10-8 I heard *a* **touching** *story* about companion animals from a talk show last Friday.
  지난 금요일에 나는 토크쇼에서 반려동물에 대한 감동적인 이야기를 들었다.

10-9 ***The* excited *demonstrators** marched up to the city hall.

흥분한 시위대는 시청까지 행진했다.

자동사의 과거 분사

분사를 한정적 용법으로 활용할 때 흔히 드러나는 실수 가운데 하나는 자동사의 과거 분사와 관련된 것이다. 자동사를 명사의 앞에 오는 분사로 표현할 때 과거 분사는 허용되지 않는다는 점을 명확하게 이해하고 있어야 한다.

목적어가 없다는 점에서 자동사를 수동태로 표현하기는 근본적으로 불가능하다. 그렇다면 한정적 용법으로 활용했을 때 자동사의 분사형 다음에 있는 명사는 동작의 행위자가 될 수는 있어도 행위의 대상이 될 수는 없다는 말이다. 따라서 자동사의 분사형과 수식을 받는 명사 사이에는 오직 능동의 관계만이 형성될 뿐이므로, 수동의 의미를 나타내는 과거 분사를 활용할 수는 없다.

11-1 I am interested in the story about the **disappearing** *expedition* of the Amazon River.

나는 사라져버린 아마존강 탐험대에 관한 이야기에 관심이 있다.

11-1에서 expedition을 수식하는 형용사로 disappearing이라는 현재 분사가 쓰이고 있다. 그런데 자동사가 한국어의 어감으로는 수동의 느낌을 주는 경우가 있다는 점에서 disappeared라는 과거 분사도 가능할 것으로 생각하기 쉽다. 하지만 이렇게 명사의 앞에 자동사의 분사형이 올 때는 현재 분사를 사

> 11-1 I am interested in the story about the disappearing expedition of the Amazon River.

용하는 것이 원칙이다.

disappear는 "~이 사라지다"라는 의미이고, 동작의 대상이 필요하지 않은 자동사로 분류된다. 따라서 다음에 있는 expedition은 disappear의 행위자라는 관계가 설정될 수밖에 없다. 따라서 expedition을 수식하는 disappear의 분사형은 현재분사만이 가능하다는 점은 사실 혼동할 이유가 없다. 오히려 한국어로 이해하는 과정에서 혼선이 빚어지는 것이다.

한국어 해석이 영어의 규칙을 이해하는 기준이 될 수는 없다는 점은 명백하다. 한국어의 표현 체계와 영어의 문법 체계는 아무 연관성이 없기 때문에 영어의 문법을 이해하기 위해 한국어 해석을 동원하는 관행이 적절하다고 보기 어렵다. 지극히 당연해 보이는 이런 관점도 당장의 편리함을 위해 무시되는 경우가 많지만, 자동사의 문법적 특징을 해석보다 우선적으로 고려하는 것이 중요하다.

11-2 Many people have a **recurring** *nightmare*.

> 많은 사람들이 반복되는 악몽을 갖고 있다.

11-3 We should protect our **existing** *historic monuments* from ignorant tourists.

> 우리는 무지한 관광객들로부터 현존하는 역사적인 기념물들을 보호해야 한다.

11-4 The symposium's **remaining** *events* were indefinitely postponed.

> 심포지엄의 나머지 행사들은 무기한 연기되었다.

"발생하다"라는 동작은 발생한 사건, 즉 동작의 행위자에 대한 정보만으 의미가 충족될 수 있다. 그런 점에서 occur라는 동사는 목적어가 필요 없는 자동사로 분류된다. 11-2의 recur는 "다시 발생하다"는 의미에서 occur의 연장선상에서 이해할 수 있다. recur가 갖는 자동사라는 정체성은 분사가 되어도 유지된다는 점에서 nightmare를 수식하는 경우에 현재 분사가 사용된 것이다.

"~이 존재하다"라는 exist와 "~이 남아 있다"라는 의미인 remain도 역시 같은 맥락에서 자동사로 활용되는 동사들이다. 따라서 11-3에서는 historic monuments라는 명사를 existing이라는 현재 분사로 수식할 수밖에 없다. 그래야 능동의 관점을 전달할 수 있기 때문이다.

11-5 Take a look at those **falling** *leaves*.

11-6 Take a look at those **fallen** *leaves*.

원칙을 확실하게 설정하는 것이 중요한 이유는 다양한 변주를 보이는 언어 현상을 대할 때 원칙이라는 기준이 명확하게 자리잡지 않으면 서로 모순되는 상황을 자주 마주치게 되기 때문이다.

11-5에서는 자동사인 fall이 현재 분사로 쓰여서 능동 혹은 진행의 의미를 전달한다. 그래서 falling은 진행 중인 동작을 나타내는 것으로, 이 문장은 "떨어지고 있는 나뭇잎을 보라"는 의미가 된다. 그런데 11-6에서는 leaves를 수식하는 fallen은 과거 분사라는 점에서 원칙에 어긋나는 예외적인 경우라고 생각하기 쉽다.

동사 표현에서 과거 분사의 앞에 나올 수 있는 동사로는 be 동사와 have 동사가 있다. be 동사가 과거 분사와 결합하면 수동태라는 상황을 표시하는

| 11-5 | Take a look at those falling leaves. |
| 11-6 | Take a look at those fallen leaves. |

장치가 된다. 그리고 have 동사는 과거 분사와 연결해서 완료형을 표시하는 기호를 구성한다.

따라서 11-6처럼 한정적 용법에서 자동사의 과거 분사는 '수동'이 아니라, '완료'의 의미를 나타내는 것이다. 그래서 11-6의 과거 분사는 떨어지는 동작이 완료되었다는 의미를 갖게 되며, 이미 "바닥에 떨어진 나뭇잎"이라는 뜻으로 이해할 수 있다.

물론 자동사의 과거 분사가 이렇게 동작의 완료라는 의미를 갖는 경우가 보편적인 것은 아니다. 주로 이동이나 상태의 변화를 나타내는 동사에 한정해서 이런 용법이 가능한 것이다.

11-7 Mary inserted a bundle of **faded** *roses* into the crystal vase.
메리는 시들어버린 장미 한 다발을 수정 꽃병에 꽂았다.

11-8 A lot of **retired** *soldiers* sometimes have a hard time adapting to a new environment.
많은 퇴역 군인들이 새로운 환경에 적응하는 데 간혹 어려움을 겪는다.

11-7에서는 fade도 인위적인 요인이 아니라 자연적인 상황의 변화에 따라 시든다는 의미에서 자동사라는 점을 알 수 있다. 이런 자동사의 과거 분사를 통해 수동의 의미가 아니라, 그렇게 변해버렸다는 완료의 의미를 전달하고 있다. 11-8에서 자동사 retire의 과거 분사가 활용된 것도 같은 관점으로 이해할 수 있는 것이다.

11-7   Ronald is an **experiencing** *preacher*.

11-8   Romeo is an **experienced** *preacher*.

<u>과거 분사가 갖는 이런 동작이나 상태의 완료라는 개념은 타동사의 경우에도 동일하게 적용된다.</u> experience는 "~을 경험하다"라는 뜻으로, 다음에는 경험의 대상에 대한 정보가 연결되어야 하는 타동사 표현이다. 11-7에서 현재 분사는 진행의 의미를 담아낸다는 점에서 experiencing은 "경험을 쌓고 있는 중인, 미숙한"이라는 뜻이 된다. 반면에 11-8의 과거 분사 experienced는 수동이 아니라, 동작이나 상태의 완료를 의미하는 것으로 "경험을 다 쌓은, 노련한"이라는 뜻이 된다. 과거 분사를 무조건 수동의 의미로만 획일화시키지 않도록 균형을 유지해야 한다.

의사 분사란?

<u>'의사' 혹은 '유사'라는 이름은 원칙적으로 합당한 문법적 형태는 아니지만, 흡사한 용법으로 활용되는 경우를 규정할 때 흔히 사용된다.</u> 따라서 의사 분사는 원칙적으로는 분사가 아니지만, 분사의 역할을 하는 표현을 가리키는 말로 그 성격을 짐작할 수 있다.

12-1   Several states of Europe use the symbol of a **two-headed** eagle in their national flags.
      유럽의 여러 나라에서 쌍두 독수리의 상징을 국기에 사용하고 있다.

> 12-1 Several states of Europe use the symbol of a two-headed eagle in their national flags.

12-1에서 two-headed는 -ed라는 어미가 결합되었다는 점에서 형태상으로도, 그리고 명사 eagle을 수식하는 형용사로 쓰였다는 점에서 용법상으로도 과거 분사로 이해할 수 있다. 그런데 이 -ed라는 어미는 two-head라는 명사에 결합된 것이다.

과거 분사를 만들 때 일반적으로 사용되는 -ed라는 어미는 동사의 원형에 결합되는 것이 원칙이다. 그래야 동사의 속성을 유지할 수 있기 때문이다. 그런 점에서 명사에 -ed가 결합되는 이러한 형태는 원칙적으로 적절한 것이 아니다.

그래서 명사에 -ed를 결합해서 과거 분사처럼 활용하는 표현을 <u>의사 분사라는 이름으로 분류하는 것이다</u>. 이런 용법을 규정하는 명칭은 의사 분사 외에도 여러 가지가 있다. 하지만 현상을 규정하는 이름은 이해를 돕기 위한 도구일 뿐, 표현의 실체를 이해하는 일보다 근본적이지는 않을 것이다.

<u>의사 분사는 명사에 과거 분사의 어미를 결합함으로써 특정한 속성을 갖고 있다는 점을 표현한다. 그래서 의사 분사는 대부분 "~이 있는, ~을 갖춘"이라는 의미로 이해할 수 있다.</u>

12-2 I have seen a picture of a **three-legged** dog from the Internet.
> 나는 인터넷에서 다리가 세 개인 개의 사진을 본 적이 있다.

12-3 The **blue-eyed** doll is my daughter's favorite toy.
> 파란 눈을 가진 인형이 내 딸이 가장 좋아하는 장난감이다.

12-4 Alice bought a **red-feathered** bird from the pet shop.
> 앨리스는 애완동물 상점에서 빨간 깃털을 가진 새를 한 마리 구입했다.

12-5 Police officers caught two suspects of the crime **red-handed**.

경찰이 그 범죄 용의자 두 명을 현장에서 체포했다.

분사의 변신, 명사로

분사는 형용사로 활용되는 것이 원칙이지만, 때로는 이 규정된 범위를 넘어서기도 한다. 비록 일반적인 현상은 아니지만 분사가 명사로 활용되는 경우도 그런 분사의 용법이 확장된 사례로 이해할 수 있다. 물론 명사로 쓰였다는 점에서 분사에는 관사가 결합되기도 하고, 단수 혹은 복수라는 수의 개념을 드러내기도 한다. 분사가 본연의 규정대로 형용사로 쓰인 것인지, 아니면 명사로 기능을 확장한 것인지는 분사 자체가 아니라, 문법적으로 함께 어울리는 단어들을 통해서 확인할 수 있다.

13-1 Have you ever watched the movie *The Accused* starring Jodie Foster?

조디 포스터가 주연한 "피고인"이라는 영화를 본 적이 있니?

13-1에서 accused라는 과거 분사의 다음에는 형용사의 수식을 받는 명사가 제시되지 않고 있다. 그리고 accused의 앞에 있는 정관사를 통해 분사가 형용사가 아니라 명사로 쓰인 것이라는 점이 확연하게 드러난다. 관사는 반드시 명사에만 결합하기 때문이다. accuse가 "고발하다, 기소하다"라는 의미의 타동사라는 점에서 the accused는 "피고인"이라는 수동의 의미로 이해할 수 있는 것이다.

13-2 Last Friday Mass was held for *the* **departed**.

　　　지난 금요일에 장례 미사가 열렸다.

13-3 The president expressed his deep sympathy for *the* **bereaved**.

　　　회장은 유족들에게 깊은 애도를 나타냈다.

13-4 ***The*** **wounded** from the tsunami were sent in an ambulance.

　　　쓰나미로 인한 부상자들이 구급차에 실려 병원으로 이송되었다.

　　depart라는 단어는 "떠나다"는 뜻을 갖는 자동사 표현이다. 13-2처럼 과거 분사인 departed가 정관사와 결합하면 명사의 성격을 갖게 된다. 그리고 the departed는 자동사의 과거 분사라는 점에서 수동이 아니라, 완료의 의미를 나타낸다. 그래서 the departed는 "세상을 떠난 사람, 고인"이라는 명사의 의미를 담아낸다. the deceased라는 표현도 이와 동일한 의미를 갖는데, 역시 관사와 결합했다는 점에서 명사로 활용됐다고 판단할 수 있다.

　　bereave는 타동사로 "(죽음이나 병 등이) 사람을 앗아가다"는 의미로 쓰인다. 13-3의 the bereaved는 관사가 있다는 점에서 명사라는 속성을 파악할 수 있고, 타동사의 과거 분사라는 점에서 수동의 의미를 끌어낼 수 있다. 그래서 the bereaved는 "유족"이라는 뜻으로 통용되는 것이다. the departed가 일반적으로 단수로 취급되는 것과 달리, the bereaved는 복수로 간주되는 것이 보통이다. 물론 절대적인 것은 아니므로 문맥에 따라 판단해야 한다. 13-4의 the wounded도 역시 동일한 관점에서 "부상자"라는 의미를 추출할 수 있다.

　　그런데 관사와 결합해서 분사가 명사로 전환되는 표현 방식도 사실 분사의 고유한 용법은 아니다. the dead^{사망자}나 the rich^{부자}처럼 정관사가 형용사와 결합함으로써 다음에 있는 단어가 명사로 활용된 것이라는 성격을 표시하는 경우가 있기 때문이다. 분사도 형용사 표현이라는 점에서 이런 표현이 확장된 것으로 이해할 수 있다.

분사의 변신, 전치사 혹은 접속사로

to 부정사나 동명사와 달리 분사는 다른 품사로 전용되는 경우가 있다. 준동사라는 표현 자체가 동사를 명사나 형용사, 혹은 부사라는 다른 품사로 활용하는 방식이지만, 분사는 그 규정된 용도를 넘어서기도 한다. 물론 이런 경우에 분사는 준동사의 성격을 잃어버리고, 하나의 단어로 기능한다.

14-1 **Considering *her age*, Sandra is lucky to be so healthy.**
    그 여자의 나이를 고려하면, 그렇게 건강한 것은 행운이다.

14-1에서는 considering이라는 현재 분사가 제시되고, 그다음에 명사가 있다. 전치사는 항상 다음에 목적어에 해당하는 명사를 동반하는 특성을 갖는다. 분사가 전치사로 쓰인 경우도 역시 다음에 명사가 연결되는 구조를 통해 파악할 수 있다.

14-2 **The followings are frequently asked questions concerning *this product*.**
    아래의 사항들은 이 제품에 관해 자주 물어보는 질문들입니다.

14-3　The last shipment should arrive this Friday, **barring** *any unexpected delays*.

　　　마지막 배송은 예기치 못한 지연 사태만 없다면 이번 금요일에 도착할 것이다.

14-4　The judge has suspended a ban on the movie **pending** *the hearing*.

　　　판사는 청문회의 결과가 나올 때까지 그 영화의 상영 금지 처분을 연기했다.

<u>분사가 전치사의 역할을 한다고 해서 본래 의미가 퇴색되는 것은 아니다.</u> 이렇게 전치사로 활용되는 분사들로는 depending~에 따라서, excepting ~을 제외하고, following~후에, given~을 고려하면, including~을 포함하여, notwithstanding~에도 불구하고, preceding~ 전에, regarding~에 관하여 등도 있다.

　같은 맥락에서 현재 분사나 과거 분사가 접속사로 쓰이는 경우도 있다. 전치사처럼 접속사도 연결 장치라는 점은 동일하지만, 접속사의 다음에는 반드시 주어와 동사가 연결된다는 점을 감안하면 전치사로 쓰인 경우와 확연하게 구별할 수 있을 것이다.

14-5　You will get a discount, **provided that** *you purchase a minimum of three boxes*.

　　　최소한 세 상자를 구입하셔야만 할인을 받으실 수 있습니다.

14-6　It is surprising that Thompson is getting along with his teammates, **given that** *he was transferred just five days ago*.

　　　불과 5일 전에 전근 왔다는 점에서 보면, 톰슨이 팀원들과 잘 지내고 있다는 것은 놀라운 일이다.

14-7 **Considering that** *the item you return shows no sign of use*, we'll guarantee a full refund.
보내주신 물품에 사용한 흔적이 전혀 없다는 조건으로, 전액 환불을 보장하겠습니다.

14-8 **Granting that** *the house is somewhat expensive*, I really want to buy it.
그 집이 다소 비싸기는 하지만, 나는 정말 사고 싶다.

    분사가 접속사로 쓰일 때는 예문들에서 보듯이 다음에 that이 함께 쓰이는 경우가 많다. 그런데 이 that은 흔히 생략되면서 접속사로 활용된 분사의 성격이 분명해지기도 한다.

    이외에도 접속사로 활용되는 분사들로는 granted (that)^{가령 ~이라 하더라도}, providing (that)^{만일 ~이면, ~의 조건이라 하면}, seeing (that)^{~한 점에서 보면, ~이니까}, supposing^{만일 ~이면, ~을 가정하면} 등도 있다.

note

분사절에 대해

1. 분사절이란 부사절과 형용사절 등의 종속절을 분사의 형태로 압축한 유형의 표현 방식을 지칭한다. 즉 접속사와 주어, 보조동사를 생략하고, 동사의 원형에 -ing라는 어미를 결합함으로써 문장을 줄인 것이다.

2. 분사도 준동사의 일종이라는 점에서 의미상 주어가 존재하며, 그 위치는 분사의 앞이 된다. 의미상 주어는 형용사인 분사절의 수식을 받는 명사로 표시된다.

3. 수동태 문장이 분사절이 되는 경우에 being은 의미가 없기 때문에 생략되고, 과거 분사만 남는다. 이런 경우를 수동 분사구문이라고 부르기도 한다.

분사절의 형성

1. 분사절을 형성하는 규칙은 부사절의 경우이건, 형용사절의 경우이건, 또는 분사의 경우이건 준동사 전반에 걸쳐 보편적으로 적용된다.

2. 분사절로 압축되는 과정에서 관계 대명사나 부사절의 접속사는 일반적으로 생략되고, 뒤에 있는 동사는 원형에 -ing를 결합시켜 표시한다. 만일 두 동작의 선후관계가 드러나는 경우에는 'having + 과거 분사'라는 완료 분사형으로 시점의 차이를 표시한다.

3. 형용사로 시작한 어구가 주절과 콤마로 분리된 경우에는 being이 생략된 분사절이다. 즉 논리 관계를 밝혀주는 부사절의 접속사가 생략된 구조이므로 문맥을 고려해야 할 필요가 있다.

분사절의 의미, 접속사의 복원

1. 분사절은 생략된 논리 장치인 접속사를 복원함으로써 두 개의 문장이 연결되는 관계를 정확하게 이해해야 한다. 분사절이 시간의 의미를 나타낼 때는 '연속동작'과 '동시성'이라는 기준을 설정할 수 있다.

2. 분사절의 논리성에서 원인과 결과, 그리고 상반성의 개념은 서로 밀접한 논리 관계를 갖는다. 양보는 분사절과 주절이 서로 상반되는 맥락으로 연결되는 유형을 말한다. 양보와 인과는 부정어의 존재에 따라 관계가 전환될 수 있기 때문에 주의해야 한다.

3. '조건'의 문맥이란 분사절이 제시하는 정보가 충족되는 경우에 주절에서 제시하는 결과가 발생하는 관계를 의미한다. 이때 주절에 등장하는 상황은 조건이 성립되는 경우에만 가능하다는 점에서 실제 사실이 아닌 추측의 의미를 형성하게 된다.

4. 의미의 전달이 원활하지 않은 경우라면 분사절에서 접속사를 생략하는 것이 문제가 될 수도 있다. 이렇게 애매한 상황을 피하기 위한 방법으로 접속사를 그대로 분사절에 남겨두는 경우도 있다.

다양한 유형의 분사절

1. with 분사절의 기본 구조는 'with + 명사 + 분사'로 부사절의 주어가 주절의 주어와 다른 경우에 활용된다. with 분사절은 동시 동작을 의미하는 상황에서 많이 쓰인다.

2. with 분사절에서 명사의 다음에 분사가 없이 형용사, 부사, 전치사구가 연결되는 경우도 있다. 이때는 being이 생략된 것이다.

3. 분사절의 의미상 주어가 주절의 주어와 달라서 표현된 경우를 독립 분사절이라고 한다. 독립 분사절은 부사절이 압축된 경우이므로 생략된 부사절의 접속사를 복원해서 이해해야 한다.

분사는 형용사다!

1. 현재 분사 또는 과거 분사가 동사의 성격을 잃어버리고, 즉 뒤에 연결되던 어구와 분리되어서 하나의 단어로 활용되는 경우가 있다. 이렇게 홀로 독립된 분사는 형용사로 활용된다는 점에서 '분사 형용사'라고 부르기도 한다.

2. 형용사로 전환된 분사는 능동과 수동의 관점만 유지하고, 동사의 특성은 모두 상실하게 된다. -ing가 결합한 형태로 능동과 진행의 의미를 나타낼 때를 현재 분사, 주로 -ed가 연결된 형태로 수동과 완료를 의미하는 경우를 과거 분사라고 한다.

3. 형용사로 전환된 분사도 형용사라는 점에서 서술적 용법과 한정적 용법으로 쓰인다. 서술적 용법은 분사가 앞에 있는 주어나 목적어에 대한 추가 정보를 제공하는 보어로 쓰이는 용법이다. 반면 분사가 명사를 앞에서 수식하면서 명사의 의미를 제한해주는 방식의 표현을 한정적 용법이라고 한다.

4. 수식을 받는 명사가 그 분사가 의미하는 동작을 하는 행위자라면 능동의 관점에서 현재 분사를 사용한다. 반면에 그 명사가 동작을 받는 대상이라면 수동 관계를 표시하는 과거 분사로 표시한다.

5. 자동사의 분사형과 수식을 받는 명사 사이에는 오직 능동의 관계만이 형성될 뿐이므로, 수동의 의미를 나타내는 과거 분사를 활용할 수는 없다. 한정적 용법에서 자동사의 과거 분사는 '수동'이 아니라, '완료'의 의미를 나타내는 것이다.

6. 명사에 -ed를 결합해서 과거 분사처럼 활용하는 표현을 의사 분사라고 한다. 의사 분사는 대부분 "~이 있는, ~을 갖춘"이라는 의미로 이해할 수 있다.

7. 분사가 때로는 명사로 활용되는 경우도 있는데, 관사가 결합되기도 하고, 단수 혹은 복수라는 수의 개념을 드러내기도 한다.